W0308826

Reisen prägt fürs Leben,
damals wie heute!

Für meinen Freund Siegfried!

Gellert Bars
布其斯

Düsseldorf, im Juli 1993

# BOOS · DURCH FREMDE WELTEN

Engelbert Boos

# Durch fremde Welten

Motorbuch Verlag Stuttgart

Einbandgestaltung:
Johann Walentek unter Verwendung eines Dias von Engelbert Boos

Bildnachweis:
Engelbert Boos, André de Jong, Bruno Graf

ISBN 3-613-01415-7

1. Auflage 1991

Ein Unternehmen der Paul Pietsch-Verlage GmbH & Co
Lizenzgeber: Verlagsbüro Gerd Simon & Claudia Magiera, München

Druck: Gulde-Druck-GmbH, 7400 Tübingen 1
Bindung: Verlagsbuchbinderei K. Dieringer, 7016 Gerlingen
Printed in Germany

# Inhalt

# Dankesworte

Ich danke an dieser Stelle Martin Fleischer und Ron Stoop, die unsere Reisevorbereitungen weitgehend mit vorbereitet und unterwegs tatkräftig unterstützt haben, aber leider nicht selbst mitfahren konnten.

Außerdem möchte ich all denen recht herzlich danken, die mich beim Verfassen dieser Reisegeschichte fachmännisch beraten und unterstützt haben. Hierzu gehörten vornehmlich, aber nicht ausschließlich: André de Jong, Martin Fleischer, Ingrid Schnickers-Both, Michael Flörsheimer, Georg Furtmayer, Gerd Simon und Claudia Magiera.

Des weiteren möchte ich auf die Hintergrundinformationen verweisen, die inhaltlich aus den diversen Literaturangaben entnommen wurden und dieses Buch bereicherten.

***Autor, Schaulustige in Shanxi***

# Ein Traum wird Wirklichkeit

Alle zehn Millionen Einwohner der Hauptstadt Chinas jubeln begeistert. Ich rolle mit meinem nagelneuen Yangtse-Gespann durch die Menschenmassen im Herzen Pekings und nehme die Ovationen stolz und glücklich entgegen.

Als ich das Bad in der Menschenmenge ausreichend genossen habe, gebe ich Gas und bin plötzlich mitten auf der zehnspurigen Changan, der Ost-West-Achse quer durch Peking. Hunderte von Radfahrern machen bereitwillig Platz und winken. Über dem Eingang der Verbotenen Stadt, die einst nur dem Kaiser und seinem riesigen Hofstaat vorbehalten blieb, thront Mao und blinzelt mir einladend zu. Mein Gespann und ich beginnen zu schweben. So muß sich der Kaiser von China gefühlt haben.

Ein stechender Schmerz beendet die Vision und macht mir schlagartig klar, daß ich im Bett liege und der Reisschnaps gestern abend wohl zu süffig schmeckte. Ich bin zwar wirklich in Peking und studiere hier die Sprache. Aber wie die anderen zehn Millionen Einwohner zwänge ich mich in die überfüllten Busse und mache beim Einsteigen die Ellenbogen breit, um überhaupt in den Genuß des stundenlangen

***Bildnis von Mao über der »Verbotenen Stadt«***

öffentlichen Nahverkehrs in dieser riesigen Stadt zu kommen. Allein die Innenstadt ist mit 1500 Quadratkilometern dreimal so groß wie ganz West-Berlin.

Im Frühjahr 1987, zu jener Jahreszeit, in der jeder Motorradfreak sein Bike aus dem Winterschlaf erweckt, fiel mir plötzlich wieder ein, wie bequem und zügig ich doch in Old Germany mit meinem kleinen Honda-Chopper derartige Entfernungen, locker vom Hocker, mit Gasgeben überwunden hatte.

Als ich dann auch noch einen Japaner mit einem chinesischen Motorrad-Gespann an meinem dahinkriechenden Bus vorbeirattern sah, fiel es mir wie Schuppen von den Augen. So ein Gespann mußte her.

Völlig euphorisch begann ich, den Japaner zu suchen, und nachdem ich mit jedem, der japanisch aussah, ins Gespräch gekommen war, konnte ich ihn ausfindig machen.

In Chinesisch, Englisch, Japanisch und Deutsch und mit eben diesem Reisschnaps aus der Volksrepublik diskutierten wir beide eines Abends die theoretischen Formalitäten eines Motorradkaufs in Peking.

Auf den ersten Blick schien alles sehr einfach. Ich brauchte mein Gespann nur zu kaufen, dann bei der Behörde zehn Prozent des Kaufpreises als Straßenbenutzungssteuer zu entrichten, zwei Formulare bei der Ausländer-Verkehrspolizei zu holen und die Papiere dann in der Sprachenschule und im Krankenhaus nach einer Untersuchung abstempeln zu lassen.

Mit zwei Paßbildern, meinem deutschen Führerschein, der Betriebserlaubnis und der Rechnung des erworbenen Gespanns müßte ich wieder zur Verkehrspolizei, um dort eine TÜV-ähnliche Abnahme durchführen zu lassen, die Nummernschilder zu beantragen und Benzingutscheine zu kaufen.

Mit ein paar Schachteln westlicher Zigaretten im Gepäck für die in Pekings City weit verstreuten Behörden, viel Geduld und passablen Chinesischkenntnissen schien im milden Geschmack des Reisschnapses eigentlich alles ganz »easy«...

So marschierte ich voller Zuversicht in das angeblich einzige Motorradgeschäft Pekings, das mitten in einem Hutong lag. Hutong sind traditionelle chinesische Wohnviertel mit eng verschachtelt gebauten Gassen und einstöckigen Häusern. Die Bewohner bilden eine enge soziale Gemeinschaft und lösen, wenn's denn dazu kommt, ihren Streit ohne Einschaltung der Behörden selbst.

Nachdem ich nach endloser Suche in den engen Gassen schließlich den winzigen Laden gefunden hatte, stürzte sich sogleich einer der zwanzig Verkäufer, ein Herr Wang, auf mich und hielt mir freudestrahlend einen Katalog unter die Nase. Unter mehreren Modellen entschied ich mich spontan für ein seit nahezu einem halben Jahrhundert unverändert nachgebautes BMW-Gespann mit 750 $cm^3$ und 22 PS. Spätere Recherchen ergaben, daß BMW das Original, Boxermotor noch seitengesteuert, die R71, zwischen 1938 und 1941 baute.

Als ich am nächsten Morgen dieses Modell dann definitiv bestellen wollte, war Herr Wang allerdings spurlos verschwunden und blieb es auch für die nächsten Wochen. Statt dessen versuchten die anderen Verkäufer mir unentwegt ein moderneres Modell mit 60er Jahre Styling, langer Sitzbank und einer Art elektrischem Anlasser aufzuschwatzen.

Ich blieb bei meiner Entscheidung, zumal das Wunschmodell ungefähr ein Drittel billiger war als die anderen und die wesentlich ältere Konstruktion mich mehr reizte.

Dann war das Gespann meiner Wahl plötzlich nicht mehr auffindbar und Verkäufer Wang auf unbestimmte Zeit verschollen, weil angeblich inzwischen seine Oma verstorben war. Als ich nach all meinen Chinaerfahrungen trotzdem hartnäckig blieb, tauchte nach chinesischer Manier zwar nicht mehr Wang, aber wenigstens das Bike plötzlich wieder auf. Der Preis hatte sich allerdings inzwischen wesentlich erhöht, und ich zog deshalb vor, die Verhandlungen abzubrechen.

Zusammen mit meinem chinesischen Freund James nahm ich dann das Telefonbuch zur Hand, und wir riefen die Adressen von ungefähr 200 Händlern an, deren Ladenbezeichnung nur entfernt nach Motorrad klang.

Die häufigste Antwort: »Mei you – gibt's nicht, haben wir nicht.« Die seltsamste, daß ein Verkäufer gar nicht angeben konnte, was er eigentlich verhökerte. Ein Laden hatte sogar richtige Gespanne dastehen. Nur sahen die so aus, daß die Bezeichnung fabrikneu geradezu ein Hohn war: alles war mehr oder weniger verrostet, eingebeulte Bleche und zersprungene Scheiben gehörten zur Standardausstattung. Nur die Kilometerzähler wiesen durchgängig Werte bis maximal 50 Kilometer auf.

Erst in einem Ersatzteilgeschäft erhielt ich endlich den entscheidenden Tip. Es war die Adresse einer Motorrad-Zulieferfirma für die Polizei und Kommunen. Erfreut und überrascht konnte ich bereits beim ersten Besuch verschiedene Gespanne begutachten, die meiner Wunschvorstellung schon bedeutend näher kamen. Auch die Preise waren verhandlungswert.

Am nächsten Tag sollte ich mit einem Kanister voll Benzin wieder kommen. Dies ist in Peking so üblich. Da sich alle Taxifahrer weigerten, leere, geschweige denn volle Benzinkanister zu befördern und die einzige Tankstelle für Ausländer eineinhalb Busstunden von meiner Wohnung entfernt lag, war der nächste Tag schon zur Hälfte gelaufen. Bei unserer Ankunft begann natürlich gerade die übliche dreistündige Mittagspause.

Als unersetzlich bei den behutsamen Verhandlungen über Formalitäten und Preis erwies sich James. Endlich, nach Stunden, setzte sich ein sechsköpfiger Mechanikertrupp in Bewegung, um im Hof tatsächlich eine der geheimnisumwitterten Holzkisten in einer knappen Stunde zu öffnen. Sofort nach dem Mittagsmahl, einem nicht nur in China äußerst wichtigen Ritual, öffneten die Arbeiter natürlich prompt eine falsche Kiste.

Aber was bedeutet schon eine Stunde in China. »Kommt Zeit, kommt Dreirad«, versuchte mich James zu trösten.

Nach weiteren zwei Stunden stand dann meine Yangtse, mein Langer Fluß, wie die vielversprechende Übersetzung aus dem Chinesischen heißt, frisch geputzt und montiert, mit nur wenigen augenscheinlichen Schäden vor mir. Die Scheibe, das Ersatzrad und die Batterie waren befestigt und Motoröl sowie Benzin und Luft nachgefüllt.

Begeistert vom optisch perfekt montierten Bike, verteilte ich erst einmal eine Runde Zigaretten, während sich ein Mechaniker auf den Weg ins Büro machte, um

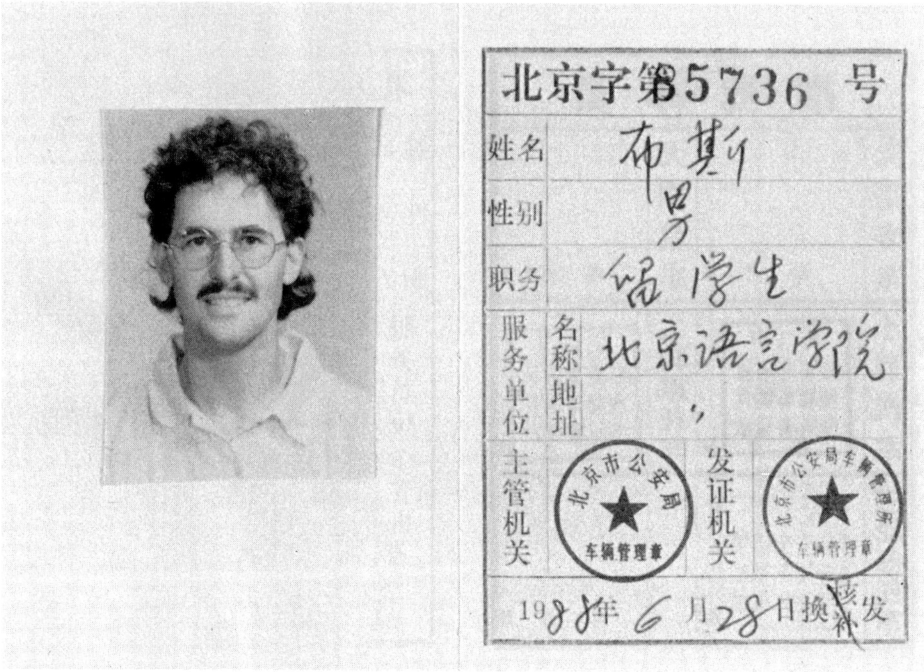


***Der neu erstandene chinesische Führerschein***

den Zündschlüssel für den großen Moment des Probestarts zu holen. Vor dem nahenden Feierabend konnte er ihn allerdings nicht mehr finden, und wir mußten uns erst einmal bis zum nächsten Tag gedulden.

Als sich der Schlüssel auch am nächsten Morgen nicht auffinden ließ, entschloß sich die Mechanikerschar, lieber weiter die erste Kiste auszupacken. Deren Gespann

***Kaufquittung des Motorrades***

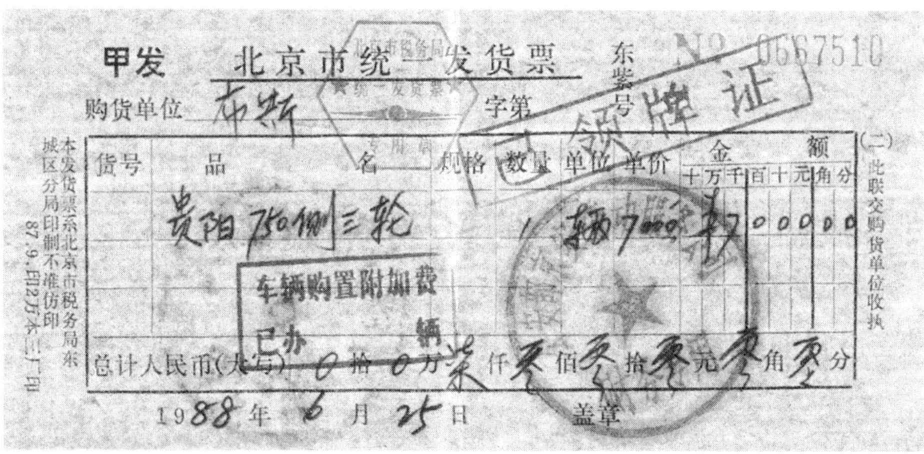

besaß zwar nicht die richtige Fahrgestellnummer, dafür paßte seltsamerweise der Schlüssel von Gespann zwei für Nummer eins.

Wiederholtes tiefes Aufatmen meinerseits. Danach bauten vier Monteure den Rest des Tages aus den funktionierenden Teilen beider Maschinen ein nahezu neues Gespann zusammen, während ich im Büro cash die Rechnung beglich.

Hierzu hatte ich mir tags zuvor am freien Geldmarkt vor unserer Schule 9000 RMB, ungefähr 2500 DM, besorgt. Ausbezahlt in zehn RMB Scheinen, war ich nun in Besitz einer großen Plastiktüte voller Geldscheine. Obwohl das Monatsgehalt der Kassiererin nur bei 60 bis 100 RMB lag, zeigte sie sich nicht neidisch und gratulierte zum Kauf dieses wertvollen Motorrades. Sie war sogar bereit, den Betrag aus steuerlichen Gründen auf zwei Rechnungen aufzuteilen und wegen diverser Schäden am Bike einen Rabatt zu gewähren.

Vor dem Probefahren war natürlich wieder Feierabend, und wir durften noch ein drittes Mal »antanzen«.

Doch jetzt hatten die Monteure Feuer gefangen. Am nächsten Tag gelang es ihnen tatsächlich, Elektrik und Vergaser so weit in Griff zu bekommen, daß wir uns kurz vor der abendlichen Rush-hour in den Verkehr einfädeln konnten. Wir ließen uns in unserer Begeisterung auch nicht von einem Verkehrspolizisten aufhalten, der kurz darauf das Fehlen eines Nummernschildes bemängelte. James gab im Vorbeifahren zu verstehen, daß wir das Motorrad erst soeben gekauft hätten und das Nummernschild bestimmt noch besorgen würden.

Die nächsten Wochen kombinierte ich Ausflugsfahrten mit der Erledigung von Anmeldungsformalitäten und dem Kauf von Komfortzubehör wie Spiegel, Sturzhelm, Handschuhen und ähnlichem.

Dabei traten noch so manche Probleme auf, die aber vergleichsweise unbedeutend waren: Spiegel gab es lediglich ohne Halterung; die Schule weigerte sich aus unverständlichen Gründen tagelang, ihren Stempel zur Zustimmung der Motorradzulassung aufzudrücken; die Polizei telefonierte stundenlang, weil in keinem der zwölf Dokumente der Achsabstand eingetragen war; und beim TÜV brach natürlich die ganze Elektrik zusammen.

Die Kiste mußte angeschoben werden, wobei der Beamte mehrmals kopfschüttelnd um das Bike wanderte und dabei nur wiederholte: »Bu hao de motuoche – kein gutes Bike.« In China ist das jedoch keineswegs Grund, die Abnahme zu verweigern.

Knapp zwei Monate nach Entstehen meines Traums konnte ich endlich den chinesischen Führerschein und die beiden Nummernschilder mit der Aufschrift: »Beijing 01–00205«, das fünfte in Peking auf einen Ausländer zugelassene Motorrad, in Empfang nehmen.

Ich fahre nun tatsächlich mitten auf der zehnspurigen Chang'an-Straße.

Auf jeder Spur bewegt sich jeder Verkehrsteilnehmer so schnell oder langsam , wie es ihm beliebt. Keiner macht angemessen Platz oder winkt, selbst dann nicht, wenn er unversehens abbiegt. Mao über der Verbotenen Stadt lächelt, aber blinzelt mir nicht zu. Trotzdem, ich fühle mich auf meiner neuen Yangtse schon wieder ein wenig wie der Kaiser von China, mit einem jugendlichen Drang, China zu erkunden.

***Startprobleme beim chinesischen TÜV***

Ich ahnte allerdings noch nicht, welchen Aufwand es erforderte, die technischen Details meiner neuen Errungenschaft zu ergründen. Es glich einem endlosen Kampf zwischen Sieg und Niederlage bei den stundenlangen Reparaturen, Wechselbäder zwischen Freude und Frust, wenn die Kiste sich wieder einmal launisch zeigte. Im allgemeinen boten die Erlebnisse mit der Yangtse allerdings eine willkommene Abwechslung zum Alltag in Peking.

***Der zehnspurige Changan-Boulevard in Peking***

# Meine Yangtse wird zum Freund

Bis zur Heimreise über die Seidenstraße blieb mir noch ein knappes Jahr Zeit, um einen geeigneten Partner für die große Tour quer über den asiatischen und europäischen Kontinent zu finden und meine Yangtse zu zähmen und in Griff zu bekommen.

Schon bald lernte ich André, einen holländischen Weltenbummler, kennen, der am gleichen Pekinger Spracheninstitut wie ich die chinesische Sprache erlernte. Er war genau der passende Partner, um ein Jahr später die Tour gemeinsam zu wagen. Während ich im zweiten Studienjahr noch als Gastwissenschaftler an der Pekinger Qinghua Universität verweilte, André aber Zeit zum Reisen hatte, kümmerte ich mich mehr um die Vorbereitungen in Peking, während André aus Hongkong und den dortigen Nachbarländern Südostasiens aktuelle Travellerinformationen und Ausrüstung besorgte. Vor der Abreise trafen wir uns noch zweimal in Peking und Hongkong und hatten ansonsten nur Briefkontakt.

Um so intensiver beschäftigte ich mich während dieses Jahres mit meiner Yangtse. Da ich mit meiner Honda Chopper bereits acht Jahre Erfahrungen mit fernöstlicher Motorradtechnik gesammelt hatte und sich Reparaturen im wesentlichen auf die Kontrolle des Motoröls und Batteriewassers beschränkten, sah ich bei meiner Yangtse recht zuversichtlich in die Zukunft. »Was sollte schon groß passieren«, schlug ich anfangs aufkommende Zweifel in den Wind. Auf jede 200 Fahrtkilometer kamen allerdings tatsächlich sage und schreibe ein bis zwei Reparaturstunden. Dies entsprach alle zwei bis drei Wochen einem kompletten Reparaturtag. Ich hatte noch keine Vorstellung davon, welch intensive und ungewöhnliche Beziehung sich durch diese stundenlangen Reparaturen zum Motorrad entwickeln würde. Ölige Hände standen schon fast auf der Tagesordnung und machten mit der Zeit genausowenig aus wie Spazierfahrten bei jeder Witterung. Egal ob bei 20 Minusgraden im Winter oder im dichten Sandsturm, der an manchen Tagen des Frühjahres von der Wüste Gobi nach Peking geblasen wurde und die Sicht auf wenige Meter verdüsterte, mein Motorrad bekam Auslauf und Bewegung. Mit der Zeit wurde es selbst für Kurzstrecken innerhalb des Universitätsgeländes mein ständiger Wegbegleiter. Meine beiden Fahrräder der chinesischen Edelmarken »Shanghai« und »Fliegende Taube« verwaisten in der Zwischenzeit mehr und mehr. Insgesamt gesehen besaß ich damit den größten privaten Fuhrpark meiner Universität. Nach chinesischer Wertvorstellung stieg somit auch das gesellschaftliche Ansehen.

Jeder wollte natürlich auch einmal aufsitzen und im Schwingsattel auf- und abwippend am Gasgriff drehen. Wenn sich der Hobbypilot gerade unbeobachtet fühlte, konnte an seinen Lippen gelegentlich das nachempfundene Motorgeräusch abgelesen werden. Ähnliche Nostalgiegefühle überkommen auch eingefleischte Motorradfahrer, wenn sie zum ersten Mal auf einem solchen Gefährt fahren. In der Volksrepublik kommt als Besonderheit noch hinzu, daß der Lebensstandard und die Infrastruktur gleichermaßen wie das Gesamtbild der Städte eher dem europäischen Stand der fünfziger Jahre entsprechen. Somit paßte alles fast ideal zusammen, und man fühlte sich wie zu Großvaters Zeiten.

Die Einsatzmöglichkeiten des Motorrades schienen beinahe grenzenlos. Es war keine Seltenheit, daß ich zwei bis drei Personen samt einem Fahrrad auflud und spazierenfuhr. Das Hinterrad des Fahrrades wurde routiniert auf das Ersatzrad gestellt und das Vorderrad am Einstiegsspalt des Beiwagens eingeklemmt. Trotzdem konnte man im Beiwagen noch recht bequem sitzen und das Rad dabei ein wenig festhalten. Selbst meine Professorin fuhr begeistert mit.

Auf Pekings Straßen mußte besonders auf die Kanaldeckel geachtet werden, die gelegentlich spurlos verschwanden. Die Löcher wurden dann bestenfalls mit einem Reisigkorb abgedeckt. So geschah es öfters, daß ein unglücklicher Verkehrsteilnehmer nachts hineinfuhr, Achsenbruch erlitt und aus eigener Kraft seinen Weg nicht mehr fortsetzen konnte.

Selbst in einem solchen Fall konnte die bullige Yangtse zuverlässig weiterhelfen. Prompt schleppte ich einen kleinen Fiat ab, um ihn zur nächsten Werkstatt zu bringen. Eine vorbeifahrende Polizeistreife zeigte sich vom Leistungsvermögen meines Motorrades allerdings weniger begeistert. Sie winkte uns rechts heran und wollte wieder einmal einen Strafzettel verpassen. Kummer gewöhnt, beruhigte ich den Fiatfahrer: »Mei guanxi – es passiert schon nichts«, und war plötzlich nach bewährter Methode der chinesischen Sprache nicht mehr mächtig.

Leider schien der Polizist mein »mei guanxi« noch vernommen und auch verstanden zu haben. Er behauptete beharrlich, daß ich gewiß Chinesisch verstünde, und wollte sogleich die Adresse meiner verantwortlichen Danwei wissen sowie meinen Führerschein sehen.

Alle in China lebenden Menschen, die Ausländer mit ständiger Aufenthaltserlaubnis eingeschlossen, sind nämlich in Einheiten – den Danweis – zusammengeschlossen, die für ihre Angelegenheiten verantwortlich sind. Durch diese Danweis, einer Art Arbeits- und Wohnungsgeber, untersteht jeder der staatlichen Kontrolle.

Es schien mir nur noch Strategie Nummer zwei angebracht, um ungeschoren davonzukommen. Ich erzählte ihm, daß ich ein armer Student wäre und große Probleme mit meiner Danwei bekäme, falls er dort Meldung erstatten würde. Diese war nämlich voll für mich verantwortlich, da sie mir schriftlich erlaubt hatte, mich um eine Zulassung zu bemühen. Ohne den Stempel meiner Uni hätte ich kein Pekinger Nummernschild erhalten können, und mein Traum wäre geplatzt. Der für mich verantwortliche Lehrer hatte sein Zugeständnis ohnehin allein deswegen mit seinem Stempel besiegelt, weil er meines Drängens überdrüssig war und außerdem davon ausging, daß ich so wie die Einwohner Pekings bestimmt kein Nummernschild bekommen würde. In Peking werden nämlich an Chinesen nur dann neue Zulassungen vergeben, wenn sie bereits das Nummernschild eines alten Motorrades

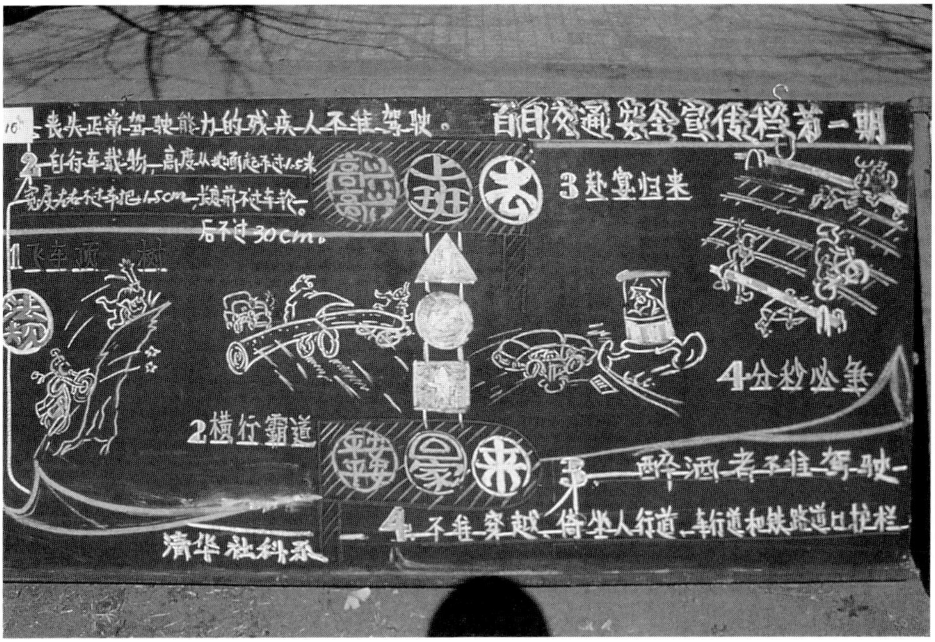


*Infotafel bei öffentlicher Verkehrserziehung*

besitzen. Deshalb muß in der Regel zuerst für mindestens 1000 RMB ein schrottreifes Motorrad teuer erstanden werden, um an das begehrte Blech für ein neues Motorrad zu gelangen. Damit soll die totale Verstopfung der Straßen vermieden werden.

Für Ausländer gab es allerdings eine eigene Zulassungsstelle, und dort genügte der Stempel der verantwortlichen Danwei. So mußten unter Ausnutzung der für Ausländer gültigen grauen Zone die einzelnen Stellen gegeneinander ausgespielt werden, um Unmögliches wieder einmal möglich zu machen.

Nachdem ich sehr höflich und ernsthaft die Autorität des Verkehrspolizisten respektiert und mich vielmals mit allen Versprechungen entschuldigt hatte, ließ er uns schließlich nach alter Erfahrung ungeschoren ziehen.

Die Verkehrsregeln schienen auf den ersten Blick überhaupt nicht sonderlich kompliziert zu sein. Es kristallisierte sich eine Methode heraus, nach der sich die Verkehrsteilnehmer fast immer zu richten schienen: das Naturgesetz des Stärkeren. Im Zweifelsfalle lautete die Vorfahrtsregelung in der Reihenfolge Lastwagen – Bus – Auto – Motorrad – Fahrrad – Fußgänger. Eine immertönende laute Hupe signalisierte notfalls das augenscheinliche Vorrecht. Die Blechlawinen und Menschenmengen waren von den zahlreichen Verkehrspolizisten sowieso kaum mehr in den Griff zu bekommen.

Die Herzen der Chinesinnen waren von meiner Yangtse nicht minder beeindruckt. Noch bevor ich nach einem kurzen Lächeln ein Angebot machte, sie nach Hause zu bringen, saßen sie auch schon im Beiwagen und bestanden das nächste Mal wie selbstverständlich darauf, unbedingt wieder mitgenommen zu werden. Je nach Situation wechselten die Eindrücke zwischen anfänglichem Traum, ein solches Motorrad zu besitzen, und Trauma der damit verbundenen Reparaturen.

Für Umzüge aller Art innerhalb der Pekinger Universitäten und zum Abholen von Freunden und Freundesfreunden vom Flughafen oder Bahnhof wurde ich mit der Zeit erste Adresse, und es machte allen Spaß und Freude, einmal mitzufahren.

Während dieses Jahres entwickelte sich eine innige Beziehung zu dem archaischen Gespann. Selbst die offiziellen Gesprächspartner in Ministerien und Importgesellschaften, mit denen ich öfters zu tun hatte, hatten an meiner Maschine einen Narren gefressen. Eine unsichtbare Brücke zu den Menschen schien meist wie von selbst schon gegeben. Jeder wußte auch eine interessante Story über dieses in China noch relativ weit verbreitete Gefährt zu erzählen.

Diese Freudenseiten kannten allerdings auch ihren Schatten. Vom ersten Tag an mußten zahllose Stunden in Reparaturen investiert werden. Es schien eine endlose Lernphase im Gang gekommen zu sein, die sich bis heute mit Höhen und Tiefen fortgesetzt hat. Trotzdem betrachtete ich diesen Tribut jeweils eher als angenehme Herausforderung, um wieder etwas Neues dazuzulernen, und freute mich dann immer um so mehr, wenn die Kiste anschließend wieder friedlich vor sich hin surrte, als ob nichts gewesen wäre.

Die ersten Probleme bereiteten nach den ersten Kilometern bereits die Vergaser. Sie waren schlecht aufeinander abgestimmt, weshalb sich die Zylinder bereits einseitig leicht überhitzten und die Leistung mehr schlecht als recht war. Fürs erste war ich schon zufrieden, überhaupt einigermaßen vorwärts zu kommen.

Zum Glück kannte James einen Freund seiner Schwester, der für das städtische Busunternehmen arbeitete und sich angeblich mit diesen Motoren auskannte. Mit derartigen Beziehungen steht und fällt das Leben in China. Ohne diese »Guanxis« oder Geld ist man völlig aufgeschmissen. Bereits nach neunzigminütiger Fahrt waren wir dort und er sogar zufällig da. Augenscheinlich fachmännisch schraubte er am Vergaser und Unterbrecher eine halbe Stunde lang herum, bis die Kiste sich schließlich überhaupt nicht mehr starten ließ. Seine inzwischen hinzugekommenen zwanzig Kollegen gaben zwar jede Menge kluge Ratschläge, aber viel geholfen hatte auch dies nicht. Vier davon betätigten sich schließlich gleichzeitig, um die Luftregulierschraube und den Unterbrecher gefühlsmäßig wieder hinzubringen. Als nach zwei Stunden das Ergebnis eher schlechter war als vorher, entschlossen wir uns, lobend und freundlich Abschied zu nehmen, um noch bei einem anderen Freund vorbeizuschauen, der für Peugeot Autos reparierte.

Dieser schien sich mit den Vergasern besser auszukennen, weil er früher beim Militär mit diesem Modell bereits viele Erfahrungen gesammelt hatte. Er gab mir gleich die ersten wertvollen Tips für Motoreinstellung und Fahrtechnik. Ich ahnte noch nicht, was es über diese Motorradtechnik noch alles zu lernen gab.

Nachdem wir den Motor mit dem Kickstarter angeworfen hatten, zog er erst einmal einen Zündkerzenstecker ab und stellte auf der anderen Seite die Gasschieberstellschraube auf minimale Motordrehzahl ein. Im Wechselspiel justierte er die

Luftregulierschraube auf eine halbe Umdrehung vor Absterben des Motors. Den anderen Vergaser stellte er in ähnlicher Manier ein. Im Anschluß fühlte er dann noch mit der Hand, ob hinten am Auspuff beidseitig ungefähr der gleiche Rückstoß auftrat. Als Optimum empfahl er den Motor so einzustellen, daß er im Standgas nach ungefähr sieben Takten von alleine ausgeht.

Zur Synchronisation der Vergaser bockten wir das Motorrad auf, so daß das Hinterrad frei drehte, und beschleunigten den Motor auf 40 km/h. Die Gasbowdenzüge mußten dann am Vergaser so eingestellt werden, daß sich nach Abnahme des gegenüberliegenden Zündkerzensteckers die Geschwindigkeit von alleine auf 25 km/h verringerte. Desgleichen für die andere Seite. Die Motoreinstellung ließ sich so am besten justieren. Dieses Verfahren ist natürlich mit den genauen Meßuhren, die heutzutage zur beidseitigen Unterdruckmessung normalerweise verwendet werden, nicht mehr zu vergleichen. Es genügte jedoch trotzdem den allgemeinen Erfordernissen meines Motorrades. Die Leistung des seitengesteuerten Motors der Yangtse ließ sich durch diese einfachen Maßnahmen deutlich hochtrimmen. Erst jetzt konnte ich den Spaß am Fahren richtig genießen. Das richtige Gespür für die technischen Belange meines zähen, aber sensiblen Motorrades hatte ich trotzdem noch lange nicht.

Die benzinsparende Gemischeinstellung des Vergasers war die nächste Übung. Hierzu mußten die Gasschiebernadeln derart eingestellt werden, daß die Zündkerzen weder Ruß ansetzten noch sich hellgrau verfärbten. Der Benzinverbrauch ließ sich damit zwischen sieben bis zehn Litern je hundert Kilometer variieren. Zur Schonung der Ventilsitze sollte der Vergaser jedoch nicht zu sparsam ausgereizt werden, zur Vermeidung von starken Rußablagerungen im Brennraum sowie aus Benzinspargründen aber auch nicht zu großzügig.

An der Rauchfahne ließen sich verschiedene Krankheiten ablesen. Blaue Fahnen bedeuteten verbranntes Motoröl und ausgeleierte Kolbenringe oder defekte Ventilschaftdichtungen; Ruß ließ auf unvollständige Verbrennung und somit falsche Gemischeinstellung schließen.

Die Einstellung des Unterbrechers gestaltete sich schon wesentlich schwieriger, da eine Fühlerlehre nicht bekannt zu sein schien. Entweder wurde gefühlsmäßig umständlich herumgedreht oder ein Stück Papier dazwischengeschoben. Erst eine importierte Lehre aus Deutschland half mir schließlich, den Unterbrecher so einzustellen, daß die Leistung spürbar verbessert wurde. Die Einstellprozedur war ein umständliches Unterfangen. Der Unterbrecher war auf der Nockenwelle an der Stirnseite des Motorblockes angebracht und das Vorderrad gerade so weit auf die Seite zu drehen, daß der Deckel des Steuergehäuses abgeschraubt werden konnte. Anschließend mußte der auf der Welle mit einer Schraube befestigte Verteilerläufer abmontiert werden, um mit einer Verrenkung des rechten Armes an die Justierschrauben des Unterbrechers heranzukommen.

Im Leerlauf drehte man schließlich mit dem Kickstarter die mit der Kurbelwelle verbundene Nockenwelle so weit, bis der Unterbrecherabstand am weitesten auseinander stand. Der optimale Abstand betrug laut Hersteller 0,35 Millimeter. Durch die harte Federung und die kaum gedämpfte Motorblockaufhängung verstellte sich dieser Abstand leider wieder allzu schnell. Die katastrophale Qualität der chinesischen Schrauben tat ihr übriges. So machte es wenig Sinn, an die Einstellungsgenauigkeit zu hohe Präzisionsansprüche zu stellen.

Die Technik des Verteilerläufers entpuppte sich leider auch nicht als sehr ausgereift. Die Kohlenkontakte der beiden Zündkabel rieben sich zu schnell ab, der Läufer bekam feine Risse und wurde durch Kohlestaubablagerungen selbst leitfähig. Ungleichmäßige Zündungen waren dann die Folge. Die Suche nach der Ursache gelegentlich auftretender Zündungsprobleme gestaltete sich sowieso als besonders schwierig. Es mußte mehr oder weniger mühsam herausgefunden werden, ob das Problem an der Zündkerze, dem Kondensator, der Zündspule, der Lichtmaschine, dem Regler oder nur an einem elektrischen Kontakt lag. Die spärliche chinesische Beschreibung trug eher noch mehr zur Verwirrung bei. Selbst Zhang, ein chinesischer Motorradmechaniker mit zwanzigjähriger Erfahrung, schien die geheimnisvollen Schriftzeichen nicht alle sinnvoll deuten zu können.

Zhang lernte ich bei einem meiner regelmäßigen Ersatzteileinkäufe kennen. Wir hatten wieder einmal nur die Hälfte unserer Wunschliste bekommen und das Problem, die anderen Teile irgendwo besorgen zu müssen. In Peking gab es leider nur zwei Läden mit reichhaltigem Sortiment. Mit Zhang verstand ich mich von Anfang an sehr gut, und er bot sich gleich freiwillig an, mir unter der Hand weiterzuhelfen. Als Chef der Motorradwerkstatt einer staatlichen Danwei für Fahrzeuge der Volksbefreiungsarmee hatte er für mich natürlich viele wertvolle Tips auf Lager. Er reparierte vornehmlich Yangtse und Donghai Motorräder. Somit war er der ideale Lehrmeister für mich und in jeglicher Hinsicht die richtige Adresse für die Vorbereitung der großen Tour. Bei meinen größeren Reparaturen konnte er sich etwas seinen knappen Lohn aufbessern und ich als Gehilfe viel dabei lernen. Unsere Freundschaft war ein klassischer Fall der in China zum Überleben wichtigen »Guanxis – der Beziehungen«, die Unmögliches letztendlich doch wieder möglich machen.

Als Haupthindernis unserer Beziehung stellte sich die schwierige Kontaktaufnahme heraus. Ich konnte ihn nur telefonisch über die skeptische Vermittlung seiner Danwei erreichen. Als Außenstehender bekam ich vom Pförtner keine Erlaubnis, zu seiner im Gelände liegenden Werkstatt zu fahren. Dies entsprach einer von oben strikt verordneten »Guiding – einer Vorschrift«, die einzuhalten war. Deshalb mußte ich jeweils Momente abwarten, an denen der Pförtner gerade nicht richtig aufpaßte, und mit tief ins Gesicht gezogenem Helm schnell hineinhuschen. Besonders unauffällig kam ich im Winter hinein, wenn ich meinen, hier an jeder Straßenecke käuflichen, grünen Befreiungsarmeemantel mit goldenen Knöpfen anhatte. Ab und zu wurde ich allerdings erwischt und mußte dann, von einem naheliegenden Kiosk aus, Zhang anrufen. Er kam dann mit einem seiner Mechaniker herausgefahren, schraubte mein schwarzes Nummernschild ab und fuhr dann getarnt wieder hinein, um größere Umbauten oder Reparaturen durchzuführen. Die Schilder der einheimischen Motorräder sind nämlich im Gegensatz zu den ausländischen grün.

Als eine der ersten Umbaumaßnahmen tauschten wir die Batterie aus, um die schlechte Herstellungsqualität durch eine höhere Kapazität auszugleichen. Im Stauraum des Beiwagens installierten wir deshalb eine 6-Volt-Autobatterie mit 40 Ah. Die Elektrik schien ohnehin ein großer Schwachpunkt zu sein. Es war häufig entweder ein Kontakt angerostet oder losgelöst, die einzige Sicherung durchgebrannt oder eine Birne kaputt. Das Blinkrelais tat sowieso immer nur das, wozu es gerade Lust hatte, und der Regler war sich mit der Batterie auch nicht immer einig, wann er umschalten sollte. Dies gefiel wiederum der Lichtmaschine nicht. Deshalb verschlissen nahezu alle fünftausend Kilometer die Kollektorkohlenbürsten.

Je mehr ich mich mit meiner Yangtse beschäftigte, desto mehr wurde sie mir vertraut, und ich lernte, wie sich der Verschleiß einzelner Teile früh ankündigte oder weiter in die Zukunft verschieben ließ.

Ölen und Fetten aller beweglicher Teile wurde erstes Gebot. Dies mußte regelmäßig kontrolliert und die zulässigen Mengen unbedingt eingehalten werden. Motoröl konnte vielseitig für Kardan, Luftfilter, Motor und für die Teleskopgabel eingesetzt werden. Es empfahl sich deshalb, immer einen kleinen Vorrat dabeizuhaben. Etwas problematisch fand ich nur, daß jeder Mechaniker seine eigene Auffassung von den einzuhaltenden Ölständen hatte. Ein Zuviel des Guten erschien zwar gefühlsmäßig besser, aber richtete letztendlich mehr Schaden an, als es half. Das Öl triefte dann bei warmem Motor aus den Dichtungen. Aufgrund der harten Federung lockerten sich die Schrauben sowieso immer wieder. Deshalb fand sich häufig am oder besser gesagt unter dem Motorrad irgendwo ein Fleckchen Öl. Dies entsprach wohl dem Stand der fünfzigjährigen Konstruktion und war deshalb nicht besonders besorgniseregend.

Ron und Martin, zwei meiner besten Pekinger Freunde, wurden bald auch vom Yangtse-Fieber gepackt und kauften sich zusammen die gleiche Maschine, um die große Tour gemeinsam zu starten. Wir ergänzten unsere Erfahrungen und hatten bei unseren zahlreichen Treffen immer genug Stoff zum Fachsimpeln. Ron war Biochemiker und mein Zimmernachbar, und Martin arbeitete in der Deutschen Botschaft in Peking.

Martin fuhr bereits vor zehn Jahren einmal mit seinem VW-Bus von Deutschland nach Indien. Die damals gesammelten Erfahrungen halfen unseren eigenen Reisevorbereitungen. Vor allem seine Spezialkenntnisse mit Motoren und der hohen Kunst der Diplomatie prägten uns für spezielle Situationen. Seine auf dem Diplomatencampus angemietete Garage funktionierten wir natürlich gleich zu einer Dauermotorradwerkstatt um. Zu reparieren oder optimieren gab es schließlich immer etwas, und wir mußten lernen, mit den Problemen allmählich selbst fertig zu werden. Zhang sollte nur noch als Berater für Notfälle fungieren. Martin ließ für unsere allsamstäglichen Reparaturen erst einmal das Bedienungshandbuch von einem chinesischen Studenten ins Englische übersetzen. Mittags gingen wir dann im Blaumann und mit ölverschmierten Händen in nahegelegene Straßenrestaurants zum Mittagessen und erörterten bei lauwarmem Bier in nahezu perfektem Chinesisch motorradtechnische Details. Wir amüsierten uns dabei immer köstlich.

Wir nützten auch jede Gelegenheit, um Ausflüge in die nähere Umgebung zu

***Mädchen bei ihren Hausaufgaben***

unternehmen, und reizten die Leistung unserer Motorräder nicht selten aus. Wir wollten Schwachstellen möglichst frühzeitig lokalisieren und ausmerzen. Besonders Ron fuhr voller Elan vorneweg und hatte deshalb verhältnismäßig viele Probleme.

Bei einer Ausflugsfahrt zur Großen Mauer traf das Schicksal allerdings mich. Wir bretterten gutgelaunt bei Sonnenschein in abwechselnder Reihenfolge über die Landstraße und genossen die bizarre Umgebung, als plötzlich ein helles Klingeln aus dem Motor erklang. Noch bevor ich eine Sekunde lang überlegte, war es auch schon passiert. Der Motor blockierte, und ehe ich mich versah, stand ich am Straßenrand: Der Kickstarter ließ sich keinen halben Zentimeter mehr bewegen. Meine Kolben hatten gefressen und ich versäumt, sofort auszukuppeln. Die Folgen waren zwei völlig zertrümmerte Kolben. Zudem hatten Martin und Ron dies nicht einmal bemerkt, da sie sich gerade vor mir befanden. Während ich mein Motorrad am Straßenrand entlangschob und nach Stunden schließlich eine Abschleppgelegenheit organisieren konnte, suchten mich Martin und Ron irgendwo in den Vororten Pekings. Gerade noch vor der Abenddämmerung setzte mich der Lastwagen, der mich mühsam 30 Kilometer weit gezogen hatte, bei einem Laden an der Stadtgrenze Pekings ab, und ich konnte meine Freunde anrufen.

Sie hatten mich bereits stundenlang mit Martins Jeep gesucht und staunten nicht schlecht über meine Geschichte. Kurz darauf schleppte mich Ron mit dem Jeep ab, und wir brachten das Motorrad direkt zur Werkstatt von Zhang. Trotzdem nahm ich das Ganze eher gelassen und verbuchte den einhundert Dollar teuren Schaden als notwendige Betriebskosten.

Bei Zhang in der Werkstatt stellte sich zum Glück heraus, daß wenigstens die Zylinder nichts abbekommen hatten. Er führte es eindeutig auf Ölmangel zurück. Irgendwann mußte ich innerhalb der letzten Woche zuviel Öl verbraucht haben. Wahrscheinlich waren die Kolbenringe daran schuld. Eine alarmierende Öllache fiel jedenfalls vorher nicht auf. Wenige Milliliter Öl hinterlassen nämlich bereits unübersehbar große schwarze Flecken. Durch die vielen Umbauten an Rons neuer Yangtse hatte ich wahrscheinlich Pflege und Wartung meines Motorrades etwas vernachlässigt.

Für mich war es jedenfalls eine wertvolle Erfahrung, wie sich noch herausstellte, denn als bei der großen Tour in Griechenland an einem steilen Anstieg ein Kolbenklemmer eintrat, reagierte ich prompt im Bruchteil einer Sekunde und kuppelte sofort aus. Nach zwei Stunden war der Motor wieder abgekühlt, und wir konnten ohne Schaden weiterfahren. Der Ölverbrauch ist danach glücklicherweise nicht angestiegen. Auf der großen Reise hätte dieser Schaden das Ende bewirken können. Deshalb nahmen wir vorsichtshalber neben normalen Ersatzkolben auch welche mit einem Zehntelmillimeter Übermaß mit, dazu natürlich Kolbenringe. Die Zylinder hätten wir dann vor Ort in einer kleinen Dreherei nachdrehen lassen.

Neben Öl war Schmierfett das zweitwichtigste Antiverschleißmittel. Kardan- und Radlager verlangten ebenso danach wie die Federung des Hinterrades und alle beweglichen Reibungspunkte. Der Kupplungsbowdenzug war ein klassisches Beispiel hierfür. Nach den ersten 5000 Kilometern verlor sich allmählich die Seilvorspannung, und der Kupplungsgriff hatte zwei bis drei Zentimeter Spiel. Es war kaum mehr möglich, vernünftig auszukuppeln, und der Zug mußte in immer kürzeren Zeitabständen nachgespannt werden, bis er nach der vierten Nachspannung schließlich riß und ausgewechselt werden mußte. Nach ungefähr zweitausend Kilometern mußte er bereits wieder ersetzt werden. Der Bowdenzug verschliß besonders aufgrund abrollender Zugkräfte zwischen Kupplungsgriff und Seil sowie wegen der unvermeidbaren Reibung am Gehäuse des Luftfilters. Viel Öl und Fett an den richtigen Stellen brachte schließlich wieder erstaunlich gute Standzeiten.

Die in unregelmäßigen Abständen unter dem Motorrad auftretenden Öllachen bedeuteten meist nichts Gutes. Der Motorblock mußte jeweils aufwendig gereinigt werden, um die Ölquelle eindeutig ausfindig zu machen. Glücklicherweise reichte meist, die zahlreichen Schrauben am Motor und Getriebe wieder festzuziehen oder eine Dichtung auszuwechseln. Das Hauptproblem beschränkte sich dann auf die schlechte Materialqualität der fest angezogenen Schrauben, deren Kopfkanten nach mehrfachem Auf- und Zudrehen schnell abrundeten und deshalb ausgewechselt werden mußten. Einmal konnte ich jedoch tatsächlich einen Riß im Getriebeblock als Leckageursache feststellen. Obwohl pro Tag nur zwei Tropfen Öl heraustrieften,

***Ausflug in die Westberge Pekings***

wollte ich unbedingt etwas dagegen unternehmen. Eine aus Deutschland besorgte Dichtungsmasse mußte auf absolut fettfreiem Untergrund dünn aufgetragen werden. Sie versprach für ein halbes Jahr Ruhe.

Während unseres nächsten Motorradausflugs in die Westberge vor den Toren Pekings fuhr meine Yangtse besonders vorbildlich. Diesmal ereilte das Schicksal das Gespann meiner Freunde, als urplötzlich und unaufhörlich ein unterschwelliges Klopfen aus deren Motorgehäuse erklang und verstärkt Motoröl herausrann.

Nachdem eine erste Begutachtung keinen Aufschluß über die tatsächliche Ursache brachte, wurde uns mehr und mehr klar, daß wir in den sauren Apfel zu beißen hatten. Wir mußten den kompletten Motor in alle Einzelteile zerlegen, um die Fehlerursache zu finden. Erste Befürchtungen, daß danach verschiedene Teile übrig bleiben und der Motor dann vielleicht nicht wieder laufen könnte, verflogen schnell. Denn notfalls hatten wir ja immer noch Zhang in der Hinterhand mit seinem zum Ausschlachten bestimmten Fuhrpark vor seiner Werkstatt. Für jedes zehnte gekaufte Motorrad bekommen die Händler nämlich ein Motorrad zum Ausschlachten für Ersatzteile mitgeliefert. Diese Modelle haben aber weder Motor- noch Fahrgestellnummer oder Papiere und können deshalb nicht komplett weiterverkauft werden.

Nach fachmännischer Begutachtung legten wir erst einmal die Reihenfolge der abzumontierenden Teile fest. Es mußte so ziemlich alles abgeschraubt und entleert werden. Martin übernahm die Rolle des »lingdao – des Brigadenchefs«, um einen ordnungsgemäßen Ablauf zu gewährleisten. Nachdem ich mit Ron die Kiste aufgebockt hatte und wir unsere Aufgaben in Angriff nahmen, machte sich Martin erst einmal an die theoretischen Geheimnisse des teilweise schlecht übersetzten Wartungshandbuches. Ron entleerte und demontierte den Benzintank, während ich das Hinterrad ausbaute, um den Getriebeblock abnehmen zu können. Der Reifen ließ sich allerdings erst dann zwischen den Rahmenverstrebungen und der Bremsankerplatte herausziehen, nachdem ich ordentlich Luft abgelassen hatte. Erst jetzt konnte der Kardan weit genug nach innen gedreht und seine Hardyscheibe ausgehängt werden. Der Auspuff und die Vergaser mußten natürlich ebenso abmontiert werden wie der Luftfilter und die Lichtmaschine.

Das Motorgehäuse hing jetzt nur noch am Rahmen und am Steuergehäuse fest, um dann mit Martins schwerem hydraulischen Wagenheber zu dritt vorsichtig herausgehoben zu werden. Vom Motorrad blieb nur noch ein Gerippe übrig.

Um das Geheimnis zu lüften, ließ es sich leider nicht vermeiden, mit einem Spezialschlüssel die komplette Kupplung auszubauen. Hierzu benötigten wir einen sechsunddreißiger Schlüssel und lange Schrauben mit Feingewinde, um die Scheiben und die Platte vom Kupplungskorb abziehen zu können. Diese hatten wir natürlich nicht. Deshalb machte ich mich sofort auf den Weg, um diese Raritäten zu besorgen. Nach chinesischer Sitte hatte erst das dritte Werkzeuggeschäft schließlich diese Feingewindeschrauben und den Schraubenschlüssel. Dieser konnte aber nur im großen Set zusammen mit einem batteriebetriebenen Rasierapparat gekauft werden. Obwohl dies wie ein Witz klingt, ist es in China tatsächlich so, daß wer rare Ware will, einen Ladenhüter mit abnehmen muß. Da ich diesen auf keinen Fall haben wollte, blieb mir nur übrig, alternativ eine Spannzwinge zu kaufen, um mit ihr unser Glück zu versuchen. Erst nach einigem Probieren kamen wir damit zurecht und sahen die Bescherung: Der Simmerring hing schräg auf der Kurbelwelle, seine Feder war überhaupt nicht vorhanden gewesen. Die Ursache der lauten Klopfgeräusche überraschte nicht weniger. Das Sicherungsblech der Befestigungsmutter des Stirnrades auf der Nockenwelle war zwar richtig hochgebogen, aber man hatte vergessen, die Mutter vorher festzuziehen.

Wir wußten im ersten Moment gar nicht, was wir davon halten sollten. Mit der Zeit verwunderte dies uns jedoch immer weniger. Nach insgesamt zwei langen Tagen war dann wieder alles funktionsgerecht zusammengebaut und wir der Überzeugung, daß die Verarbeitungs- und Materialqualität der originalen BMW vor fünfzig Jahren bestimmt besser gewesen sein muß. Wir nahmen uns deshalb vor, in Zukunft etwas mehr piano zu fahren.

Die Bremsen verkörperten neben der oftmals nicht gut funktionierenden Beleuchtung das zweite Sicherheitsmanko unserer Motorräder. Die nicht hundertprozentig runden Beläge der Simplexbremse lagen auf der Oberfläche der Bremstrommel nur ungleichförmig auf und hatten deshalb ihre optimale Bremswirkung erst nach einigen tausend Kilometern Fahrleistung erreicht. Vorausgesetzt, daß die Beläge nicht schon vorher brüchig wurden und ausgewechselt werden mußten. Deshalb achteten wir vor allem anfangs darauf, daß die Bremsen vorsichtig eingebremst wurden.

*Verkaufsstand für Spucknäpfe und Damenschuhe*

Probleme bereitete besonders die Vorderbremse, weil sich der Winkel des Bremshebels zum Bowdenzug nicht ganz auf die für die Kraftübertragung optimalen neunzig Grad einstellen ließ und die Reibungsverluste im Seilzug verhältnismäßig groß waren. Erst mit geöltem Bowdenzug und Fett am Bolzen der beiden Bremsbakken erzielten wir eine spürbare Verbesserung.

Bei einem Ausflug zu den in Tianjin wiederaufgebauten Zündappwerken hatte ich diese Erfahrungen mit der Vorderbremse leider noch nicht und handelte mir deshalb eine unschöne tiefe Delle in der Stirnseite meines Beiwagens ein:

Voller Elan kurvte ich durch die engen Straßen Tianjins und fragte mich mit meinen besten Chinesischkenntnissen durch bis ins Industriegebiet vor der Stadt. Je näher ich dem Fabrikgelände kam, um so katastrophaler verschlechterten sich die Straßenverhältnisse. Mühsam schlängelte ich mich durch die Fahrzeugreihen einer langen schlaglochübersäten Straßenbaustelle, bis es schließlich überhaupt nicht mehr weiterzugehen schien. Als einzige Alternative bot sich der Spurwechsel auf die fünfzig Zentimeter höher liegende andere Fahrspur an. Zu meinem eigenen Erstaunen bezwang ich ohne große Mühe diese Höhendifferenz. Das Problem begann allerdings erst, als ich oben ankam. Trotz der bis zum Anschlag angezogenen Vorderbremse schob die Trägheitsmasse mein Motorrad unweigerlich auf die scharfkantige Stoßstange eines stehenden Lastwagens zu. Der Lack der Stirnseite meines Beiwagens platzte ab, und die Stoßstange bohrte sich zentimetertief ins Blech. Augenscheinlich schien glücklicherweise nicht mehr passiert zu sein als dieser Blechschaden.

Beim Weiterfahren zog jetzt aber der Beiwagen in Schlaglöchern und Rechtskurven zunehmend nach rechts. Die Querstreben zum Beiwagen hatten offensichtlich auch etwas abbekommen. Mühsam schleppte ich mich trotzdem noch durch bis zum naheliegenden Zündappwerk, dessen Spezialisten mir bereitwillig halfen, den Schrägstellwinkel des Motorrades zum Beiwagen wieder optimal einzustellen. Nebenbei erzählten sie mir einiges über ihr neues Werk und gaben mir die Adresse von Josef Stangl, einem ehemaligen Montageleiter von Zündapp, der drei Jahre hier lebte und das Werk mit aufbaute. Er stand kurz vor seiner endgültigen Heimreise und lud mich abends freundlich in sein Domizil ein, um etwas ausführlicher über die Wiedergeburt des legendären Zündappwerkes zu erzählen.

# Zündapp – Eine Legende wird wiedergeboren

Als 1984 der deutsche Zweiradhersteller Zündapp in Konkurs ging, war es für die Chinesen die Gelegenheit, moderne Produktionsanlagen günstig zu erstehen. Ein für beide Seiten profitables Geschäft.

Eine Delegation aus China besichtigte das zum Verkauf stehende Werk, und nach nur einem einzigen Verhandlungstag waren sich im Sommer 1984 die Konkursverwalter von Zündapp und die Chinesen einig: Für 16 Millionen Mark kaufte die Volksrepublik die komplette Anlage des deutschen Zweiradherstellers. Die neuen Besitzer demontierten die Fabrik in Deutschland und bauten sie in China wieder auf.

Die kleinen Zweiräder, die das Werk verlassen, sehen genauso aus wie die ehemaligen Zündapp-Maschinen, sie tragen sogar neben der chinesischen Bezeichnung noch den Schriftzug der Zündapp-Werke.

Bis die erste Produktion anlaufen konnte, war allerdings eine schwierige Aufgabe zu lösen. Schraube für Schraube mußten die einzelnen Maschinenteile numeriert und verpackt werden, so daß alle Teile in Tianjin säuberlich zu einer Fabrik zusammengesetzt werden konnten.

Im Januar 1985 begannen 100 chinesische Arbeiter mit der Demontage. Angeleitet wurden sie dabei von Ingenieuren und Arbeitern des Zündapp-Werkes. Ein chinesischer Koch und Arzt wurden extra mit eingeflogen.

Alle Einzelteile wurden in Kisten und Kartons verpackt und mit 750 Containern per Eisenbahn nach China verfrachtet. Wertvollere Meßgeräte und empfindliche Instrumente durften das Flugzeug nehmen.

Dieser aufwendige Umzug erforderte natürlich auch einen Organisator, der sich gut auskannte. Josef Stangl, bis dahin bei Zündapp Abteilungsleiter für spanlose Fertigung, übernahm die Rolle des Reiseleiters und überwachte das ganze Projekt. Der 59jährige begleitete den Tross nach China, lebte über drei Jahre dort und sorgte dafür, daß die Zündapp-Maschinen letztlich auf chinesischem Boden genauso arbeiteten, wie sie es jahrzehntelang vorher schon auf bayerischer Erde getan hatten.

Der schwierigste Teil der Arbeit stand Stangl in Tianjin bevor. Dort mußte er nicht nur die Aufbaupläne für die neue Fabrik ausarbeiten, sondern auch dafür sorgen, daß aus dem Sammelsurium von Einzelteilen wieder eine funktionsfähige Fabrik entstehen konnte.

Erschwert wurde das Unternehmen durch die neue Organisationsform des Zündapp-Werks in China. Während die Fabrik in Deutschland noch eine Einheit darstellte, mußten in China zwei Fabriken, eine Motorrad- und eine Motorenfabrik, aufgebaut werden.

Weitere Komplikationen ergaben sich daraus, daß durch die chinesische Bürokratie diese beiden Fabriken sogar unterschiedlichen Ministerien unterstehen.

Solche Widrigkeiten hielten Stangl und seine deutschen Mitarbeiter jedoch nicht davon ab, gemeinsam mit ihren chinesischen Kollegen die beiden Fabriken in Rekordtempo zusammenzuschrauben. Besonders empfindliche Teile mußten sie mit Flaschenzügen an ihren Platz hieven, Wasserwaagen halfen bei der präzisen Justierung der feinmechanischen Geräte.

Während dieser Zeit lebten Stangl und seine deutschen Helfer in vornehmen chinesischen Gästehäusern mit Dienstpersonal, wo er mir freundlicherweise die Legende von Zündapp bei einer Tasse Tee erzählte. Für Verpflegung und Unterkunft brauchten sie nicht aufzukommen. Überrascht hat ihn besonders die chinesische Gastfreundschaft. 1988 kehrte er mit seiner Frau wieder zurück nach München, wo er heute seinen wohlverdienten Ruhestand genießt.

Als nach dreieinhalb Jahren im Februar 1988 die erste Serienproduktion von Zündapp-Krafträdern in Tianjin anlief, waren alle Beteiligten zufrieden: »Das war eine Superleistung«, lobt Stangl nicht nur sich selbst.

Heute werden in Tianjin vor allem die Modelle K80, K100 und das Mofa 25 produziert. Zur Zeit beziehen die Chinesen noch etwa zehn Prozent der Zulieferteile aus dem Ausland, in absehbarer Zeit sollen jedoch alle Teile in der Volksrepublik hergestellt werden.

Anhand deutscher Konstruktionspläne stellen die Chinesen schon jetzt Vergaser, Gabeln, Zündanlagen und Federbeine her. Im Motorenwerk Tianjin sind 900 Arbeiter, in der Motorradfabrik sogar 1300 beschäftigt. Das sind mehr als doppelt so viele Arbeitskräfte wie seinerzeit in Deutschland.

Effizienter arbeitet Zündapp in China deshalb trotzdem nicht. Die Arbeiter werden von der chinesischen Verwaltung ohne Rücksicht auf ihre individuelle Qualifikation eingesetzt. Die einzelnen Produktionsabschnitte werden meist in Gruppenarbeit erledigt, wobei die einzelnen Gruppen häufig gegeneinander ausgetauscht und so immer wieder mit neuen Aufgaben konfrontiert werden.

Trotz der vielen Arbeitskräfte entstehen in Tianjin heute weniger Leichtkrafträder als ehedem bei Zündapp. Während in Bayern noch zwischen 350 bis 500 Einheiten pro Tag die Fabrik verließen, rollen in China gerade 100 bis 150 Leichtkrafträder vom Fließband. Für das dritte Jahr haben die chinesischen Planer ein Soll von 40000 Einheiten vorgesehen.

Die chinesischen Arbeiter müssen diese Vorgabe in einer Sechstagewoche bewältigen, Urlaub gibt es für Arbeitnehmer in China nicht. Ein neues Lohnsystem, das neben dem Grundlohn eine Prämienbezahlung nach Qualität der Arbeit vorsieht, soll die Motivation der Facharbeiter steigern.

Trotz des Fortschritts im Zweiradbereich, den China durch Zündapp erlebt, sind die Möglichkeiten der Fortbewegung für die Chinesen beschränkt. Die meisten Einwohner dieses 1.2 Milliarden Volkes benutzen nach wie vor das Fahrrad.

Um stolzer Besitzer eines motorisierten Kraftrades zu werden, braucht man einen Berechtigungsschein, der offiziell nur schwierig zu bekommen ist. Wer Glück hat, kann einen auf dem grauen Markt erstehen.

Für eine Zündapp made in China sind 4000 bis 4500 RMB zu berappen, dies entspricht ungefähr 40 Monatslöhnen eines Arbeiters und ist halb so teuer wie meine Yangtse. Trotz dieser relativ hohen Summe ist ein Leichtkraftrad für einen Chinesen durchaus nichts Unerreichbares. In den chinesischen Großfamilien ist fast jeder berufstätig, und sie leben relativ kostengünstig auf engstem Raum zusammen.

Seit die Fließbänder in Tianjin laufen, streben die Chinesen auch eigene Entwicklungen an. So ist neben der K80 und der K100 die Produktion eines neuen Modells, einer Zündapp K125, geplant, die größtenteils in eigener Regie entwickelt wird.

Wenn dieses Projekt zügig vorangeht, wird die traditionsreiche Marke vielleicht eine Renaissance erfahren. Diese Marke soll dann nach Europa exportiert werden, und es kommt vielleicht zu einer Wiedergeburt der legendären Zündapp-Modelle auf deutschen Straßen.

# Testtour in die ehemals deutsche Kolonie Shandong

Die am Gelben Meer liegende ehemals deutsche Kolonie Shandong bot für mich die ideale Gelegenheit, eine längere Testtour mit meiner Yangtse zu unternehmen. Die Spuren der vor 100 Jahren vorherrschenden Ereignisse deutscher Kolonialgeschichte versetzten mich zurück in eine fremde Welt.

Der heimtückische Gelbe Fluß hatte bereits zum 26. Mal seinen Lauf geändert und große Gebiete überschwemmt, während gleichzeitig eine Dürrekatastrophe herrschte. Zur gleichen Zeit hatte die chinesische Armee wieder einmal eine Niederlage gegen die Japaner einzustecken.

Die sich in die Flüchtlingsströme aus den Hungergebieten einreihenden Soldaten machten daraufhin Jagd auf Ausländer und chinesische Christen. Den Mord an zwei deutschen Missionaren nahm das Deutsche Reich dann zum Vorwand, Qingdao zu besetzen und vom Kaiser Chinas für 99 Jahre zu pachten. Die Germania Brauerei gründete 1904 die noch heute berühmte Qingdao Brauerei, und der Badestrand zog viele Besucher an. Dies war für das traditionsbewußte Bayern wohl mit ein Grund, 1985 einen Partnerschaftsvertrag mit Shandong zu unterzeichnen.

Für mich und meine Yangtse stand jedenfalls fest, Shandong und seine Hafenstadt Qingdao auf dem Landweg zu erkunden. Ich wollte vor allem testen, mit welchen Problemen bei der großen Tour gerechnet werden mußte. Motorschäden, Ersatzteilbeschaffung, Benzingutscheine, Unfallgefahren und nicht zuletzt diverse üblicherweise notwendige Genehmigungen für Straßen, Städte und Hotels waren durchaus zu erwartende Schwierigkeiten. Mein chinesischer Führer- und Fahrzeugschein waren die einzigen offiziellen Papiere, die ich in der Tasche hatte.

Als ich ein paar Tage vor der geplanten Abfahrt bei einer Flasche Qingdao-Bier Juliane von meinen Plänen erzählte, war sie spontan dabei und überzeugt, daß wir es irgendwie schon schaffen würden. Juliane studierte am gleichen Spracheninstitut Chinesisch. André, mein Begleiter bei der großen Tour, war zu dieser Zeit leider unterwegs, um auf dem Landweg per Anhalter nach Tibet zu kommen.

Mit Verpflegung für drei Tage und voller Optimismus ging es dann los zur einzigen Ausländertankstelle Pekings, um gleich anschließend die Stadtgrenzen zu verlassen. Zuerst steckten wir jedoch erst einmal zwei bis drei Stunden im Verkehrsstau. Der Motor klang schon mißmutig und fraß zehn Liter statt der üblichen acht. Fünfhundert Meter vor der Tankstelle war dann der 24 Liter Tank leer. Unsere beiden ebenfalls noch leeren 20 Liter Reservekanister halfen da wenig. Bis wir mit dreißig bis siebzig Stundenkilometern über eine schlaglocharme schöne Allee Peking endlich verlassen konnten, war der erste halbe Tag bereits gelaufen.

Als wir die Provinzgrenzen zu Shandong überquerten und somit das für Auslän-

***Unterwegs in der Provinz Shandong***

der erlaubte Terrain eindeutig verließen, erinnerten wir uns mit schlechten Gefühlen an die beiden im Boxeraufstand ermordeten deutschen Missionare und dessen Folgen. Wie verhalten wir uns gegenüber Polizisten, fragten wir uns. Zumindest die Hungerkatastrophe schien überwunden zu sein. Getreide-, Kartoffel- und Sojafelder wechselten sich mit Erdnuß-, Tabak- und Baumwollplantagen ab. Allmählich verloren sich die Gedanken doch.

Auf einer verkehrsarmen Straße kamen rechts ein obstbeladener Pferdekarren, vorne ein alter Mann mit Strohhut und einem kleinen Kind auf den Rücken geschnallt, seitlich ein Hirte mit ein paar Ziegen, am Horizont eine Schwadron ein- bis dreirädriger Handkarren und von hinten ein mit zahlreichen Hühnern beladenes Motorrad. Wir fühlten uns in eine ganz andere Welt zurückversetzt. Plötzlich kreuzte ein keuchender und rußender Schlepper direkt vor unserer Nase die Fahrbahn und mahnte mich zur Vorsicht. Mir wurde bewußt, daß die Menschen hier wenig Gefühl für Motorfahrzeuge haben und dadurch mit dem Schlimmsten gerechnet werden mußte. Zudem hatte ich keine vergleichbar laute Hupe wie die Lastwagenfahrer.

Die erste Bewährungsprobe nahte kurz darauf bei einem ersten Straßenkontrollpunkt der Polizei. Innerlich angespannt, aber äußerlich ganz cool fuhren wir langsam heran. Unerwartet wurden wir allerdings unbürokratisch weitergewunken. Die Polizei hatte nur Interesse an Lastwagen, die auf Schmuggelware untersucht wurden.

Wegen Rohstoffknappheit und profitablen Preisunterschieden zwischen den verschiedenen Provinzen wird nämlich über die Grenzen sehr viel Ware verschoben. Zum Glück nicht unser Problem.

Die nächste Entscheidung stand schon kurz danach an. Die Straße teilte sich in eine leere, gut ausgebaute Mittelspur und zwei ziemlich belebte Seitenstreifen für Langsamfahrer. Da ich bisher fast ausschließlich nur selbst überholt hatte, war meine Wahl keine Frage. Fünfzig Kilometer weit ging es recht flott voran, bis plötzlich ein Verkehrspolizist am Fahrbahnrand auftauchte und uns rechts heranwinkte. Beim Herannahen überlegte ich mir verzweifelt in bestem Schulchinesisch eine höfliche Entschuldigungsformel und war dann ziemlich überrascht, wie schnell er meine dargelegte Unwissenheit akzeptierte und uns genauso höflich bat, den Seitenstreifen zu benutzen.

Immer häufiger schienen wir die ersten Langnasen, wie Ausländer in China charakteristisch betitelt werden, in den abseits der üblichen Touristenrouten liegenden Dörfer zu sein. Während ich in einem Kaufhaus etwas einkaufte, war es wieder so weit. Juliane war die willkommene Abwechslung für die den tristen Alltag gewohnten Menschen. Zuerst standen zwei, dann zehn und zwanzig Neugierige um sie und unser Motorrad herum. Dies war dann das allgemeine Zeichen, daß etwas Besonderes geboten sein mußte. Wie ein Magnet zog es alle in der näheren Umgebung verweilenden Passanten an, und auch die Autofahrer fuhren langsam vorbei bzw. hielten an, um einen Blick zu erhaschen. Erst mit der Hilfe eines Schutzmannes der nahen Kreuzung konnten wir durch eine geschaffene Schneise wieder weiterfahren. Diese Erlebnisse machten neben der während der Fahrt erforderlichen Konzentration das Motorradfahren in China unerwartet anstrengend.

Nach einem zehnstündigen »Tagesritt« von 286 Kilometern hingen wir mit rußgeschwärzten Gesichtern bei der Abenddämmerung müde über dem Lenker. Wir hatten keinen Elan mehr, noch weitere 50 Kilometer nach Jinan weiterzufahren. Jinan war die nächstmögliche für Ausländer geöffnete Stadt. Wir fanden auch schnell das beste Hotel dieses Ortes und waren mit dem Portier gleich einig, für rund 20 Mark die bequemste Zweizimmersuite zu buchen. Die Polizei wird in diesem verlassenen Nest schon nicht gleich auftauchen, verdrängten wir schnell alle Bedenken. Am nächsten Morgen wollten wir sowieso gleich weiter. Unser Motorrad bekam eine eigene Garage, und wir genossen die heiße Dusche und das wohlschmekkende Abendessen. Kurz bevor wir ins wohlverdiente Bett huschen wollten, klopfte es unerwartet an der Tür. Es war zwar kein versprengter Rebell, aber der Dorfpolizist für öffentliche Ordnung und Sicherheit PSB.

Mit bestmöglicher Laune baten wir ihn freundlich, sich zu setzen, und boten eine Tasse Tee sowie Zigaretten an. Wir erzählten ihm, daß wir auf der Durchreise in die nächste für Ausländer geöffnete Stadt Jinan seien, um einen Freund an der dortigen Universität zu besuchen. Da uns die Abenddämmerung ereilte und nachts ein Weiterfahren zu gefährlich erschien, seien wir vernünftigerweise hier abgestiegen. Wir baten ihn um einen unbürokratischen Vorschlag, den er uns bereits nach der vierten Westzigarette unterbreitete. Er radelte in sein Revier und brachte uns eine

Stunde später eine zweitägige Aufenthaltserlaubnis und ermahnte uns, das nächste Mal besser gleich zu ihm zu kommen, sonst würde es teurer als die verlangten zwei RMB (70 Pfennig) werden. Wir waren sehr erleichtert, daß wir bereits am ersten Tag die Probleme mit den verschiedensten Arten von Polizisten so gut meistern konnten. Mit der Gewißheit, für die große Tour wichtige Erfahrungen gesammelt zu haben, schliefen wir beruhigt tief ein.

Shandongs zu zwei Dritteln bergige Landschaft mit seinen auf weniger als der halben Fläche der Bundesrepublik lebenden 75 Millionen Menschen wurde uns erst jetzt bewußt. Überall und zu jeder Tageszeit traf man Menschen an. Es fand sich nirgends ein ruhiger Ort, um einmal unser Zelt aufzubauen oder unseren Benzinkocher zu testen. Zum Glück war dies bei der guten Küche Shandongs auch nicht erforderlich.

Der Huangshan, der wichtigste der fünf heiligen Berge Chinas, kam in unsere Sichtweite. Mit stotterndem Motor mußten wir am Bergfuß eine Pause einlegen. Es war erstaunlich, wie wenig Probleme die Yangtse bei ihrer ersten großen Testtour machte. Auf dem Berg beeindruckten uns die von Nebelschwaden umhüllten umliegenden Gipfel mit ihren zahlreichen Pagoden. Diese Eindrücke erinnerten genau an die beliebten Bilder in vielen chinesischen Wohnungen. Der erste in europäischen Augen eher kitschig anmutende Eindruck wandelt sich jedoch um so mehr in Wohlgefallen, je länger man schon in China lebt und Mentalität und Kultur besser versteht. Die Charakterzüge dieser Bilder verkörpern für Chinesen das Bedürfnis nach Harmonie und Gleichgewicht der gegensätzlichen Gewalten. In der traditionellen chinesischen Medizin spielen diese Gleichgewichte eine sehr große Rolle. Diese Gegensätze, die bei der Heilung ausgeglichen werden müssen, werden als Yin und Yang bezeichnet.

Beim 1000 Meter tiefen Abstieg begegneten wir vielen Trägern, die am Joch bis zu 60 Kilogramm schwere Lasten hochschleppten. Bei jedem ihrer stundenlangen Aufstiege verdienen sie umgerechnet weniger als drei Mark, genauso viel wie ein Ticket der über ihnen schwebenden Seilbahn. Es läßt sich aber darüber streiten, ob es besser wäre, diese Menschen arbeitslos werden zu lassen, anstatt mit den zweimaligen Tagestouren ein insgesamt überdurchschnittliches Einkommen zu sichern.

Auf der Weiterfahrt hielt uns wiederum am Straßenrand ein Polizist an, der sich seltsamerweise hierfür noch entschuldigte, nachdem er realisiert hatte, daß er Ausländer aufgegriffen hatte. So sehr uns dieses Erlebnis amüsant erstaunte, schockierte uns um so mehr der Anblick an einer schweren Unfallstelle. Zwischen einer Armee von Menschen waren zwei obstbeladene Traktoren umgekippt und verkeilt. Das Führerhaus eines Lastwagens lag eingedrückt im Straßengraben zwischen verstreuten Fahrzeugteilen.

Die Unfallursache läßt sich bestimmt auf schlechte Bremsen, abgefahrene Reifenprofile, defektes Licht, maßlose Überladung oder blindlings in die Fahrbahn laufende Tiere bei nicht angepaßter Geschwindigkeit zurückführen. Nur die Funktionsfähigkeit der Hupe zweifle ich nicht an, da diese meist meilenweit zu hören ist.

Während solcher Momente schätzte ich sehr, daß meine Yangtse nicht schneller als maximal 80 Stundenkilometer fuhr und ich in entsprechenden Situationen immer mit dem Schlimmsten rechnete.

Einige Dörfer weiter waren wir uns allerdings nicht mehr so sicher, ob ein Ausnahmezustand herrschte oder nicht. Die fünf Kilometer lange Dorfstraße wurde gerade von unzähligen Arbeitern umgegraben und war deshalb beinahe unpassierbar. Trotz der meist nur einspurigen Fahrbahn gab es keine Verkehrsregelung. Jeder suchte sich seinen Weg selbst. In Gedanken an meine Delle von Tianjin wechselte ich vorsichtig die unterschiedlichen Höhenniveaus und ackerte durch tiefe Spurrillen, so daß meine beiden Auspufftöpfe zwischen den aufgewirbelten Schollen nur noch im Dauerbeschlag entlangstrichen. Ich hatte bereits ernsthafte Bedenken, daß ein Auspufftopf jeden Moment verlorengehen könnte. Die angeschweißten Halterungen machten nicht gerade den stabilsten Eindruck.

Sichtlich beeindruckt legten die Arbeiter so lange ihre Schaufel nieder, bis wir an ihnen vorbeizogen, und spekulierten wohl, ob wir links am ein Meter tiefen Abgrund und rechts am knapp vorbeistreifenden Schlepper noch vorbeikämen. Der weitere Straßenverlauf blieb allerdings mindestens genauso verworren. Wegweiser fehlten fast völlig, und der örtliche Dialekt konnte kaum noch verstanden werden. Über eine schmale Kiespiste erreichten wir nach zehn Stunden und 340 Tageskilometern im schmalen Lichtkegel der 6-Volt-Anlage ohne weitere Verkehrsschilder und Kompaß schließlich doch noch unser Ziel, die nächste offene Stadt Linyi.

Nach einer einwöchigen Anfahrt konnten wir endlich Seeluft schnuppern und mit einer Fähre über die Bucht nach Qingdao übersetzen. Unsere Gedanken wanderten

***Straßenarbeiter***

wieder zu den Truppen des Kaiserreiches, die 1897 in Qingdao auf ähnliche Weise landeten. Mit welchen Gefühlen sind die Matrosen der deutschen Reichsmarine damals hier angekommen, fragten wir uns. Sie fühlten sich wahrscheinlich ähnlich mulmig wie wir.

Nach der Besichtung der jährlich eine Million Hektoliter Bier brauenden Qingdao Brauerei genossen wir eines der zahlreichen Seafood Restaurants und aßen Hummer, Muscheln, Gemüse und Hammelfleisch. Beim Anblick der im deutschen Kolonialstil erbauten Häuser und der katholischen Kirche dachten wir an die ehemals siebzigtausend deutschen Einwohner.

Ein Sonnenbad am berühmten Badestrand von Qingdao erinnerte uns allerdings daran, die Schiffspassage für die Rückreise zu buchen. Bereits nach sechsstündigen Bemühungen und im achten Hafenbüro hatten wir unsere drei Tickets in der Tasche. Wir mußten aber einen Umweg über die Mandschurei nach Dalian in Kauf nehmen, da es offensichtlich kein direktes Schiff nach Tianjin gab, welches Lademöglichkeiten für unser Motorrad gehabt hätte. In Dalian war dann gerade in dem Moment Feierabend, als unser Motorrad an der Reihe war, mit einem Kran vom Vorderdeck heruntergehievt zu werden. Diskussionen, daß wir ohne unsere Yangtse das Schiff nicht verlassen würden, brachten uns nur noch eine nachträglich berechnete Stellgebühr für die Nacht ein. Man kann eben nicht immer Glück haben, trösteten wir uns und bezahlten umgerechnet eine Mark.

Bis dann endgültig geklärt war, ob unser Anschlußboot noch heute, morgen oder erst übermorgen weiterfahren würde, unternahmen wir schöne Ausflüge in die nähere Umgebung. Voller Freude, diese Testtour mit heiler Haut überstanden und viele wertvolle Erfahrungen für die große Tour gesammelt zu haben, wollten wir im ersten Restaurant in Peking uns eine Flasche Qingdaobier schmecken lassen und Resüme ziehen.

Kurz davor riß aber noch der Kupplungsbowdenzug, und die beiden Kerzen mußten gewechselt werden. Sonst hatten wir erstaunlicherweise keine wesentlichen technischen Probleme während der 1600 Straßenkilometer und der sechzehn Tage langen »Erkundung« Shandongs.

Diese Reise stellte für mich den letzten Mosaikstein dar, um die große Tour nach den wichtigsten Gesichtspunkten abschätzen zu können. Mit den technischen Erfahrungen zusammen fühlte ich mich jetzt bedeutend sicherer und war gewiß, meine Heimat erreichen zu können. Die mitgenommene Ausrüstung konnte dadurch noch wesentlich gestrafft und manche Probleme bereits im Vorfeld ausgeschaltet werden.

# Herausforderung des Ungewissen

Die vor uns liegende ungewisse Zukunft beschäftigte uns um so mehr und intensiver, je näher der eigentliche Abfahrtstermin rückte. Die Überraschungen wollten kein Ende nehmen und zwangen uns, die Abreise wiederholt zu verschieben. Es wurde immer schwieriger, alle Interessen unter einen Hut zu bringen.

Martin und Ron, unserem zweiten Team, das die Vorbereitungen mit uns bereits weit vorangetrieben hatten, machten kurz vor der geplanten Abfahrt berufliche Gründe einen Strich durch die Rechnung. Wir fanden leider keinen gemeinsamen Zeitpunkt mehr, um unsere Tour aufeinander abstimmen zu können. Deshalb entschlossen wir uns, daß Martin und Ron die Tour zwei Monate nach uns in Angriff nehmen sollten. Wir wollten uns gegenseitig jeweils unterstützen. Die sich täglich zuspitzenden Studentenunruhen machten ihnen allerdings letztendlich einen Strich durch die Rechnung.

Der Abbruch meiner »Zelte« in Peking nahm auch wesentlich mehr Zeit in Anspruch, als ich für möglich gehalten hätte. Täglich kam irgend etwas anderes dazwischen.

André ging es nicht viel besser. Als er kurz vor der geplanten Abfahrt, von Hongkong kommend, in Peking eintraf, hatte er keinerlei Papiere mehr. Im Zug hatte man ihm den Paß, die Kreditkarte und den extra in Malaysia erstandenen Motorradführerschein gestohlen. Um diese Papiere zu ersetzen, gingen weitere zwei Wochen ins Land. Dabei war das Fatale, daß ohne Reisepaß weder das pakistanische Visum noch andere offizielle Papiere zu bekommen waren.

Bereits ein halbes Jahr vor der eigentlichen Abfahrt gingen die Vorbereitungen in die heiße Phase.

Fast täglich notierte ich mir Dinge, die für unsere Tour nützlich und wichtig erschienen. Meine Gedanken bei Streifzügen durch die Pekinger Geschäfte konzentrierten sich auf alles, was in irgendeiner Form brauchbar erschien. So sammelte ich mit der Zeit allerlei Ausrüstungsgegenstände zusammen. Dazu zählten ein Abschleppseil, ein Voltmeter, ein Kompaß, zwei eiserne 20 Liter Benzinkanister, ein schwerer Hammer, Draht und elektrische Kabel, verschiedenste Schrauben mit Muttern und Unterlegscheiben, ein Stück Holz und Gummi, alle denkbaren Verschleiß- und Ersatzteile des Motorrades selbst, Schecks und Bargeld verschiedener Währungen wie Mark und US-Dollars in kleinen Scheinen sowie diverser, mit möglichst vielen Stempeln versehener Papierkram. Erforderliche Impfungen und eine sinnvoll zusammengestellte Reiseapotheke durften natürlich auch nicht fehlen. Der faltbare acht Liter fassende Wasserkanister, unser Waschzeug, die beiden Daunenschlafsäcke mit Unterlegmatten und das Eineinhalbmannzelt rundeten mit den kleinen Lebensmittelvorräten unsere ungefähr 200 Kilogramm schwere Ausrüstung ab. Für unsere Garderobe blieb natürlich kaum noch Platz übrig, sie mußte im Wesentlichen neben meinem Lederkombi und den Springerstiefeln auf eine lange und eine kurze Hose, zwei lange und kurze Hemden, T-Shirts und Unterwäsche, einen Pullover und ein paar Hausschuhe beschränkt werden. Im Gegensatz zu den anderen Ausrüstungsgegenständen konnte Kleidung schließlich auch noch irgendwo unterwegs besorgt werden.

In China nicht erhältliche Ersatzteile, die Foto- und Videoausrüstung, kleinere Geschenke für unterwegs, Benzinkocher und Kochutensilien, Tankrucksack und Packtaschen, Regenkombi, Helm, Brille, Luftpumpe mit Druckanzeige, Netzspinne, Spaten und diverses Kleinzeug wie Expander mußten aus Deutschland besorgt werden. Unter ähnlichem Zeitaufwand organisierten wir notwendiges Kartenmaterial, Filme und diverse Reiseführer sowie aktuelle Travellerinformationen, hauptsächlich aus Hongkong.

International gültige Versicherungen und offizielle Papiere für unser Motorrad waren allerdings trotz erheblichen Aufwands nicht zu besorgen. Zum Glück konnten wir wenigstens einen Lehrer meiner Uni und Martin von der Deutschen Botschaft überreden, uns ein Empfehlungsschreiben für kritische Situationen auszustellen. Wir hatten leider nicht die Beziehungen und den Segen anderer großer Institutionen oder Sponsoren, die gegen alle Eventualitäten offiziell abgesichert ihre Reisen antreten. Wir konnten uns ausschließlich auf unseren gesunden Menschenverstand und Selbstvertrauen verlassen.

Für die vor uns liegenden sieben Transitländer bot es sich natürlich an, eine englische, deutsche und arabische Übersetzung unserer Fahrzeugpapiere von einem staatlichen Übersetzungsbüro anfertigen zu lassen. Um den offiziellen Touch der eher schlechten Übersetzungsqualität noch etwas besser aufzupolieren, bekamen wir noch den konstruktiven Tip, den blauen Stempel des Übersetzungsbüros noch mit einem roten Stempel der Deutschen Botschaft ergänzen zu lassen. Der zuständige Beamte ließ sich zwar nur für ein »gesehen« anstatt einer Beglaubigung breitklopfen, aber der Stempel selbst war für uns schon Gold wert. Bei Behörden und an den Grenzen wurde unsere Legitimität trotzdem zweifellos anerkannt. Selbst später beim deutschen Zoll, beim TÜV und im Finanzamt hatte ich erstaunlicherweise keine Probleme.

Es empfiehlt sich sowieso, bei solchen Reisen im Handgepäck einen runden Stempel mit Stempelkissen dabeizuhaben, um sich fehlende Dokumente notfalls noch ausstellen zu können. Außerdem kann eine mit schönen Briefmarken beklebte und von der Post abgestempelte Bescheinigung wesentlich hilfreicher sein als mancher Computerausdruck.

Der Umbau des Seitenwagens zum abschließbaren Stauraum und der Einkauf der in verschiedene Dringlichkeitskategorien eingestuften Ersatzteilliste nahm relativ viel Zeit in Anspruch.

Denn die beiden in Frage kommenden Pekinger Ersatzteilgeschäfte hatten jeweils nur einen Teil der Wunschliste auf Lager. Deshalb fuhr ich etliche Male vorbei, bis

***Ersatzteilkauf***

ich das Wichtigste gekauft hatte. Jedes Ersatzteil mußte dabei unbedingt auf seine Funktionsfähigkeit genau überprüft werden, da ein großer Teil schon beim Kauf defekt war. Der nachträgliche Umtausch gestaltete sich sonst immer in ein stundenlanges Drama.

Bei jedem Teil, nach dem man fragte, war die erste Antwort sowieso häufig »mei you«, was soviel wie »ausverkauft« bedeutet. Dabei konnte man in der Regel davon ausgehen, daß es doch noch irgendwo herumlag. Deshalb empfahl es sich, am besten selbst in den Regalen herumzuschauen und alles brauchbar Erscheinende einfach vorsichtshalber mitzunehmen. So konnte ich mir die meisten wichtigen Teile besorgen. Mein Freund Zhang stand bei der Zusammenstellung des Sortimentes für die große Tour natürlich beratend zur Seite. So konnte ich mit Martin und Ron zusammen das Optimum zwischen Gewicht, Dringlichkeit und den Gesamtkosten vernünftig ermitteln. Obwohl erfahrungsgemäß oft gerade solche Teile in die Brüche gehen, mit denen man überhaupt nicht gerechnet hatte, kamen wir mit unserer Ausstattung überraschend gut über die Runden. Den Rest wollten wir unterwegs noch auftreiben. Wir hatten allerdings während der 6000 Kilometer innerhalb Chinas nur drei oder vier Geschäfte mit größerem Ersatzteilsortiment vorgefunden. Glücklicherweise spezialisierten sie sich mehr auf den Bedarf von Überlandfahrten. Es erstaunte uns, was man in Peking alles nicht finden konnte.

Beijing 01/00205 hieß unser amtliches Pekinger Kennzeichen. Dieses Stück Blech mit seinen beiden chinesischen Schriftzeichen und sieben Zahlen stand während unserer 99 Tage dauernden Tour meistens im Mittelpunkt des Interesses.

In China war es derjenige Teil unseres Motorrades, der immer sauber geputzt war. Denn täglich wischten irgendwelche neugierige Chinesen den Schmutz ab, um lesen zu können, wo wir beide Langnasen, wie Ausländer in China bezeichnet werden, eigentlich herkamen. Jede chinesische Provinz hat ihr eigenes Kennzeichen und in der Regel eine größere Flächenausdehnung als die Bundesrepublik Deutschland. Deshalb begeisterten sich die Leute meist schon, wenn wir nur erzählten, daß wir weiter in die nächste Provinz fahren würden.

Die europäischen Verkehrsteilnehmer beeindruckte zusätzlich unser kurioses Motorraddesign mit den roten Samtsitzbezügen. Keiner wollte uns so recht abnehmen, daß das Baujahr nur wenige Lenze zählte. Es war jedenfalls für viele Grund genug, erst einmal sichtlich beeindruckt langsam hinterherzufahren, um dann mit anerkennenden Handbewegungen gemächlich vorbeizuziehen. Erstaunlicherweise schienen viele Autofahrer plötzlich Zeit zu haben, unser unglaubliches Erscheinungsbild zu verdauen.

Von größerem Interesse war allerdings oftmals die Frage, wie man dazu kommt, eine solche Tour ins Ungewisse zu unternehmen.

Die fünfzig Jahre alte Technologie des Gespannes, die fast ausschließlich durch Wüsten und Berge führenden schlechten Straßen, keine international anerkannten Fahrzeugpapiere oder Genehmigungen, in China oder den anderen Transitländern

***Mein holländischer Kompagnon André***

frei fahren zu dürfen, stellten für zaghafte Menschen eigentlich nur Gründe dar, die Tour nicht zu riskieren.

Das Risiko, irgendwo im Graben, an einer Landesgrenze oder sogar ein paar Tage im Knast zu landen, war wesentlich größer als die Chance, mit einem noch funktionsfähigen Motorrad zu Hause, am anderen Ende des asiatischen und europäischen Kontinents, anzukommen. Andererseits lag gerade in dieser Herausforderung der große Reiz.

Die größte Schwierigkeit stellte allerdings die Auswahl eines geeigneten Partners dar, von dem ich mir vorstellen konnte, für diese lange Zeit zu harmonieren. Dies ist sehr wichtig, um selbst in Streßsituationen Ziele und Interessen abstimmen zu können. Ich bin sehr froh, in André den richtigen Partner gefunden zu haben. Für fast ein Jahr mußte dieses Unternehmen an die Spitze der Prioritäten gestellt werden. Um die Tour erfolgreich durchziehen zu können, durfte ich mich von Leuten, die alles nur in Frage stellten und die zahlreichen Probleme ansprachen, nicht entmutigen lassen. Notfalls mußte eben eine Portion Glück weiterhelfen.

Der erste Auslöser und eigentlich wesentliche Anreiz für diese Tour war, daß ich meinen zweijährigen Chinaaufenthalt nicht von einem Tag auf den anderen abrupt beenden und zurück in die heimische Kultur fliegen wollte. Ich mochte zudem die einmalige Gelegenheit für ein solches Unternehmen nicht ungenutzt verstreichen lassen. Die zurückliegende Krise mit meiner langjährigen Freundin hatte bestimmt auch einen gewissen Einfluß. Ich brauchte etwas Zeit, um nachzudenken und mein angekratztes Selbstbewußtsein wieder etwas aufzubauen. Der Abschied vom freien Studentenleben und die bevorstehende Jobsuche kamen noch hinzu.

Einen Tag vor unserer endgültigen Abreise ergab sich dann noch zufällig ein Vorstellungsgespräch. Meine zivilen Kleidungsstücke hatte ich bereits alle verpackt und mit meinen anderen persönlichen Effekten nach Hause geschickt. Es blieb mir nur übrig, die Sonntagsausstattung von Ron auszuleihen und die Motorradstiefel unter der Hose möglichst gut zu verbergen. Obwohl meine Gedanken eigentlich mehr bei der Abreise lagen, versuchte ich einen konzentrierten und sachlichen Eindruck zu machen. Ich beschloß, besser nichts von der bevorstehenden Tour zu erzählen und meine ungefähre Ankunft in München auf rund vier Monate später anzugeben. Der Eindruck schien trotzdem nicht der schlechteste gewesen zu sein. Ich traf damals meinen zukünftigen Chef.

Überdies wollte ich mit der Tour meinen Pekinger Freunden zeigen, daß sie mit ihrer Skepsis unrecht hatten. Sie meinten, daß sie sich nicht vorstellen könnten, wie man sich mit dieser alten Kiste bis nach Deutschland durchschlagen könne, andererseits schätzten sie mich so ein, daß ich bestimmt einen Weg zum Ziel finden würde.

Irgendwie mußte ich mit meinem unerschütterlichen Optimismus eine gewisse Überzeugungskraft ausüben: Martin, entschiedener Kritiker meines Vorhabens, kaufte sich ja schließlich mit Ron zusammen die gleiche Maschine, um sich unserem Vorhaben anzuschließen! So sollte es eine Tour mit zwei deutsch-holländischen Teams auf insgesamt sechs Rädern werden.

Genaue Vorstellungen, wie die zu erwartenden Hindernisse zu überwinden seien, hatte ich auch nicht. Mir war nur klar, daß ich den richtigen Partner dazu brauchte, und den hatte ich mit André gefunden.

Am letzten Abend vor unserer Abreise erlebten wir dann noch den ersten studentischen Demonstrationszug zum Sitz der Staats- und Parteiführung Pekings. Dies stellte den Beginn der inzwischen legendären Studentenunruhen dar, die sechs Wochen später am Tiananmen Platz eskalierten. Just während dieser Zeit reisten wir in China herum. Nachdem wir die letzten beiden Jahre in Peking studiert hatten und über die Situation relativ gut Bescheid wußten, hatten wir beim Abschied ein ziemlich flaues Gefühl im Magen.

So waren wir sichtlich froh, nach einer letzten Generalüberholung des Motorrads unsere Tour ins Ungewisse endlich starten zu können.

***Rechte Seite: Torbogen am Pekinger Himmelstempel***

中华人民共和国万岁
世界人民大团结万岁

北京市百貨大樓

*Doppelseite: Pekinger Impressionen*

*Doppelseite:*
*Unterwegs in den Westbergen vor den Toren Pekings*

*Linke Seite und Bild links: Ausflug nach Qingdao in Shandong*

*Rechts oben und unten sowie nächste Seite: Aufbruch zum »Langen Marsch«*

# Flucht in die Westberge

Nach mehreren Verschiebungen kam am 22. April 1989 endlich der große Tag der Abreise. Wir zogen hinter die aufwendigen Vorbereitungen einen Schlußstrich und traten unseren »Langen Marsch« an.

Die für 9 Uhr geplante Abfahrtszeit verzögerte sich jedoch noch um mehr als vier Stunden. Die letzten Ausrüstungsgegenstände wollten noch irgendwo untergebracht sein und mein Zimmer endgültig übergeben werden. Die Verabschiedung unserer Freunde und das zeitlich sich anbietende Mittagsessen in der Mensa verlangten natürlich auch seine Zeit. Nachdem die letzten Fotos im Kasten waren, fuhren wir mehr schlecht als recht bepackt von meinem Pekinger Domizil, der Qinghua Universität, ab. Wir bogen mit gemischten Gefühlen um die Ecke des Studentenwohnheimes, als Ron und Martin mit unseren anderen Pekinger Freunden nachwinkten und dann langsam im Rückspiegel verschwanden. Unsere Köpfe waren voll von den zahlreichen Erlebnissen, die sich während unseres langen Chinaaufenthaltes angesammelt hatten, und dem Unwägbaren, das für die nächste Zeit vor uns lag.

Überschattet wurde das Ganze dann noch von den ersten Demonstrationszügen der Studenten durch die Pekinger Straßen, die sich anläßlich der Beerdigung des früheren Parteichefs Hu Yaobang, der sich für eine politische Liberalisierung eingesetzt hatte, gebildet hatten. Deshalb konnten wir unseren »Langen Marsch« auch nicht am Tiananmen Platz unter dem weltweit bekannten Bildnis von Mao Zedong, dem Gründer der Volksrepublik China, starten. Wir mußten auf den nordwestlich von Peking liegenden Sommerpalast, die Sommerresidenz des früheren chinesischen Kaisers, ausweichen. So wurde es ein Abschied ohne viel Aufsehen, genau so, wie wir es eigentlich wollten.

Wegen der sich mehr und mehr zuspitzenden Studentenunruhen und des Fehlens offizieller Genehmigungen hatten wir schon Angst, in letzter Minute die Tour abblasen zu müssen. Martin und Ron konnten deshalb schließlich endgültig nicht mehr nachfahren. Außerdem bestand keinerlei Chance, eine offizielle Reisegenehmigung oder internationale Versicherung zu erlangen.

Für uns war nur klar, daß wir immer in Richtung Westen weiterfahren wollten und auftretende Probleme erst vor Ort aus der jeweiligen Situation heraus lösen könnten. Wir hatten weder eine Vorstellung, was uns alles erwarten sollte, noch wie lange es dauern würde. Wir wußten nur, daß wir es irgendwie schaffen würden.

Nach einem letzten Erinnerungsfoto vor dem bunt bemalten Torbogen des Sommerpalastes verließen wir über den Chang'an-Boulevard die Stadt Peking in Richtung Westberge.

An der Chang'an passierten wir noch größere Militärverbände, die zur Beerdigung von Hu Yaobang aufmarschiert waren. Seinen Nachfolger Zhao Ziyang hatte ich noch ein halbes Jahr vorher beim internationalen Drachenbootwettbewerb in Peking gesehen. Weil er gegenüber den Studenten nicht hart genug durchgegriffen hatte, mußte er kurz vor den Ereignissen am Platz des Himmlischen Friedens, ähnlich wie schon sein Vorgänger Hu, die politische Bühne verlassen.

Drei Pässe mußten bezwungen werden, um unser für Fahrten mit dem eigenen Kraftfahrzeug erlaubtes Terrain, die Grenzen des Landkreises Peking, zu überschreiten. Das Wetter war sehr angenehm und der Ausblick über die sich hintereinander aufreihenden Gebirgszüge faszinierend. So kam es uns nach wenigen Kilometern schon vor, als ob wir bereits vor ewigen Zeiten Peking verlassen hätten. Die Zeit verging fast wie im Fluge, bis wir am Abend in einer kleinen Dorfherberge an der Provinzgrenze zu Hebei an die Tür klopften und um Unterschlupf nachsuchten.

In der Provinz Hebei leben heute über 53 Millionen Menschen. Die Landwirtschaft Hebeis wurde häufig von Naturkatastrophen wie Sandstürmen, Überschwemmungen und Dürreperioden heimgesucht und in großen Teilen zerstört. Allein zwischen 1972 und 1975 kam es fünfmal dazu. Erstaunlicherweise gedeihen trotz der feuchtheißen Sommer und eiskalten Winter der Weizen und die Baumwolle. Selbst die frühlingsbedingten Staubstürme und die schweren Regenfälle des Sommers scheinen nichts auszumachen. Geographisch zeichnet sich Hebeis landschaftliches Bild durch das im Norden von der Großen Mauer durchzogene Tafelgebirgsland und die im Süden befindliche eintönige Ebene aus. Unsere nach Westen führende Hauptstraße befand sich im Norden.

Müde und glücklich, endlich aus Peking weggekommen und gleich eine kleine gemütliche Herberge gefunden zu haben, einigten wir uns ziemlich schnell mit der Herbergsmutter und holten unsere Schlafsäcke aus dem Beiwagen. Das mit schwarzen Schindeln bedeckte einstöckige Haus bestand aus zwei größeren Räumen. Das

*Vor den Toren Pekings*

*Chinesische Küche*

rechte Zimmer diente als Herberge und ein 0.5 Meter hoch gemauerter Sockel fungierte als Schlafstätte. Er war mit Strohmatten belegt und bot für drei bis vier Gäste Platz zum Schlafen. Am angenehmsten genossen wir die Holzkohlenheizung unter dem Bett. Die warmen Rauchgase wurden einfach mit dem Ofenrohr unter dem Bett durchgeleitet, so daß die Wärme schnell in die müden Glieder kroch. Das Waschwasser floß angenehm frisch aus einem Brunnen vor der Tür, und die Toilette hinter dem Ziegenstall am anderen Ende des Hofes belästigte nicht durch unangenehmen Geruch. So konnten wir ungestört alle menschlichen Grundbedürfnisse befriedigen und fühlten uns entsprechend wohl.

Im Zimmer nebenan schlief die Herbergsmutter mit ihren drei kleinen Kindern. Die Pekinger Gesetze der Ein-Kind-Politik scheinen bereits an der Provinzgrenze ihren Einfluß verloren zu haben. Nur in den Städten kann auf ihren Einhalt strenger geachtet werden, da die gegenseitige Kontrolle viel stärker und die Korruption geringer ist.

Die Kontrolle und Wirksamkeit der Verkehrsgesetze für Ausländer sollten sich allerdings gleich am zweiten Tag unter Beweis stellen. Nach stundenlangem Fahren hielten wir hungrig Ausschau nach einem Restaurant. In einer Kleinstadt fanden wir dann schließlich eines.

Dort fragten wir gleich nach der nächsten Tankstelle. Tankstellen sind nämlich rar und Benzin normalerweise nur auf Gutscheinbasis erhältlich. Diese Gutscheine werden nur an berechtigte Fahrzeughalter von der Bezirksregierung ausgehändigt. Weil wir grundsätzlich schon ohne offizielle Genehmigung herumreisten, war die Beschaffung von Treibstoff eine unserer Hauptsorgen.

Überraschenderweise bekamen wir jedoch prompt Hilfe angeboten. Der Koch wollte von seinem Freund für uns Benzingutscheine besorgen lassen. Wir sollten nur etwas auf ihn warten. Unsere Glückssträhne schien sich weiter fortzusetzen.

Nach einer halben Stunde geduldiger Wartezeit bekam ich allerdings ein ungutes Gefühl und drängte deshalb zum Aufbruch. Auch der Koch erschien mir inzwischen seltsam nervös geworden zu sein. Plötzlich wollte er sogar zur Zapfsäule mitfahren. Wir sagten uns deshalb: »Nichts wie weg!«.

Leider wurde uns seine Strategie zu spät klar. Er hatte bereits die Sicherheitspolizei PSB – Public Security Bureau – alarmiert und wohl erzählt, daß zwei eigenartige Ausländer in Richtung Westen zur nächsten Provinz Shanxi unterwegs seien. Mehr hatten wir glücklicherweise gar nicht erzählt.

Dazu bekamen wir jedoch den restlichen Nachmittag Zeit. Bereits nach 500 Metern in die angebliche Richtung der Tankstelle kam uns die Polizei entgegen, und wir wurden zum Verhör vorgeladen.

Als beste Geschichte erschien uns, daß wir auf dem Weg in die übernächste Provinz Gansu seien. Ich hatte nämlich ein Empfehlungsschreiben für den Besuch einer Fabrik für Apparatebau in Lanzhou. Dies entsprach genau meinem Fachgebiet.

Abwechselnd wurden wir von verschiedenen Polizisten vernommen. Wir mußten immer wieder die gleichen Geschichten auf die gleichen Fragen erzählen. Bis auf einen hatten wir schließlich alle Ordnungshüter auf unserer Seite. Leider war gerade dieser eine für Ausländerfragen zuständig und wollte wohl seinen ersten richtigen Fall bürokratisch durchfechten.

Da er in seinen Vorschriften nichts konkret über Ausländer mit unbeschränkter Aufenthaltserlaubnis und eigenem in China zugelassenem Fahrzeug fand, fragte er in der Provinzhauptstadt Shijiazhuang nach, wie er mit uns verfahren sollte.

Es gab nämlich nur für Touristen die klare Auflage, daß man sich ausschließlich in offiziell geöffneten Städten und Gebieten frei bewegen darf. Der Weg dazwischen ist für sie nur mit öffentlichen Verkehrsmitteln möglich. Wir bewegten uns in der gesetzlichen Grauzone.

Es gibt in China nämlich nur bestimmte Orte, die von Touristen besucht werden können und deshalb als »offen« gelten. Die restlichen Gebiete und Ortschaften dürfen nur mit Sondergenehmigungen betreten werden. Diese sind aber sehr schwierig zu bekommen. Die Entscheidung liegt somit in den Händen der örtlichen PSB-Polizei.

Obwohl wir bis zur telefonischen Antwort aus der Provinzhauptstadt etwas für die deutsch-chinesische Freundschaft getan hatten – wir verteilten Anstecker mit unseren Nationalflaggen an die Vorgesetzten –, fiel die Antwort negativ aus. Zum Glück nur die Mindeststrafe: Wir mußten eine klassische chinesische Selbstkritik schreiben!

In deutschen Lettern schrieben wir, daß es uns leid täte, an diesem Ort zum Mittagessen und zum Tanken gehalten zu haben und wir dies nur noch in »offenen« Städten tun wollten. Lesen konnte das sowieso niemand.

Nach dreifacher Abnahme unserer Fingerabdrücke durften wir schließlich weiterfahren. Aber nur mit Polizeischutz. Der für Ausländer verantwortliche Beamte begleitete uns mit seinem Polizeijeep 50 Kilometer zurück in Richtung Peking. An seiner Stadtgrenze beauftragte er vorsichtshalber noch einen dort gerade arbeitenden

***Provinztankstelle***

Schmied, darauf aufzupassen, daß wir nicht wieder heimlich zurückkehren. Er sollte dann gleich Meldung machen. Wir fuhren abwechselnd vor oder hinter ihm, bis er uns schließlich an einer Weggabelung die Straße in Richtung Peking zeigte und nach Hause abrückte.

Die Bürokratie mit den Benzingutscheinen durften wir vorher jedoch noch miterleben. Der Polizeichef stellte zuerst einen Empfehlungsbrief an den Direktor des zuständigen Amtes mit der Bitte aus, daß er mir doch Gutscheine für 20 Liter Benzin aushändigen möge. Mit einem seiner Beamten machte ich mich daraufhin auf den Weg zur 15 Kilometer außerhalb der Stadt liegenden Gutscheinstelle. Nachdem ich vom neugierigen Pförtner bis zum unausgelasteten Direktor ausführlich meine Geschichte und Schicksal erzählt hatte, wurden die Gutscheine schließlich feierlich ausgehändigt.

Die eigentliche Tankstelle lag allerdings wiederum 20 Kilometer weit entfernt, die wir natürlich sogleich ansteuerten. Mein Begleiter füllte nach chinesisch hilfsbereiter Manier sogleich das Benzin ein. So hatten wir während dieses Nachmittags wenigstens eine Tankfüllung Benzin erstehen können.

Nachdem der begleitende Polizeijeep hinter der Kurve verschwand, überlegten wir natürlich sofort eine sinnvolle Alternativroute. Es war für uns ganz klar, daß wir nicht schon am zweiten Tag aufgeben würden, und fuhren kleinere Nebenstraßen nach Süden, um die zweite nach Westen verlaufende Hauptstraße zu finden. Dabei überquerten wir einige Berge und steuerten über die fast leeren, aber schmalen Asphaltstraßen der Tafelgebirgslandschaft. Wir mußten nur aufpassen, in dieser Provinz nicht wieder bei der Polizei aufzufallen, da wir in der Provinzhauptstadt bereits registriert und offiziell verwarnt waren.

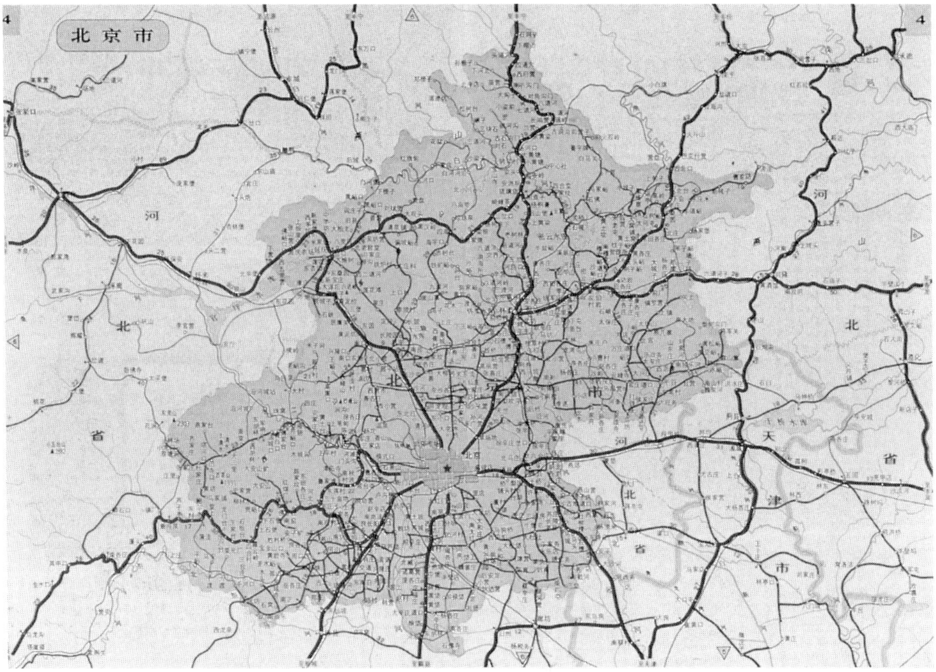


*Straßenkarte der Provinz Peking*

# Langnasen auf verschlungenen Pfaden

Am nächsten Tag erreichten wir diese alternative Hauptstraße und die nächste Provinz Shanxi. Die Rolle Shanxis als großes Kohlerevier Chinas wurde deutlich sichtbar. Die Straße war verstopft von lärmenden und stinkenden Autos. Entsprechend lag stickiger Rauch in der Luft, so daß wir abends schwarze Gesichter hatten. Trotzdem fühlten wir uns zufrieden, daß wir dem Wirkungskreis der Provinzpolizei von Hebei noch einmal entfliehen konnten. Besonderes Herzklopfen überkam uns allerdings, als wir den Straßenkontrollpunkt an der Provinzgrenze im Stau überqueren mußten. In der geschichtsträchtigen Provinz Shanxi fühlten wir uns dann wieder richtig befreit.

Vor allem der südliche Teil der Provinz Shanxi kann als Ursprungsgebiet der chinesischen Zivilisation bezeichnet werden. Es wurde vom ersten chinesischen Kaiser Qin Shihuang regiert, der die chinesischen Staaten geeint hatte. Trotz der Großen Mauer wurde der Nordteil Shanxis häufig von mongolischen Nomadenstämme überfallen, die Shanxi dann als Basis für ihre Eroberungsfeldzüge gegen das Reich der Mitte, wie China wörtlich übersetzt heißt, benutzten.

*Im Stau nach Shanxi*

***Hanqing-Kloster bei Datong***

Der wirtschaftliche Abstieg Shanxis trat ein, als das politische Zentrum nach Peking verlegt wurde. Trotz der weiterhin großen strategischen Bedeutung ging es wirtschaftlich stetig bergab. Ein solches Schicksal traf in China damals wie heute viele Grenzregionen und ist Ursache der großen Gegensätze zwischen den verschiedenen Provinzen.

Der wirtschaftliche Aufschwung Shanxis begann erst in den dreißiger Jahren dieses Jahrhunderts, als die Japaner eindrangen und Industriebetriebe mit Schwerpunkt Kohleförderung ausbauten. Für die kommunistischen Guerillas war Shanxi dann gemäß ihrer Tradition wieder eine Bastion des Widerstandes. Sie starteten von den unzugänglichen Bergregionen ihre Angriffe. Nach ihrem Sieg realisierten sie 1949 ehrgeizige Pläne zur Förderung der Mineral- und Erzvorkommen. Daher entwickelten sich die Städte Datong und Taiyuan mit einigen der größten Kohleminen Chinas zu bedeutenden Industriezentren.

Geographisch wird Shanxi im Westen von der Taihang Bergkette begrenzt. Deshalb bedeutet die wörtliche Übersetzung von Shanxi »westlich der Berge«. Der Gelbe Fluß stellt die östliche Grenze dar. Da Shanxi zu beinahe siebzig Prozent aus Bergland besteht, leben hier für chinesische Verhältnisse nur bescheidene 25 Millionen Menschen, die hauptsächlich von karger Landwirtschaft leben. [2, 3, 5, 6]

In dieser vergleichsweise armen Provinz hatten sich am Straßenrand auffallend viele kleinere Restaurants angesiedelt. Die Sitzgelegenheiten beschränkten sich allerdings auf einen kleineren Eßtisch mit eher bescheidenem Menüangebot. Die jungen

Mädchen waren hingegen auffallend herausgeputzt mit kräftig aufgelegtem Rouge und Plastikblumen im Haar. Ein einladendes breites Bettchen stand im Zimmer der zweiten Haushälfte. Trotzdem überwanden wir uns noch einmal und zogen ihre Kochkunst vor, wenngleich die asiatische Liebeskunst einen weiten Ruf genießt. Die rosaroten und hellblauen Kleider entsprachen andererseits auch mehr dem chinesischen Truckdriver-Geschmack.

Die etwas hektische Durchquerung der vorherigen Provinz Hebei ging am Motorrad auch nicht spurlos vorbei. Der zwölf Stunden lange Trip und das erstmals getankte schlechte Benzin mit einer Oktanzahl von nur 70 zeigten ihre Wirkung.

Der Motor fing an zu klopfen, und die Leistung reichte kaum noch aus, einen schwachen Berg zu bezwingen. Der Motor wurde auch wesentlich wärmer als üblich. Ich schaltete abwechselnd nur noch zwischen dem ersten und zweiten Gang und hatte jeden Moment Angst, daß der Motor plötzlich überhaupt nicht mehr dreht oder im Motorgehäuse irgend etwas zerbricht.

Gebrochen ist jedoch in einer Kurve etwas ganz anderes. Durch die ungünstige Gewichtsverlagerung im Beiwagen – wir hatten die schweren Ersatzteile schwerpunktmäßig über die hintere Achse verlagert – brach der vordere Befestigungsbolzen des Quergestänges zum Motorrad. Durch die federnden Kräfte der Hinterachse entstand eine schwingende Hebelwirkung auf das Vorderteil des Beiwagens, die sich immer mehr aufschaukelte, bis es laut knackte und zum Bruch kam. Dieses außergewöhnliche Ersatzteil hatten wir natürlich nicht dabei und keine genauere Vorstellung, wie wir den Beiwagen bis zur Reparatur wieder stabilisieren könnten. Die nächsten 40 Kilometer bis Taiyuan mußten jedenfalls mit diesem Handicap durchgestanden werden. Bevor die Halterung wieder repariert war, erschien eine gleichmäßige Umverteilung des Gewichtes nicht mehr sinnvoll.

Mit einem etwas flauen Gefühl im Magen mußte ich die vielen Rechtskurven in dieser bergigen Region jetzt sehr vorsichtig ansteuern. Ich wußte schon gar nicht mehr, auf welches sensible Teil ich mehr zu achten hatte, auf den unrund laufenden Motor oder die vor allem in Rechtskurven bedenklichen Schwingungen des Beiwagens. Wir hatten überdies größte Bedenken, daß noch weitere Teile brechen könnten. Diese verstärkte Vorsicht war nicht unbegründet. Wie der Zufall so spielt, kam gerade in einer dieser Rechtskurven ein Lastwagen entgegen und zwang mich, die Kurve etwas enger zu nehmen. Der Beiwagen schob allerdings stark auf die linke Fahrspur. Im Bruchteil einer Sekunde mußte die Entscheidung getroffen werden, ob es sicherer wäre, geradewegs links ins freie Feld hinaus zu steuern oder besser mit Gasgeben auf meiner rechten Seite zu bleiben. Ich entschied mich für die zweite Lösung und legte es darauf an, das Motorrad so zu beschleunigen, daß es schneller als der Beiwagen beschleunigte und die Kurve gerade noch gut packte. Diese Fahrtechnik ist besonders beim Gespannfahren sehr wichtig und muß durch viel Übung antrainiert werden.

Als Krönung dieser Tagesetappe erlebten wir jedoch den Kabelbrand im Lampengehäuse. Auf einer schön zu fahrenden abschüssigen Landstraße setzte auf einmal zeitweise die Zündung aus, bis der Motor ganz abstarb und stechend riechender

Rauch aus allen Fugen des Lampengehäuses herausquoll. Nachdem heute bereits zu viel Unvorhergesehenes vorkam, wußte ich im ersten Moment gar nicht, wie ich reagieren sollte, bis nach einer Schrecksekunde André schnell die Zündung ausschaltete. Für verschiedene elektrischen Kabel und Verbindungen war es jedoch bereits zu spät. Ein Kurzschluß hatte ein Kabel bis auf den blanken Draht abgeschmort und andere angesengt. Diverse Steckverbindungen verschmolzen völlig. Das Blinkrelais mußte als Übeltäter ausgebaut werden, und das Zündschloß arbeitete nur noch in Lichtstellung. Die kleine im Lampengehäuse eingebaute Sicherung verhinderte dieses Malheur leider nicht. Eine Sicherung hinter der Batterie wurde offensichtlich als überflüssiger Luxus angesehen und deshalb eingespart.

Noch bevor sich die Rauchschwaden verzogen hatten, stand auch schon wieder das halbe Dorf um uns herum und fragte, auf unsere Kiste blickend, was denn los sei.

Mit unserem besten Chinesisch machten wir ihnen klar, daß einiges kaputt sei. Zum Glück hatte ich für die elektrischen Probleme André dabei, dessen Kompetenz als Elektronikingenieur in solchen Fällen gefordert war. Ich kümmerte mich als Maschinenbauer mehr um die mechanischen Teile.

Es war allerdings kaum noch zu erkennen, welche Kabel wohin gehörten bzw. wo sich der Kurzschluß genau befand. Als dann aus der Zuschauermenge auch noch ein Polizist hervortrat, rutschte uns das Herz vollends in die Hosen und wir befürchteten, daß das Weiterkommen schon wieder in Frage stand. Zum Glück wollte dieser Polizist, der bestens mit dieser Technik vertraut war, uns wirklich nur helfen und

***Reparatur nach Kabelbrand***

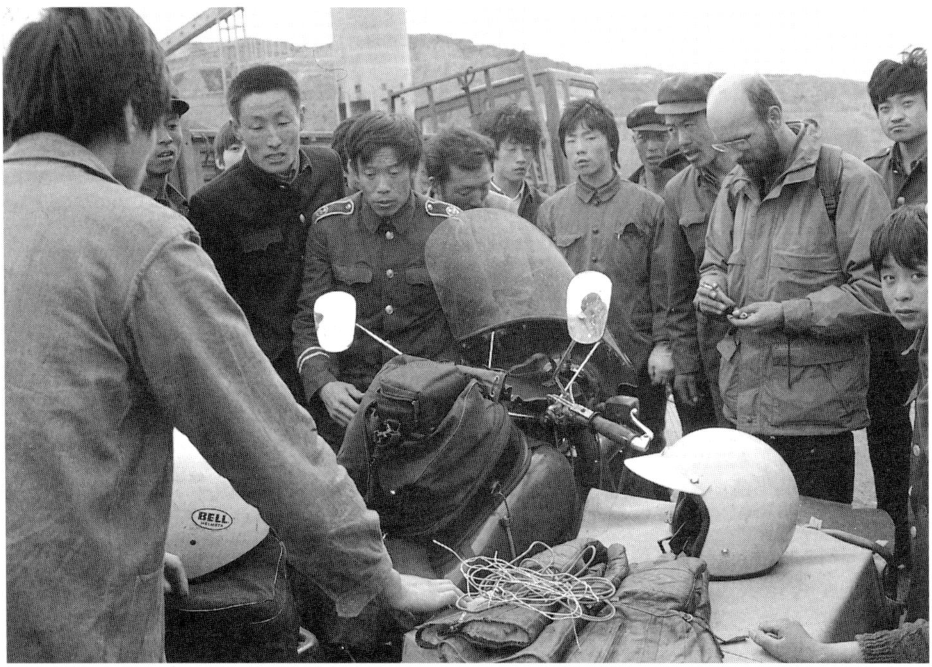

*Feilschen um einen Marmorlöwen*

keine weiteren Schikanen verpassen. Wir staunten nicht schlecht, wie er relativ schnell alle Kabel wieder irgendwie blindlings zusammenzwirbelte. Es schienen tatsächlich einige Kabel überflüssig gewesen zu sein. Ungefähr fünfzehn bis zwanzig Zentimeter verschmorte Kabel baute er aus und nur fünf Zentimeter neu wieder ein. Die Kabelklemmen, durch die Feuchtigkeit sowieso ziemlich verrostet, sparte er größtenteils ein. Bis zum Ende unserer Tour kannten wir uns in dem neuen Kabelwirrwarr kaum aus. Es hatte uns ziemlich überrascht, daß sich der Motor danach wieder starten ließ und fast alles wieder funktionierte. Auf Blinker und die Hupe konnte in diesen verkehrsarmen Gegenden sowieso notfalls verzichtet werden. So konnten wir die restlichen 40 Kilometer nach Taiyuan weiterfahren.

Nachdem wir am nächsten Tag die Kiste nicht mehr antreten konnten, weil der Halter der Kickstarterwelle verschliß, stand das notwendige Programm für den folgenden Tag unaufschiebbar fest. Denn aus Erfahrung wußten wir, daß für diese Reparatur das Getriebe fast bis zum letzten Zahnrad zerlegt werden mußte. Unser technisches K.O. schien kaum noch abwendbar. Unser einziges Glück war, daß wir die Provinzhauptstadt Taiyuan noch erreichen konnten. Denn in dieser dünnbesiedelten Gegend gab es kaum noch größere Ortschaften mit Motorradwerkstätten.

Im 13. Jahrhundert wurde Taiyuan bereits von Marco Polo als eine blühende Stadt und ein Zentrum des Handels und der Manufaktur beschrieben. Die Wege vieler Eroberungsfeldzüge führten über diese Stadt. Zum Zeichen des vielen Blutvergießens gibt es heute noch 27 Tempel, die den Kriegsgöttern geweiht sind. Taiyuan wurde abwechselnd von den Hunnen, Tobas, Jin, Mongolen und Mandschus überrannt. Zwischendurch fiel die Stadt den Armeen der verschiedenen Herrscher Chinas in die Hände, die sich in Zeiten der Uneinigkeit bekriegten. Erst gegen Ende des 19. Jahrhunderts wurde Taiyuan im großen Stil industrialisiert und bekam dadurch das monotone Gesicht einer typischen chinesischen Millionenstadt. Die Nähe zu den größten Kohle- und Eisenerzvorkommen der Erde beschleunigte diese Entwicklung.

Noch abgekämpft von den Reparaturen und mit Kohlestaub im Gesicht, ging bei der abendlichen Hotelsuche der Ärger allerdings weiter. Wegen eines Kongresses schienen alle Hotels ausgebucht zu sein. Als wir nach langer Suche endlich ein Hotel gefunden hatten, wollte die Rezeption statt der uns mit den chinesischen Studentenausweisen zustehenden 40 RMB ganze 90 RMB abkassieren. Erst nachdem wir 90 Minuten verhandelt hatten und dabei drohten, notfalls vor der Rezeption zu nächtigen, gaben die Sturköpfe schließlich nach.

Wir waren froh, endlich das Gepäck auf das Zimmer zu bringen und duschen zu können. Abendessen für unsere hungrigen Mägen sollte es allerdings keines mehr geben. Erst als wir sichtlich erschöpft bis in die Küche vordrangen, bewirkten wir beim Koch Mitleid, so daß er uns noch die vorhandenen Reste auftischte. Bis wir uns allerdings wieder einigermaßen gestärkt fühlten, hatten wir Portionen für sechs bis zehn Personen verschlungen. In den ersten richtigen Betten seit unserer Abfahrt von Peking schliefen wir so tief und fest wie schon seit Tagen nicht mehr.

Die Frage war jetzt, welchem Mechaniker der Stadt wir unser Motorrad und Schicksal anvertrauen könnten. Wir stoppten einen anderen Yangtsefahrer und bekamen prompt eine Skizze mit dem entscheidenden Tip einer guten Reparaturwerkstatt.

Unsere Probleme schienen der Mechanikercrew nicht unbekannt zu sein. Fachmännisch wies Li, der Chefmechaniker, seine drei Leute ein, um in kürzester Zeit wieder ein generalüberholtes Motorrad zu schaffen. Wir konnten wieder einige wertvolle Kniffe abschauen. Während sich ein Mann an den Bolzen des Quergestänges machte, zogen die anderen beiden die hintere Steckachse heraus und demontierten das Hinterrad und den Kardan, um den Getriebeblock abschrauben zu können.

Die große Kunst war, den richtigen Getriebedeckel abzuschrauben, um die Kickstarterwelle mit dem an seiner Kante verschlissenen Halter auszubauen. Die trainierten Jungs von Li schafften es zumindest, daß noch ein paar wenige Zahnräder und ein Getriebegehäusedeckel zusammenblieben. Als ein Jahr vorher bei Rons Motorrad das gleiche Problem auftrat, blieb letztendlich kein Getriebeteil mehr zusammen. Ungläubig schraubten wir damals einen Deckel und ein Zahnrad nach dem anderen auseinander, bis sich endlich der Halter der Kickstarterwelle austauschen ließ. Wir hatten bei Rons Motorrad schon die Befürchtung, daß sich der Originalzustand des Getriebes bestimmt nicht mehr nachvollziehen lassen würde.

Allein die richtige Einstellung der Rückholfeder des Kickstarters kostete uns damals einige Stunden. Zudem waren die Messingschrauben mit einer Kerbe im Sitz festgeschlagen, um ein zufälliges Lockern aufgrund der harten Federung zu verhindern. Eine unserer Hauptsorgen damals war, die gleichen Schrauben wieder auftreiben zu können, falls sich der Schraubenkopf beim Losschlagen verschliß.

Nachdem wir den Aufwand mit dem Getriebe kannten, überraschte uns, wie schnell die Leute von Li alles zerlegten, mit Benzin reinigten und dann gleich wieder zusammenbauten. Eine vereinfachte Methode zum Auswechseln der Speichen schauten wir gleich mit ab. Im Gegensatz zu meinem Pekinger Lehrmeister Zhang, der immer gleich das ganze Rad ausbaute und den Mantel herunterzog, ließ Li nur etwas Luft ab, um eine vorher etwas angebogene Speiche wieder einzusetzen. Durch das leichte Verbiegen konnte die Speichenmutter mit einem Speichenschlüssel weit genug in die Felge hineingedrückt werden, um die Speiche in die Gewindehülse der Speichenmutter einführen zu können. Durch das Andrehen der Speichenmutter richtete sich die Speiche dann von alleine wieder durch die Zugkräfte gerade aus. Es mußte nur darauf geachtet werden, daß die Speichenmutter mit dem Speichenschlüssel nicht beschädigt wurde. Mit einem Schraubenzieher wurde abschließend nur noch der gleichmäßige Klang der Speichen abgeklopft und gegebenenfalls neu abgestimmt. Ein Rätsel ist mir bis heute, wie es diese Spezis schafften, die Speichen dabei nur so weit zu spannen, daß sie die Schläuche nicht perforierten.

Nach einem halben Tag war alles wieder fachmännisch repariert, und zur Belohnung luden wir die Mechaniker zum Essen ein und verschenkten wieder die bewährten Anstecker mit den gekreuzten deusch/chinesischen Fähnchen. Zur weiteren Motivation steckten wir jedem Mechaniker noch eine Schachtel westliche Zigaretten zu.

Daraufhin war es für sie Ehrensache, nur für die Ersatzteile Geld zu verlangen. Für den Arbeitslohn wollten sie nichts mehr annehmen. Im kleinen Restaurant in der Nachbarschaft wollten sie anfangs sogar auch noch die Rechnung übernehmen, obwohl der Betrag einem halben Monatslohn entsprach. Es überwältigte uns, wie gastfreundlich sich diese Leute gaben. Es mag vielleicht auch etwas daran gelegen haben, daß sich in diese Stadt kaum Ausländer verlaufen.

Es bestätigte sich wieder, daß in China ein großes Essen in Freundschaft mehr zählt als Geld. Besonders stolz sind Chinesen, wenn sie zudem noch ausländische Freunde ihren Nachbarn vorführen können. Als »Langnasen« hätten wir sonst mit erheblich höheren Preisen rechnen müssen, die sich nur durch Freundschaft und Sympathie auf das niedrigere lokale Niveau drücken ließen.

Auf recht guten Straßen fuhren wir über hügelige und abwechslungsreiche Landschaften in die nächste Provinz Shaanxi. Im Norden Shaanxis befinden sich die am längsten besiedelten Gebiete Chinas. Als Knotenpunkt der von Ostchina bis nach Zentralasien reichenden Handelsrouten schlug hier bis zum 9. Jahrhundert auch das politische Herz. Damals errichteten die berühmten Sui- und Tang-Dynastien die Hauptstadt Xian, die noch heute eine der größten touristischen Anziehungspunkte Chinas darstellt. Die erst vor wenigen Jahren ausgegrabene Terracotta-Armee bildet

*Terracotta-Armee bei Xian*

die Hauptattraktion. Da der Kaiser Qin Shi Huang Di sein Leben lang große Angst vor dem Sterben hatte und vergeblich nach dem Lebenselexier für Unsterblichkeit suchte, ließ er individuell und originalgetreu seine 6000 Mann starke Armee in Ton formen und vor seinem Grabhügel eingraben. Daher ist Xian auf jeden Fall einen Besuch wert. Erst mit der Verlegung des Kaiserhofes nach Osten verlor Shaanxi seine zentrale Bedeutung.

Elend und Tod waren über viele Jahrhunderte hinweg ständige Wegbegleiter. Zwischen 1340 und 1368, dann wieder von 1620 bis 1644 und schließlich ein weiteres Mal beim großen Moslemaufstand in der Mitte des 19. Jahrhunderts starben unzählige Menschen. Allein beim Moslemaufstand kamen acht bis zehn Prozent der rund 800 000 Einwohner Shaanxis um. In den Jahren 1876 bis 1878 raffte eine Hungersnot weitere drei Millionen Einwohner dahin.

Die Kommunisten hatten hier in den zwanziger Jahren eine feste Basis in Yan'an und planten von dort aus ihre Angriffe gegen die damalige Regierungspartei der Kuomintang und in den dreißiger Jahren gegen die einfallenden Japaner.

Heute leben in Shaanxi über 29 Millionen Menschen, die hauptsächlich das Zentrum und den Süden besiedeln. Die ursprüngliche Landschaftsform der im Norden befindlichen Hochebene wurde von einer vom Wind hergewehten Lößbodenschicht bedeckt. Erosion schuf über die Jahrtausende hinweg dann abfallende Felswände und Schluchten. Der Norden von Shaanxi wird von der Großen Mauer begrenzt und stellt damit eine Art Kulturschranke dar. Dahinter war der Ackerbau und die menschliche Existenz immer gefährlich. Wie häufig in China, trifft in der verlassenen Region Shaanxi die Abgeschiedenheit mit den Vorkommen reicher Bodenschätze wie Kohle und Öl zusammen. Im Zentrum der Provinz verkörperte der Weifluß, ein Nebenfluß des Gelben Flusses, mit seinem fruchtbaren Gürtel die Wiege der chinesischen Zivilisation. Im Gegensatz zum Süden ist der Norden bergig und vergleichsweise vegetationsreich. Er hat wie das Yangtsetal, das Flußbett des Langen Flusses, subtropisches Klima. [2, 3, 5, 6]

Daß Shaanxi eine wesentlich ärmere Provinz ist als die industrialisierten Küstenregionen im Osten, war allein schon beim Essen auffallend. Es gab keinen Reis mehr, der nur im Süden wächst und hier zu teuer wäre.

Überall, wo man hinkam, wurden nur noch Nudelgerichte serviert, die mit geschnetzeltem Fleisch und pikant gewürztem Gemüse uns allerdings als willkommene Abwechslung gut schmeckten.

Die Häuserkonstruktion bestand meist aus mit Lehmziegeln gebauten Bogendächern, um im Winter vor Kälte und im Sommer vor Hitze zu schützen. Häufig wurden sie mit großem Aufwand sogar in die Berge hineingemeißelt. In einem solchen Dorf suchten wir für den nächsten Tag Unterschlupf. Bereits 30 Kilometer vorher mußten wir uns allerdings durchfragen, um Auskunft über die nächstliegende gemütliche Herberge zu bekommen.

Wir hatten gerade einen der wenigen Regentage hinter uns, den wir während

***Abendmenü, Nudeln und Bier***

*Kinder eines Han-Dorfes*

unserer Tour erleiden mußten. Deshalb baten wir müde und ausgekühlt an einer kleinen Dorfherberge um Essen und Quartier.

Wir wollten nicht mehr riskieren, von der PSB-Polizei, die in allen mittleren und größeren Orten vertreten war, wieder erwischt zu werden. Die Hotels hatten nämlich die alltägliche Pflicht, eine Liste aller Übernachtungsgäste der Polizei vorzulegen. Diese stand dann entweder noch mitten in der Nacht oder am nächsten Tag vor der Tür.

In diesem Dorf gab es jedoch keine Polizei und niemanden, der sich näher auskannte. Die Leute schauten uns von allen Seiten recht neugierig an und liefen uns auf dem Weg zum Restaurant in Scharen hinterher, da sie bisher keine Ausländer gesehen hatten.

Noch bevor wir unser bestelltes Essen erhalten hatten, standen aber der Bürgermeister und Parteichef des Ortes vor uns, um zu fragen, ob wir gültige Reisepapiere hätten. Prompt antworteten wir ihnen, daß wir selbstverständlich welche hätten und diese sich im Zimmer befänden. Sie könnten gerne am nächsten Tag in der Herberge vorbeikommen und diese einsehen.

Als die Gemeinde uns dann noch auf Chinesisch reden hörte, begann einer nach dem anderen zu grinsen. Bei den Verhandlungen um den Übernachtungspreis der Herberge unterstützten sie uns solidarisch. Wir wollten nur die üblichen 3 RMB bezahlen, der Wirt allerdings 4 RMB abkassieren. Renminbi (RMB) ist das Volksgeld der Chinesen. 1 RMB war damals nach offiziellem Kurs ungefähr gleichzusetzen mit 50 Pfennigen. Auf Drängen seiner Mitbürger gab der Wirt schließlich nach. Für uns ging es dabei schon ums Prinzip, keine höheren Ausländerzuschläge zu bezahlen. Außerdem machte es uns viel Spaß, mit den Leuten zu feilschen.

Trotzdem war der Wirt noch bereit, den kleinen Ofen anzuheizen. Mit einem Strohfächer wedelte er so lange, bis das Feuer erst auf die Sägespäne und dann auf die Holzkohlen übergegriffen hatte. Kurz danach kroch die wohlige Wärme durch das Zimmer und unsere Glieder. So machte es uns anfangs wenig aus, daß die Dorfgemeinschaft noch stundenlang im und vor dem Zimmer stand, obwohl wir bereits sehr müde waren. Trotzdem fühlten wir uns allmählich wie im Zoo als seltene Tiere. Erst nachdem wir abrupt die Konversation abbrachen und demonstrativ in unsere Schlafsäcke krochen, schienen sie langsam zu verstehen. Einer von ihnen stand auf und gab das Rückzugskommando.

Die Eingangstür führte direkt hinaus in den Innenhof der Herberge, die aus drei einstöckig gebauten Häusern bestand und von einer zwei Meter hohen Mauer umgeben war. Ein kleines Eisentor erlaubte die direkte Zufahrt von der Hauptstraße. Gegenüber stand ein einsames kleines Krankenhaus mit vier Zimmern und einer Krankenschwester, die meinen kleinen Finger desinfiziert und verbunden hatte. Bei der letzten Reparatur hatte ich mir ein wenig die Haut aufgeritzt. Durch die Motorradhandschuhe und das unentwegte Fahren hatte die Wunde kaum Zeit, richtig auszuheilen. Außer dem 200 Meter entfernten Restaurant standen direkt an der Hauptstraße noch ungefähr 30 Häuser. Es schien wirklich weit und breit nichts los zu sein. Nicht einmal die sonst üblichen Fernsehantennen konnten wir entdekken. So konnten wir endlich früh ins Bett gehen. Der Regen und die Straßenverhältnisse hatten uns viel Kraft gekostet. Obwohl vom Nebenzimmer die ganze Nacht über von einem im Sterben liegenden Mann ein schweratmiges Röcheln erklang, waren wir abgekämpft genug, um die ganze Nacht hindurch tief zu schlafen.

Bei Regen führte uns der weitere Weg über ein Hochplateau in die nächste Provinz Ningxia. In Ningxia, dem Stammland der Hui-Minderheit, leben nahezu vier Millionen Menschen, von denen etwa ein Drittel Hui sind. Die restliche Bevölkerung besteht aus Han-Chinesen, der größten und tonangebenden Volksgruppe Chinas.

Ningxia ist eine der ärmsten Gegenden Chinas. Harte und kalte Winter wechseln sich ab mit einem glühend heißen Sommer. Deshalb ist die Provinz mit einem engmaschigen System von Bewässerungskanälen durchzogen, deren Ursprung bis ins erste Jahrhundert vor Christi zurückreicht. Damals wurde das Gebiet von den Han-Chinesen besiedelt. Mit dem Bau einer Eisenbahnstrecke wurde 1958 die wirtschaftliche Isolation Ningxias durchbrochen und etwas Industrie aufgebaut, die neben der Landwirtschaft ein zweites Standbein schuf.

Die entsprechend katastrophalen Straßenverhältnisse verwandelten das Fahren in kurzer Zeit zur Schlammschlacht. Der Nieselregen hatte den Straßenstaub aufgeweicht und sammelte sich in großen Pfützen, durch die wir mitten hindurch mußten.

Wir hatten Angst, jeden Moment steckenzubleiben, da sich kaum abschätzen ließ, wie tief die Spurrillen sich eingruben. Von den ins Wasser eintauchenden Zylindern stieg sogleich Dampf nach oben, der manchmal das einzige Maß dafür darstellte, wie tief wir in der Suppe steckten. Wir hatten am meisten vor möglichen Spannungsrissen der Zylinder Angst. Denn die Zylinder gehörten zu den wenigen überlebenswichtigen Ersatzteilen, die wir nicht dabeihatten. Andererseits wollten wir auch nicht zu langsam fahren, um womöglich stecken zu bleiben und dann bei Regen das Gepäck ausladen und unser Bike wieder aus dem Schlamm herausschieben zu müssen. Das sich über uns und das Bike ergießende Spritzwasser war dabei noch das kleinere Übel. Die Kühlrippen der Zylinder setzten allerdings unweigerlich mehr und mehr zu. Zum Glück war es kalt genug, um eine ausreichende Motorkühlung noch zu gewährleisten.

Die Kühlrippen mußten am nächsten Tag aufwendig vom Schlamm wieder gesäubert werden. Hierzu konnten wir spätabends zum Glück noch ein gemütliches Hotel in einer für Ausländer geöffneten Stadt erreichen, das uns bereitwillig ihr Brunnenwasser zur Verfügung stellte. Die seit Tagen erste warme Dusche und ein richtiges weiches Bett für unsere müden Glieder waren der größte Genuß, den wir uns nur wünschen konnten. Die heiße Nudelsuppe mit Hammelfleischstückchen schmeckte zudem vorzüglich.

Bei unserem abendlichen Spaziergang konnten wir eine weitere Überraschung erleben: Diese Kleinstadt wurde gerade wegen der mitten hindurchführenden Großen Mauer bekannt und deshalb für Ausländer auch geöffnet. Einige Häuser bauten sie einfach mitten in die Große Mauer hinein. Dies gab der Stadt einen eigenen Charakter. Überrascht hat uns allerdings mehr, daß sich vier Arbeiter gerade damit abmühten, mit Schaufel und Pickel Stück für Stück die Mauer an einer Stelle völlig abzutragen. Besonders paradox erschien uns, daß für die Restaurierung des von Touristen stark frequentierten Mauerstückes bei Peking von ausländischen Spendern

***Schlammschlacht***

***Wohnidylle in der »Großen Mauer«***

Millionenbeträge aufgewendet werden, während an weniger bekannten Stellen wie hier sie nach wie vor abgepickelt wird. Trotzdem ist die Große Mauer immer noch das einzige Bauwerk der Erde, das mit bloßem Auge vom Mond aus als Strich zu erkennen ist.

Der hintere rechte Stoßdämpfer sorgte nach unserer Schlammschlacht für eine weitere Überraschung. Er gab nur noch quietschende Geräusche von sich und mußte deshalb mit dem Hammer immer wieder gängig geklopft und nachgefettet werden. Bei einem der zahlreichen Schlaglöcher kam es dann zum Vorschein. Ein plötzliches lautes Knacken ließ bereits wieder Schlimmstes befürchten. Ich dachte an den gebrochenen Bolzen des Quergestänges zum Boot und meinen Kardan. Etwas verwundert stellten wir dann fest, daß das Hinterrad plötzlich fünfzehn Grad schief stand.

Erst längeres Suchen führte zur unglaublichen Ursache, die uns gleichzeitig glücklich und betrübt stimmte. Der Stoßdämpfer tat genau das, wofür er bestimmt war: Er trat erstmals in Funktion, seit er vor einem Jahr bereits ab Fabrik festgerostet geliefert wurde. Erst bei den jetzigen Belastungen wachte er sozusagen aus seinem Dornröschenschlaf auf.

Für unser Hinterrad wirkten diese funktionierenden Stoßdämpfer jedoch nicht nur zum Vorteil. Das Rad stand jetzt wegen des überladenen Beiwagens und der ungleichen Dehnung der Stoßdämpferfedern oftmals schief und bekam alle Schlaglöcher zu spüren. Rund 50 gebrochene Speichen, fünf radiale Risse in der Radnabe, zwei verlorene Nieten und drei deformierte Felgen waren über unsere Tour verteilt das Ergebnis. Nur unter Hochdruck eingepreßtes Fett versprach etwas Linderung. Unter Wärme floß es aber relativ schnell wieder unten heraus, und der gleiche Ärger begann wieder von vorne.

Zerklüftete Überreste der Großen Mauer, die uns auf einer Länge von 4000 Kilometern immer wieder begegneten, kamen hier bei den ersten Steppenlandschaften der Wüste Gobi zum Vorschein.

Eine gut befahrbare Straße führte durch halbverlassene Dörfer. Viele Kinder kamen aus den Lehm- und Sandsteinhäusern und starrten uns neugierig an. Ihre große Armut fiel uns überall deutlich ins Auge. Ein paar Kilometer später vor einem Dorf sahen wir schließlich einen Bauern, der gerade eindrucksvoll mit Kamel und Holzpflug ein Stück Wüste bepflügte. Wir konnten uns nicht vorstellen, daß hier überhaupt etwas gedeihen konnte. Weit und breit gab es nur Sand und Steine zu sehen.

Wir befanden uns mitten im Gebiet der Hui-Minorität. Diese Menschen sind klein gewachsen und von sehr zurückhaltender Natur. Im einzigen Dorflokal mit nur zwei Tischen wurde uns Rindfleisch mit Nudeln serviert. Das Bier konnte nebenan besorgt werden. Während vor der Tür eine Schafherde vorbeizog, genossen wir das gutschmeckende Essen.

Da wir bisher gut vorwärts kamen, verließen wir die asphaltierte Hauptstraße. Wir wollten auch einmal eine holprige Nebenstraße ausprobieren. Sie sollte uns etwas

***Hui-Chinesen beim Nachmittagstee***

tiefer in ein noch entlegeneres Gebiet Chinas führen und als Test für unser Motorrad dienen. In den vor uns liegenden Transitländern Iran und Pakistan mußte schließlich mit wesentlich schlimmeren Straßenverhältnissen gerechnet werden. Falls wir überhaupt so weit kommen sollten. Eventuell erforderliche Ersatzteile durften zumindest innerhalb Chinas noch keine existenzielle Probleme bereiten, dachten wir uns. Außerdem sollten sich noch vorhandene Schwachstellen des Motorrades besser jetzt als später ankündigen.

Die sich inzwischen in immer kürzeren Zeitintervallen zu sehr erwärmenden Zylinder waren allerdings bereits Boten eines erneuten technischen Malheurs.

# Auf der Suche nach dem Gelben Fluß

Die ersten 40 Kilometer auf der Nebenstraße ging es ziemlich flott voran. Am Straßenrand war die Kiespiste noch nicht zu sehr ausgefahren, und die Vibrationen hielten sich trotz harter Federung in Grenzen. Auf einmal schien jedoch die Straße in einem Dorf aufzuhören und ein halber Tag verloren zu sein. Da wir die ganze Strecke an keiner Straßenkreuzung vorbeikamen, war es unwahrscheinlich, daß wir uns irgendwo verfahren haben sollten. Die inzwischen zusammengelaufenen Dorfbewohner schienen sich auch nicht so recht vorstellen zu können, wo wir eigentlich herkamen, und schon gar nicht, wo wir hin wollten. Mit dem örtlichen Dialekt hatten wir zudem ziemliche Verständnisschwierigkeiten. Es blieb uns nur übrig, freundlich zu lächeln und nach dem »Huang He«, wie der Gelbe Fluß benannt wird, zu fragen. Die Antworten fielen allerdings recht gemischt aus. Während eine ältere hagere schwarzgekleidete Frau uns zu verstehen gab, daß hier wohl Endstation sei, hielten wir einem etwas schüchteren jungen Mann in grüner Mao-Uniform unsere Karte unter die Nase und zeigten gezielt auf die zwei Zentimeter daneben liegende Stadt. Eine Verbindungsstraße über den Fluß war allerdings tatsächlich nicht eingezeichnet. Nach unserer Vorstellung mußte es jedoch wenigstens eine schmale Straße und eine Fähre geben. Wir wollten uns den 200 Kilometer langen Umweg über die Hauptstraße unbedingt ersparen.

***Seiten 70 und 71: Feststecken im Flußbett bei der Suche nach dem »Gelben Fluß«***

Als wir nach längeren Diskussionen immer noch hartnäckig blieben und nach dem nächsten Ort fragten, wurden wir einen unwegsamen Abhang hinuntergeschickt, der in einem trockenen Flußbett endete. Wir bekamen Zweifel, ob wir uns auf dem richtigen Weg befanden oder ob die Leute uns höflicherweise nur irgendeinen fiktiven Weg zeigten, um uns loszuwerden. Auf unserer chinesischen Straßenkarte war der dünne grüne Strich um einen halben Zentimeter unterbrochen. Sollte es hier tatsächlich nicht einmal einen Feldweg geben, um 20 Kilometer Straße überbrücken zu können?

Auf unserer chinesischen Straßenkarte, die in einem kleinen Buch nach den Provinzen aufgeteilt war, gab es nämlich vier Kategorien von Straßen mit jeweiligen Entfernungsangaben. Rote Striche ließen im allgemeinen eine Asphaltdecke erwarten, während die grünen mehr Kiespisten entsprachen. Die Unterteilung in fette und dünne Striche erlaubte dann eine Einschätzung, ob es sich um ein Haupt- oder Nebenstraße handelte. Nur militärische Sperrgebiete wurden ausgespart.

Da wir nicht alle Schriftzeichen entziffern konnten, halfen oft nur Vermutungen, wie der nächste Ort wohl heißen möchte. Die chinesischen Dialekte bereiteten uns weitere Schwierigkeiten. Das Analphabetentum ist in China zudem noch sehr verbreitet. So blieben uns leider manche interessante Hintergrundinformationen verborgen.

Trotz dieser verschiedenen Verständnisprobleme schienen wir uns auf dem richtigen Weg zu befinden.

Vorbeikommende Leute erzählten uns übereinstimmend, daß wir das zerklüftete Flußbett hinunterfahren müßten. Wir versuchten links und rechts am verbliebenen

Rinnsal vorbei einen fahrbaren Weg zu finden. Einmal sind wir dann endgültig steckengeblieben und konnten nur mit der Hilfe von mehreren Chinesen den schweren Beiwagen wieder aus dem Wasser heben. Wir verfluchten schon, von der guten Straße weg auf dieses unwegsame Gelände ausgewichen zu sein. Während zwei Leute hinten unser Gewicht von 600 Kilogramm anhoben, versuchte ich unsere 22 Pferdestärken zusätzlich mobil zu machen. Grobe Schottersteine mußten vorher noch beseitigt werden. So konnten wir im sprichwörtlichen Schweiße unseres Angesichtes mühsam wieder herausfahren. Der Motor jaulte dabei in seinen höchsten Tönen, und der Auspuff schmückte sich mit einer schönen Triangeldeformation. Aber es ging weiter in die gleiche, angeblich immer noch richtige Richtung.

Nach fünf Stunden und 50 Kilometern hatten wir die Hoffnung schon fast aufgegeben, den nahen Gelben Fluß zu erreichen, noch gar die versprochene Fähre dort vorzufinden. Hinter jeder der zahlreichen Windungen des Flußlaufes hofften wir dennoch, ihn endlich zu erblicken.

Und dann waren wir am Ziel: Der mit 4400 Meter Gefälle aus Tibet kommende Gelbe Fluß lag vor uns. Er ist mit 5464 Kilometern der zweitlängste Fluß Chinas. Hier an seinem Mittellauf wusch er aus den Lößböden Unmengen von Schlamm. Daher bekommt er die gelbe Farbe und seinen Namen. Wir mußten allerdings noch 20 Kilometer auf Feldwegen den steilen Abhang des Flusses entlangfahren, um die versprochene Fähre zu finden. Der Moter überhitzte bei den schlechten Straßenverhältnissen sowieso in immer kürzeren Zeitabständen. Unsere Zwangsabkühlpausen verlängerten sich entsprechend. Wir konnten uns keinen Fahrtkilometer mehr mit unserer normalen Reisegeschwindigkeit von 40 Stundenkilometern fortbewegen. Der mehr und mehr helle Klang des Motors ließ zudem nichts Gutes erwarten.

Den Glauben an die Existenz der Fähre hatten wir schon fast aufgegeben, als wir an der Anlegestelle ankamen. Geduldig warteten wir drei Stunden, bis die Fähre vom anderen Ufer übersetzen sollte. Nach einem Getuschel wurde dann verkündet, daß die Fähre wegen Motorschadens fahruntüchtig sei und wahrscheinlich nicht so schnell wieder fahre. Wir machten uns schon mit dem Gedanken vertraut, den ganzen Weg wieder zurückfahren zu müssen. Mindestens zwei Tage wären dadurch umsonst gewesen.

Zuletzt wurde eine alte Holzfähre in Gang gesetzt. Der Bootsmann entnahm ein paar Planken vom Boden der Fähre, um damit unser Motorrad hochzuschieben. Meisterhaft steuerte er schließlich an die gegenüberliegende Anlegestelle, eine schlichte Sandbank. Die Kunst war dabei, im richtigen Winkel gegen die Strömung so anzusteuern, daß die vorgesehene Stelle des anderen Ufers erreicht wurde.

Dort konnten wir erst den Segen dieses gewaltigen Stromes erkennen. Fruchtbare grüne Felder reichten soweit man sehen konnte. Am Horizont zogen sich malerisch abgerundete Gebirgszüge hin. Man konnte erkennen, daß sich der Fluß durch seine Schlammablagerungen über die Umgebung erhöht hatte. Mit bis zu zehn Meter hohen Dämmen muß er deshalb im Zaume gehalten werden.

Unserem Motorrad hat dieser Ausflug allerdings nicht so gut getan. Neben dem Überhitzungsproblem des Motors quietschten unsere hinteren Stoßdämpfer erbärm-

*Fähre über den »Gelben Fluß«*

lich, und ein paar Schrauben hatten wir auch wieder verloren. Auf den letzten 30 Kilometern ging unser Motor schließlich derart in die Knie, daß wir alle paar Kilometer eine Zwangsabkühlpause von mindestens 20 Minuten einlegen mußten. Bei kurzen Stopps an den Kreuzungen der Stadt, die wir spätabends endlich erreicht hatten, kreischte der Motor in schrillsten Tönen. Wir wollten nur noch möglichst schnell ein Hotel erreichen. Das wahre Ausmaß der Katastrophe sollte erst der nächste Morgen zeigen, als wir vor dem Hotel den Zylinderkopfdeckel abschraubten.

Das rechte Einlaßventil war völlig verbrannt und die anderen Ventile angekohlt. Da half nur noch eine Werkstatt, um die Ventile neu einschleifen zu lassen.

Dies war dann der Anlaß und Auslöser für unsere erste große Meinungsverschiedenheit. André wollte auf einer guten Straße einen größeren Umweg in Kauf nehmen und ich mit repariertem Bike noch einmal ein Stück schlechter Straße fahren, zumal diese weiter entlang der Großen Mauer führte und landschaftlich reizvoller erschien. So prallten unsere beiden unterschiedlichen Mentalitäten richtig aufeinander. André beschwerte sich, daß alles viel zu zügig voran ginge und zu wenig Zigarettenpausen eingelegt würden, worauf ich als Nichtraucher meinem Unmut über die allmorgendlich kettenweise hinuntergezogenen Glimmstengel und die gezielte Trägheit beim täglichen Aufbruch Luft machte. Zudem hätte er sich manches anders vorgestellt, beendete André die Diskussion. Weitere Worte hätten momentan auch wenig Sinn gemacht. Schließlich pegelte sich der Tagesablauf mehr oder weniger ohne weitere Absprache so ein, daß ich morgens mein Tagebuch schrieb und erste Wartungsarbeiten durchführte, während André gelegentlich genüßlich ausschlief. Nach der Reparatur war jedoch klar, daß wir besser möglichst gute Straßen verwenden sollten.

Noch bevor wir uns auf den Weg machen konnten, um die örtliche Werkstatt aufzusuchen, standen allerdings schon wieder unsere inzwischen allzu bekannten Freunde da: Zwei PSB-Polizisten baten uns erneut zum Interview.

Sie stellten jede Menge Fragen nach Herkunft und Ziel sowie ob wir überhaupt wüßten, wo wir uns befänden und warum wir hier nicht sein dürften. Erst später hatten wir erfahren, daß es hier Radaranlagen und strategische Militäreinheiten gab. Wir entschlossen uns jedenfalls zu der Taktik, daß angeblich nur ich der chinesischen Sprache mächtig wäre, um nur eine plausible Geschichte bei den berühmten Kreuzverhören aufzutischen.

Ich erzählte, daß wir uns auf einer Ausflugsfahrt von der 120 Kilometer entfernten offenen Stadt Lanzhou befänden und hier zufällig durch unglückliche Umstände gelandet wären. Nachdem unterwegs unsere Ventile verbrannt und unser Motorrad kaum noch fahrtüchtig gewesen sei, könnten wir nicht mehr zurück nach Lanzhou fahren. Deshalb müßten wir hier ein Hotel und eine Reparaturwerkstatt aufsuchen.

Wir hätten außerdem überhaupt keine Ahnung, wo wir uns befänden, und wir wollten so schnell wie möglich nach Lanzhou zurück, weil wir dort eine Fabrik besuchen müßten. Ich hätte auch den Empfehlungsbrief hierzu. Die Gedanken, eventuell nach Peking zurückgeschickt zu werden, mußten mit allen Mitteln verdrängt werden.

Ich konnte natürlich nicht erzählen, daß wir aus einer ganz anderen Richtung kommend uns auf der Durchreise befanden, oder gar unser wahres Endziel angeben. Vorsichtshalber erzählten wir deshalb immer lieber, daß wir auf dem Weg in die – entgegengesetzte – Richtung nach Peking seien. Dann hatten sie schon keinen Grund, übermäßig aktiv oder offiziell zu werden, um uns dann nach Peking zurückzuschicken.

Während ich diese Geschichte in verschiedenen Variationen immer wieder erzählen mußte, war André inzwischen in der nahen Reparaturwerkstatt.

Dort wurden der Seitenwagen, die beiden Zylinder, das Hinterrad und teilweise die Elektrik demontiert. Alle vier Ventile mußten neu eingeschliffen und drei Speichen sowie der Zündverteilerläufer ausgewechselt werden. Bei dieser Gelegenheit haben wir auch gleich die Kohleablagerungen aus den Abstreifnuten der Kolben mit einer Feile entfernt.

Der Ausbau der Ventile war für uns noch Neuland: Der Chefmechaniker spannte hierzu den ausgebauten Zylinder in den Schraubstock und kletterte auf seine Werkbank, um die Ventilkeile zu entfernen. Mit seinem ganzen Körpergewicht drückte er die Ventilfeder so weit zusammen, bis er die Keile herausnehmen konnte. Vor allem die Einlaßventile waren ziemlich verbrannt und verkrustet. Sie schlossen deshalb nicht mehr dicht mit dem Ventilsitz – Ursache für die ständige Überhitzung.

Nachdem die Ventilsitze mit einem Handfräser sauber ausgefräst waren, steckte der Mechaniker die in Öl getränkten Ventilschafte wieder in die Zylinder und schliff die Ventile erst mit einer groben und dann mit einer feinen Einschleifpaste in rythmischen Dreh- und Klopfbewegungen wieder ein. Als Handwerkszeug benutzte er einen kleinen Gummisaugpfropf, der genau der Form der Ventilköpfe angepaßt war und zwischendurch immer wieder einmal abrutschte. Deshalb dauerte diese Arbeit ziemlich lange. Die Dichtheit und Paßform des Sitzes kontrollierte er regelmäßig. Der Wiedereinbau der Ventile mit den Ventilkeilen verlangte wiederum viel Fingerspitzengefühl. Hierzu mußten die Ventile mit den Ventilfedertellern, den Federn und den Keilen in der richtigen Reihenfolge in die Zylinder eingelegt werden, um dann mit einem ausgewogenen Hammerschlag auf den Ventilkopf die Federn so weit zusammenzudrücken, daß die Keile sauber einrasteten. Wenn die Wucht der Schläge nicht ausreichte, die Feder genügend zusammenzudrücken, flogen die Federn mit allen Einzelteilen durch den Raum. In solchen Fällen suchten wir vorsichtshalber Deckung hinter der Werkbank.

Die alte BMW-Technologie der hier verwendeten seitengesteuerten Ventile hatte auch ihre Tücken. Anstatt mit mechanisch fest verbundenen Hebeln wurden die Ventile bei unserem Motorrad durch Stössel über die Nockenwelle geöffnet und durch die Ventilfedern im Gegenzug wieder geschlossen. Als ein Ventilschaft in seiner Führung leicht angerostet festsaß, reichte die Federkraft nicht mehr aus, um das Ventil wieder selbständig zu schließen. Die Leistung sank daraufhin auf 20 Prozent, da der entsprechende Zylinder sein Gemisch vom Vergaser nicht mehr ansog, sondern hineinblies. Das Lüften dieses Geheimnisses kostete wieder einmal eine Menge Zeit.

Das Einstellen des Ventilspieles ging entsprechend umständlich vonstatten. Zuerst mußte der äußere Totpunkt eines Kolbens anhand der Kickstarterwelle eingestellt werden, um mit einer Fühlerlehre 0.1 Millimeter Spiel zwischen dem Ventilteller und der Ventileinstellschraube zu realisieren. Diese Einstellschraube wurde mit einer Kontermutter gesichert. Das Problem dabei war, daß sich beim Festziehen der Kontermutter das eingestellte Ventilspiel wieder leicht veränderte und somit selten ganz genau war. Diese Einstellqualität paßte jedoch zum gesamten Motorrad und hatte durchaus den Vorteil der schnellen Selbsthilfe, die unabhängig von komplizierten Meßgeräten und Werkstätten vorgenommen werden konnte. Genau passend für diese Tour. Auf diesem Wege wurden alle vier Ventile nacheinander in Angriff genommen. Über den anzustrebenden Einstellwert gingen die Meinungen der Fachleute sowieso weit auseinander.

In Anbetracht der nicht enden wollenden Reparaturwelle hofften wir insgeheim, daß dies lediglich noch Anfangsprobleme waren und wir jetzt endlich mit weniger Reparaturen auskommen sollten. Jedenfalls wollten wir in Zukunft nur noch möglichst gute Straßen und besseres Benzin benützen.

In der Zwischenzeit hatte die Polizei unsere Geschichte abgenommen, unsere Aufenthaltserlaubnis aber auf 100 Meter Umkreis beschränkt.

Wir durften uns nur noch zwischen dem Hotel, der Reparaturwerkstatt und dem Revier bewegen. Stündlich wurden wir überwacht und der Mechaniker ermahnt, die Arbeit schnell, gut und billig auszuführen.

Nach acht Stunden beendete er mit seinen beiden Gehilfen die Arbeit und wir bezahlten 160 Yuan. Abwechselnd mußten wir immer wieder ins Revier und uns die Vorschriften vorlesen sowie erläutern lassen. Der dabei servierte Tee deutete erfahrungsgemäß auf eine kulante Lösung hin. Ich durfte mich nur nicht von der Untugend des Beamten ablenken lassen. In aller Gemütsruhe spuckte er zweimal auf den Fußboden und scharrte mit den Schuhen. Mit dem heiligen Versprechen, in Zukunft uns nicht mehr zu verfahren, wurden wir nach Bezahlung der Mindestgeldstrafe von 30 Yuan freundlich verabschiedet.

Trotzdem nahmen wir das seltsame Gefühl mit auf den Weg, daß den Leuten unsere wahre Herkunft irgendwie bekannt gewesen sein könnte. Unsere Durchquerung verschiedener Dörfer und Felder war ziemlich auffallend. Zum Abschied wurden wir noch einmal ermahnt, die richtige Richtung einzuschlagen und uns nicht mehr zu verfahren.

Inzwischen befanden wir uns in der Provinz Gansu und erreichten Lanzhou, den letzten Vorposten der Han-Chinesen, die die größte Volksgruppe Chinas ausmachen.

Gansu ist öder und unfruchtbarer als alle anderen Provinzen, die wir bislang bereist hatten. Wir konnten uns kaum vorstellen, wie China seine Handelskontakte über diesen schmalen Korridor mit Zentralasien und den dahinter liegenden Ländern aufrechterhalten hatte. Bevor Xinjiang an China überging, war Gansu immer Grenzgebiet mit halbtrockenem Klima. Dürren und Hungersnöte verwandelten Gansu in eine verarmte Gegend. Der politische Einfluß auf das Schicksal des Landes war daher bescheiden.

***Fort Jiayuguan, Westende der »Großen Mauer«***

Die sich durch Gansu schlängelnde berühmte Seidenstraße war für die Kamelkarawanen schon immer ein wichtiger Transportweg. Handelsreisende kamen bis vom römischen Kaiserreich, um die mit Gold aufgewogene Seide auf diesem gefahrvollen Weg zu holen. Daher erhielt diese Straße auch ihren Namen. Eine Kette von Oasen diente den Reisenden damals wie heute als Wegweiser durch diese unwirtliche Einöde. Als Zeichen des kulturellen Einflusses, der über diese Handelsstraße mitgebracht wurde, findet man noch viele buddhistische Höhlentempel.

Bevor China begann, sein Imperium stark auszudehnen, war Gansu stets die westliche Grenze des chinesischen Kaiserreiches. Vom Gelben Meer über Nordchina kommend fand die Große Mauer hier hinter der Stadt Jiayuguan nach über 6000 Kilometern ihr westliches Ende. Diese Grenzlage brachte auch viele Konflikte mit sich, die nicht selten in kriegerischen Auseinandersetzungen endeten. Die moslemische Rebellion von 1862 bis 1878 war nur eine davon, die mit unglaublicher Härte von den Chinesen niedergeworfen wurde. Zahlreiche Städte wurden zerstört, Millionen Menschen starben und das Land verfiel. Dadurch wurde die chinesische Macht stark ausgebaut und durch eine folgende große Hungersnot noch gefestigt.

Nicht zuletzt unter Ausnutzung der großen Kohle-, Eisenerz- und Erdölvorkommen wurde die Infrastruktur im »modernen China«, das heißt nach 1949, ziemlich ausgebaut. Die Städte blieben nach wie vor in den Oasen entlang der Seidenstraße bestehen. Nur hier war auch genügend Wasser für eine bescheidene Landwirtschaft vorhanden. Schaf-, Rinder-, Pferde- und Kamelzucht ist nur im Süden an der Grenze zur Provinz Qinghai möglich. Sonst ist Gansu eine trockene Einöde mit trostlosen Wüsten, die sich bis in die Innere Mongolei hinziehen.

Von den etwa 20 Millionen Einwohnern Gansus besteht ein beträchtlicher Teil aus Minderheiten. Hui wechseln sich mit mongolischem Reitervolk, Tibetanern und Kosaken ab. Die Han, die »eigentlichen« Chinesen, stellen hier die Minderheit dar und leben in separaten Siedlungen. Die Städte Jiayuguan und Jiuquan sind bereits seit Jahrhunderten chinesische Vorposten. In den restlichen Städten stellen die Han-Chinesen meist nur den Bürgermeister, den Parteisekretär und andere wichtige Regierungsposten. Nur so läßt sich die inhomogene Bevölkerung in einem der größten Länder der Erde im Sinne der Pekinger Führung unter Kontrolle halten.

Heute ist das wichtigste Verkehrs- und Wirtschaftszentrum der Provinz die Landeshauptstadt Lanzhou, eine von altersher bedeutende Garnisonsstadt. Als Drehkreuz für Hauptrouten nordwestlich nach Zentralasien, südwestlich nach Tibet und südlich nach Sichuan sowie östlich entlang des Gelben Flusses nach Peking war Lanzhou immer ein Verkehrszentrum. Mit dem Sieg der Kommunisten wurde nach dem Zweiten Weltkrieg die Industrie stark entwickelt und eine Eisenbahnlinie gebaut. [2, 3, 5, 6]

Die Stadt war für uns jedoch wieder unangenehm hektisch und vom gleichen eintönigen Stil wie jede andere größere Chinesenstadt. Deshalb stand für uns fest, daß wir so schnell wie möglich weiterfahren wollten. Trotzdem freuten wir uns über die erste warme Dusche seit zwei Wochen.

Die Yangtse verlangte auch hier Pflege. Der Vergaser und der Regler mußten neu eingestellt und der Kupplungszug ersetzt werden. Außerdem kauften wir noch Generatorkohlenbürsten, einen neuen schwer aufzutreibenden Reifen, 40er Öl sowie ein paar Thermometer ein, um die Zylindertemperatur besser überwachen zu können.

Wir wollten die Abkühlpausen so einrichten, daß die Temperatur der Zylinder möglichst unter 200 Grad Celsius blieb, um nicht wieder verbrannte Ventile zu riskieren. Die Erfahrungen ließen uns wesentlich vorsichtiger werden.

Beim Reifenkauf erlebten wir wieder das typische »China life«: Zuerst klapperten wir mehrere Geschäfte ab, bis wir die heiße Adresse, die tatsächlich einen der streng rationierten Reifen auch verhökerte, herausfanden.

Dort angekommen, war zunächst natürlich wieder Mittagszeit und geschlossen. Als endlich aufgemacht wurde, bekamen wir die lächelnde Antwort, daß der Chef mit dem Lagerschlüssel auf der Bank sei, aber gleich wieder zurückkäme. Nach einer Stunde wurde uns der Reifen dann sogar überreicht.

Als wir endlich vom Werkstatthof fahren wollten, war plötzlich der Torwärter mit seinem Schlüssel verschwunden und unauffindbar. Diese Aktion kostete uns wieder einen halben Tag Zeit. Es wurde sehr spät, bis wir aus Lanzhou wegkamen und ins Helangebirge hineinfuhren.

Über einen 3000 Meter hohen Paß führte eine schmale Straße stetig bergauf, die der Motor kaum noch schaffte. Der stärkere Gegenwind ließ uns nur langsam vorwärtskommen. In der zunehmend öder und kühler werdenden Landschaft tauchten einige langhaarige schwarze Yak-Rinder wie Geisterfiguren auf. Als es dann hinter dem Paß noch zu regnen begann und die Tropfen wie Nadeln auf unsere Gesichter prasselten, kam die inzwischen einbrechende Abenddämmerung noch hinzu. Wir hatten schon das flaue Gefühl im Magen, daß der Weltuntergang bestimmt nicht viel anders aussehen dürfte. Entsprechend war unsere Stimmung im Lichtstrahl unserer Lampe, die ihren schwachen 35 Watt Kegel auf 180 Grad in die Leere streute. Wir konnten beim Fahren kaum drei Meter weit sehen und mußten deshalb noch langsamer fahren. Das Schlimme dabei war, daß die Lichtmaschine bei diesem Tempo weniger Licht produzierte. Der Nieselregen wurde dadurch eher zur Nebensächlichkeit. Es kam praktisch wieder alles zusammen.

Meine Augen spähten die Straße nach vermeintlichen Schlaglöchern ab, und mein Gehör lauschte den fünf charakteristischen Geräuschen des Motores, die sich inzwischen gut eingeschärft hatten und die regelmäßig notwendigen Reparaturen immer früher ankündigten. Zum Glück blieb die Melodie diesmal wenigstens im richtigen Rhythmus, und die Stadt Wuwei kam in greifbare Nähe.

Im einzigen Hotel der Stadt wurden wir freundlich aufgenommen und die morgendliche Reparatur beschränkte sich »nur« auf den Ausbau der beiden vorderen undichten Stoßdämpfer – wieder einmal die Dichtungen. Das eigentlich für die Dämpfung vorgesehene Öl rann das rechte Tauchrohr hinunter und geradewegs zur Radnabe. Es bestand ständig Gefahr, daß die Soße zwischen die Bremsbacken geraten könnte. Deshalb war Eile geboten. Nachdem wir den Bremszug ausgehängt hatten, bauten wir die Steckachse des Vorderrades aus. Von außen sieht der Stoßdämpfer recht kompakt und unkompliziert aus. Erst nach längerem Ausprobieren fanden wir heraus, daß das Tauchrohr stark nach oben gedrückt herausgedreht werden mußte. Diverse auf das Standrohr aufgesteckte Führungen und die Dichtung ließen sich dann durch weitere Drehbewegungen relativ leicht abmontieren. Die Hände waren nach diesem Kunstgriff wie üblich wieder einmal voller Öl und Schmierfett. Wir fanden es aber wichtiger, wieder ein Stück weiterzukommen.

Die inzwischen wieder eingetroffene Sicherheitspolizeiabordnung beschränkte sich diesmal wider Erwarten nur auf einen einfachen Routinecheck der Ausweispapiere. Derartig unkomplizierte Abfertigungen und Reparaturen begannen wir mehr und mehr zu schätzen.

# Unwegsame Pisten durch die Wüste Gobi

Mittlerweile befanden wir uns auf der Seidenstraße. Wir fuhren durch versteppptes Hügelland und weite Ebenen der Wüste Gobi.

Gobi ist der mongolische Sammelname für »Kies- oder Steinwüste« und umfaßt alle Wüsten, die sich in diesem Gebiet befinden. Die bekannteste und größte ist die Wüste Taklamakan im Tarimbecken. Beidseitige Gebirgszüge und widerstandsfähige Grasbüschel säumten unseren Pfad, und wieder einmal kamen wir an einem gut erhaltenen Stück der Großen Mauer vorbei.

Direkt davor trafen wir einen alten Uiguren, der seine bescheidene Lehmhütte hier stehen hatte. Er machte einen so interessierten Eindruck, daß wir ihn in einer mitgebrachten Motorradzeitung blättern ließen und einen unserer deutsch/chinesischen Freundschaftsanstecker schenkten. Nachdem er auch noch durch die Linse von André's Kamera schauen durfte, schien sein Glück vollkommen zu sein.

Nach anfänglicher Scheu kamen aus einer weiteren nahen Behausung zwei junge Frauen dazu, die uns anschließend sogar drängten, noch zum Tee zu bleiben. Sie

***Neugierige Wüstenbewohner***

00206

*Doppelseite und Seite 81:*
*In Hebei, Shanxi und Shaanxi auf dem Weg in Richtung Westen*

*Han-Chinesen*

*Idylle chinesischer Provinzherbergen (siehe auch nächste Doppelseite)*

00205

北京

faßten sich dabei unmißverständlich an die Brüste mit einem zweideutigen breiten Lächeln um ihre flachen Nasen. Wir staunten wieder einmal über die unbefangene Direktheit dieser armen, aber offenherzigen Menschen, die mit ihrem Leben zufriedener zu sein schienen als viele Menschen in den reichen Industrieländern. Wir zogen schließlich lieber vor, uns freundlich zu verabschieden, um eventuelle peinliche Situationen erst gar nicht entstehen zu lassen. Mit der Polizei hatten wir schließlich schon genug Ärger.

Am Abend in Zhangye trafen wir zwei Fahrer vom CIST (China International Sports and Travel Organization). CIST organisiert Rallyes und Touren mit privaten Fahrzeugen in China.

Sie hatten die drei Wochen vor uns gestartete ITALA-Rallye begleitet. Ein italienisches Team machte sich mit einem Oldtimer-Automobil auf den Weg von Peking nach Paris.

Das Interessante dabei war, daß zu Beginn des Jahrhunderts dieses Auto bereits schon einmal diese Reise über Sibirien angetreten hatte. Richtige Straßen kannte man damals fast noch nicht,und viele Träger stellten oft die einzige Möglichkeit dar, überhaupt noch vorwärtszukommen. Als das Auto einmal auf einer Brücke durchbrach, mußte sogar ein Flaschenzug zusammengebaut werden, um es wieder herauszuheben. Das Gerücht einer vorhandenen Straße, die von Sibirien nach Moskau führen sollte, bewahrheitete sich erst wenige hundert Kilometer vor der russischen Hauptstadt, als die Fahrer die Hoffnung fast schon aufgegeben hatten.

Diesmal hatte die ITALA allerdings zehn Personenwagen, einen komplett ausgestatteten Werkstattwagen, einen Fernsehübertragungswagen und mehrere lokale Verpflegungs- und Begleitfahrzeuge dabei. Fünf sich abwechselnde Fahrer und Maschinen zur Fertigung von allen denkbaren Ersatzteilen oder Reparaturarbeiten sorgten sämtlichen Eventualitäten vor und garantierten ein sicheres Gelingen. Fiat und Iveco unterstützten zudem neben dem Bürgermeister von Peking dieses Unternehmen. Für gute Quartiere war stets gesorgt.

Dafür hatten sie wohl auch genug Geld gelöhnt. Später erfuhren wir, daß für unsere sechs Wochen lange Tour offiziell rund 70000 DM zu bezahlen gewesen wären. Zwei chinesische Begleiter mit einem Auto sind bei diesem Preis natürlich inklusive, aber die schönsten Erlebnisse verloren. Denn man übernachtet nur in besseren Hotels größerer Städte und weicht von Hauptpfaden kaum ab. Alles ist gut geregelt und organisiert.

Wir erfuhren dann noch, daß angeblich 1988 ein Deutscher mit seiner BMW-Enduro eine solche Tour von Shanghai nach Pakistan gebucht hatte und fünf Japaner für eine ähnliche Reise 240000 DM hingelegt hätten. Dies wäre aus verschiedenen Gründen nichts für uns gewesen.

Vor zwei Jahren machte sich allerdings auch ein Italiener auf den ähnlichen Weg wie wir. Er kam nach China, um ein paar Jahre für Fiat zu arbeiten, ein Motorrad zu kaufen und eine chinesische Frau zu heiraten. Mit ihr machte er sich auf den Weg

***Linke Seite: Morgendliches Wecken in Shaanxi***

nach Italien. Sein erstes Motorrad brach schon in China endgültig zusammen und ein zweites dann in Jugoslawien. In Kashgar fiel er beim Ersatzteilkauf zudem der PSB-Polizei in die Hände, die Rat von Peking holte. Er durfte schließlich weiterfahren, weil er sich bereits 7000 Kilometer durchgemogelt hatte und die Grenze nur noch wenige hundert Kilometer entfernt lag. Die chinesischen Behörden hätten sonst zu offensichtlich ihre aufgeblähte und uneffektive Bürokratie eingestehen müssen. Überdies fiel ihnen womöglich keine praktikable Alternativlösung ein.

So ist verständlich, daß die Chinesen zwar Pläne haben, jährlich eine Seidenstraßen-Rallye von Peking nach Urümqi zu veranstalten, aber an solchen unkontrollierten Kreuzfahrern wie dem Italiener oder uns nicht interessiert sind.

Bei guten Geschäften sind sie nämlich immer und für alles zu haben, besonders wenn es harte Devisen bringt. So wurde beispielsweise vor den Toren Pekings ein Militärschießplatz für die Öffentlichkeit und den Tourismus geöffnet. Je nach Geldbeutel und Laune kann mit Pistolen, Maschinengewehren oder gar einer Panzerfaust auf realistische Attrappen geschossen werden.

Nachdem wir das Fort Jiayuguan am westlichen Ende der Großen Mauer hinter uns gelassen hatten, begann für uns eine der schwierigsten Etappen: Der nördliche Rand der Wüste Taklamakan mußte durchquert werden. Ungefähr 300 Kilometer Sand- und Kiespisten lagen vor uns. Es gibt dazwischen keine Siedlungen, Restaurants oder Wasserstellen. Der zu erwartende Verkehr tendiert gegen Null und die Probleme bei größeren Motorschäden gegen Unendlich. Trotzdem ist diese Nordroute noch wesentlich besser zu befahren als die Südroute, der zweite Arm der alten Seidenstraße.

Die Taklamakan ist eine extrem trockene Wüste. Leben und landwirtschaftlicher

*Schotterpiste durch die Taklamakan*

Anbau ist hier nur in bewässerten Oasen möglich. Das Wasser der Oasen kommt von unterirdischen Flüssen, die von den Bergen in das Becken fließen. Diese Oasen waren schon immer bedeutende Stationen an der legendären Seidenstraße und haben eine mehr als 2000 Jahre alte blühende Kultur. Diese Oasen Xinjiangs werden hauptsächlich von Uiguren bewohnt, die zur Familie der Turkvölker gehören. Dank intensiver Bewässerung können hauptsächlich Getreide und Früchte angebaut werden. Die Landwirtschaft in den Tiefebenen von Turfan und Hami ist nahezu gänzlich auf die unterirdischen Wasserspeicher angewiesen. Genügend Regenwasser für die Landwirtschaft und Viehzucht gibt es nur im Li Tal westlich von Urümqi. Dort werden unter anderem Schafe, Esel und Pferde gezüchtet. [2, 3, 5, 6]

Die lokale Bedeutung des Namens Taklamakan stand uns vor Augen: »Hinein kann man, aber nicht mehr heraus.« Einheimische beschrieben uns zudem die Straßenverhältnisse als schlecht, verheerend und teilweise unpassierbar. Die Straße glich häufig einer Baustelle. Immer wieder mußte auf Grobschotterpisten oder abseits quer durch die Wüste gefahren werden. Dies brachte für unser Bike extreme Belastungen.

Zum Glück versagte unsere Batterie, sie war durch einen Kurzschluß leer, schon einen Tag bevor wir in die Wüste hineinfuhren.

Ein Grund mehr, um wieder eine Generalüberholung und überfällige Reparaturen durchzuführen.

Sechs Speichen des Hinterrades, die beiden Gaszüge und diverse verlorene Schrauben mußten ersetzt werden. Die Vergaser mußten zudem wieder einmal neu eingestellt werden, da die Düsen und Nadeln immer mehr verschlissen. Wir wollten auch endlich die Elektrik mit den Zündproblemen in den Griff bekommen. Die Ursachen für die nicht nachgeladene Batterie waren – neben dem Kurzschluß zwischen dem Pluspol und der Metallhalterung für die Batterie – die Generatorkohlenbürsten. Sie mußten wieder erneuert werden. Die zunehmend schlechter werdende Batteriequalität belastete zunehmend die Lichtmaschine und förderte den Verschleiß der Bürsten und des Kollektors. Abschließend stellten wir dann noch den Unterbrecher nach und ersetzten verschiedene Kabel. Ein kompletter Tag war natürlich wieder gelaufen.

Dabei fragten wir uns langsam, wo wir die Motivation für die alltäglichen Reparaturen hernahmen. Durchschnittlich brachten wir täglich je nach Straßenverhältnissen rund 200 bis 300 Kilometer auf den Tachometer bei sechs bis acht Stunden Fahrzeit. Parallel hierzu kamen im Mittel noch zwei bis drei Stunden Reparaturen.

Mit gutem Wasservorrat und ausreichender Verpflegung fuhren wir dann am nächsten Tag in die Taklamakan hinein. Einen für 700 Kilometer Strecke ausreichenden Benzinvorrat nahmen wir sicherheitshalber mit. So waren wir zumindest für ungefähr eine Woche versorgt. In zwei Tagen wollten wir die bevorstehende Durststrecke von zirka 300 Kilometern schaffen. Vorausgesetzt natürlich, daß nicht wie üblich etwas dazwischenkam.

Einen Spaten hatten wir zum Glück dabei. Andernfalls wäre in vielen Situationen kaum ein Entrinnen gewesen. Auf weichem, sandigem oder kiesigem Untergrund ließen sich unsere 700 Kilogramm Gewicht kaum noch von der Stelle bewegen, wenn wir erst einmal feststeckten. Gefährlich wurde es, wenn wir wieder quer durch das Gelände fahren mußten.

Zweimal mußten wir den Spaten herausholen und unser Gepäck ausladen, um unsere schwer beladene Yangtse wieder freizubekommen.

Der weiche Untergrund gab uns keine andere Chance. Große Bodenunebenheiten waren oftmals vom feinen Sand verdeckt, so daß dann jeweils die Stoßdämpfer hart durchschlugen und wir das Schlimmste befürchten mußten.

Vorsichtshalber wählten wir deshalb meist bereits vorhandene Fahrspuren. Diese endeten aber manchmal trotzdem abrupt hinter einem Hügel oder waren von einem Felsbrocken blockiert.

Es war zweifellos die bisher anstrengendste Etappe. Der Motor hat sie aber überraschend gut gemeistert. Mit einer Reisegeschwindigkeit von 25 bis 40 Stundenkilometern machten wir alle 10 bis 20 Kilometer eine kurze Pause. Der Motor überhitzte überraschenderweise nur einmal leicht. Schlimmer wirkte sich hingegen die Belastung auf das Chassis aus. Der Koffer und das Ersatzrad federten wie verrückt auf dem hinteren Stauraumdeckel, der bereits zwei deutliche Risse aufzeigte. Während ich versuchte, Grobschottersteine und Schlaglöcher möglichst zu umfahren, stemmte André sein Körpergewicht mit der Hand gegen das Ersatzrad, um diese Schwingungen möglichst gut abzudämpfen und die Rißbildung zu lindern.

Diese starken Dauervibrationen und Schläge bedeuteten für den Motor aber erstaunlicherweise genausowenig das Ende wie scharfkantiger Schotter, feiner Treibsand oder die Steigungen und Gefälle. Für solche Bedingungen ist dieses Motorrad

***Mehrstündiges Freischaufeln***

***Straßenbaucamp der Armee***

eindeutig ursprünglich entwickelt worden.

Abends erreichten wir sehr müde ein Straßenbaucamp der Armee, die uns erst neugierig und dann etwas mißtrauisch begutachtete. Trotzdem bot der Offizier und Lagerleiter uns erst einmal eine Tasse Tee in seinem Zimmer an. Er hatte die einzigen gemauerten vier Wände in diesem Camp. Hier wohnte er mit seiner jungen Frau und einer kleinen Tochter.

Für zwei Jahre mußte er hier draußen unter diesen harten Bedingungen leben und arbeiten. Seine Soldaten, die auf den Straßenbau spezialisiert waren, wohnten ausschließlich in Zelten und ohne Familie. Verpflegung und Wasser mußte fast 100 Kilometer weit herangeschafft werden.

Nach der üblichen Überzeugungsarbeit, daß wir auch wirklich rechtmäßig unterwegs seien, wies er uns schließlich einen kleinen Zwischenraum zu, wo wir uns etwas kochen konnten. Mit unserem Benzinkocher zauberten wir uns Nudeln mit Fisch und Bohnen.

Schlafen durften wir auf dem Betonfußboden in der Kantine, einer kleinen Blechbaracke. Beim Essen herrschte zwar viel Lärm, aber um halb elf zeigte sich die Truppe nach einer kurzen Besichtigung unserer Schlafstätte doch so rücksichtsvoll, zügig abzuziehen. Waschwasser gab es kaum. Dies störte uns aber diese Nacht wenig, ebenso nicht der überall festsitzende feine Sand. Hauptsache, wir mußten nicht draußen im tobenden Sandsturm nächtigen.

Beim Einschlafen ging mir allerlei durch den Kopf. Ich konnte mir einfach nicht vorstellen, wie der Chef des Lagers mit seiner jungen Familie es hier für zwei Jahre aushält. Er wurde von der Armee einfach für diese Zeit abkommandiert. Genauso beschäftigte mich wieder einmal meine zurückliegende achtjährige Beziehung mit meiner Freundin Jutta, die während unseres Chinaaufenthaltes zu Ende ging. So wenig Schwierigkeiten wir vor unserem Aufbruch in den Fernen Osten hatten, um

*Zubereitung unseres Abendmenüs*

so mehr danach. Alles kam auf einmal zusammen, und was wir auch versuchten, es schien keinen gemeinsamen Weg mehr zu geben. So erging es auch vielen anderen Studenten. Egal ob der Freund oder die Freundin zu Hause blieb, nur im Urlaub zu Besuch kam oder auch mit in China studierte, die Probleme schienen wie eine dunkle Wolke angezogen zu werden und nicht zu weichen.

Dies gehörte anscheinend mit zu der Lebenserfahrung eines längeren Auslandsaufenthaltes. So war ich mir bei meiner Beziehung nicht ganz klar, ob die Schwierigkeiten am Chinaaufenthalt lagen oder ob mehr dahintersteckte und es sowieso zum Bruch gekommen wäre. Diese Fragen konnte ich leider mit meiner auf Logik trainierten Denkweise nicht beantworten. Glücklicherweise konnte ich die anderen Erlebnisse der letzten beiden Jahre in China als unschätzbare Bereicherung bezeichnen und unter dem Strich trotzdem eine positive Bilanz ziehen. Diese Reise gab mir Gelegenheit, über viele Lebensbereiche gründlich nachzudenken.

Den nächsten Tag fuhren wir unter gleichen Konditionen die letzten Kilometer zurück zur Zivilisation und hinein in das Uigurenland nach Xinjiang.

Xinjiang wird ostwestlich durch die Tian-Bergkette in zwei Hauptregionen aufgeteilt. Das Junggar-Bassin befindet sich nördlich von dieser Bergkette und das Tarim-Becken, durch welches wir gefahren waren, im Süden. Die südliche Begrenzung des Tarim-Beckens ist durch die Kunlun-Berge gegeben. Das Wasser der aus diesen Bergen kommenden Flüsse sammelt sich im großen Tiefland der Taklamakan-Wüste, wo es sich dann unterirdisch verliert und nur an den Oasen wieder zum Vorschein kommt.

Von der Tian-Bergkette fließt der Tarim-Fluß ostwärts in die ausgedehnten Salzsümpfe und den Lob Nuur-See, wo sich seit 1964 das Atomtestgelände Chinas befindet. Unsere Route führte allerdings nur wenige Kilometer vom See entfernt vorbei. Uns fiel auf, wie viele Militärfahrzeuge sich in dieser Gegend befanden. Dies war ein Grund mehr für uns, möglichst unauffällig in die nächste für Ausländer geöffnete Stadt durchzukommen. Die weltweiten Klimaveränderungen machen auch hier nicht halt. Der jährliche Wasserpegel des Lob Nuur-Sees variiert sehr stark, und die Umgebung ist fast unbewohnte Wüste, bestenfalls karges Weideland.

Die chinesische autonome Region Xinjiang befindet sich auf der westlichen Seite dieser unwirtlichen Wüste, und es verwundert nicht, daß die hier lebenden Uiguren sich in jeglicher Hinsicht von den Han-Chinesen unterscheiden. Sie sind Moslems und sprechen eine dem Türkischen ähnliche Sprache. Ihre Autonomie wird von den chinesischen Herrschern jedoch nur auf dem Papier garantiert.

Fortlaufende Kriege und ständige Konflikte zwischen den Einheimischen wechselten sich mit chinesischen Invasionen und der folgenden Unterjochung in regelmäßigen Abständen ab und bestimmten damit die Geschichte im Nordwesten Chinas. Aus mehreren Gründen war dieses Gebiet für die Chinesen von größerem Interesse. Die Kontrolle über die Seidenstraße brachte lukrativen Handel und hohe Steuereinnahmen. Schon allein deswegen war die Eroberung Xinjiangs ein profitables Geschäft.

Die von Kamelkarawanen nach Zentralasien und ins Römische Kaiserreich transportierte Seide wurde von den privilegierten römischen Damen sogar mit Gold aufgewogen.

Ein weiterer Grund für die Unterjochung dieser Gebiete war die Kontrolle über die schon immer ziemlich streitsüchtigen nomadischen Stämme im Grenzgebiet. Diese fielen immer wieder über die Grenze nach China ein, dadurch fehlten in diesen Steppengebieten Güter und arbeitsfähige Menschen.

Die chinesische Macht war aber immer nur gerade so stark wie die Tausende von Kilometern entfernt liegende Zentralregierung. »Barbaren«, Tibetaner und die Mongolen Genghis Khans sowie seines Nachfolgers Tamerlan starteten immer wieder neue Invasionen.

Die Han-Chinesen eroberten Xinjiang erstmals in den Jahren 73 bis 97 nach Christi mit einer 70000 Mann starken Armee. Die Kontrolle über das damals bis zum Kaspischen Meer reichende Gebiet verloren sie wieder im dritten Jahrhundert, bis es später von einer Expedition der Tang-Kaiser erneut zurückerobert wurde. Nach einem nochmaligen Verlust dieses Gebietes wurde es während der Qing-Dynastie von Kaiser Kangxi erneut zurückerobert. Er bestieg mit 16 Jahren den Thron und regierte als Kaiser von China zwischen 1661 bis 1722. Während seiner Regentschaft eroberte Kangxi auch noch Tibet und die Mongolei. Ihm verdankte China seine größte Ausdehnung.

Schwere Zeiten erlebte Xinjiang im 19. Jahrhundert, als die europäischen Imperialbestrebungen Chinas Randgebiete bedrohten und im Landesinneren überall Unruhen herrschten. Die Taiping-Rebellion und zwei größere Moslemrevolten, die von den chinesischen Herrschern brutal niedergeschlagen wurden, sind nur die drei bekanntesten davon. Eine dieser Moslemrevolten breitete sich entlang der Seidenstraße über Xinjiang, Gansu, Ningxia und Shaanxi aus. Jahrzehntelange Mißwirtschaft der chinesischen Zentralgewalt und religiöse Kontroversen führten bei diesen Unruhen zu unzähligen Massakern an Moslems. Daher schwand schließlich 1911 mit dem Fall der Qing-Dynastie der chinesische Einfluß auf Xinjiang, und eine Reihe von Territorialherren übernahmen das politische Regiment.

*Willkommen bei den Uiguren*

Als erster dieser Herrscher regierte Yang Zhengxin von 1911 bis zu seiner Ermordung 1928. Er kam bei einem der berüchtigten Banketts, die durch ihre hohen Todesraten bekannt wurden, ums Leben. Er führte Xinjiang gezielt in die politische Isolation und schottete das Land gegen jegliche Einflüße der Chinesischen Revolution ab. Sein tyrannischer Nachfolger wurde 1933 in die Flucht geschlagen. Ein noch grausamerer Nachfolger regierte bis zum Ende des Zweiten Weltkrieges, bis auch er zur Flucht gezwungen wurde. Nachdem er zuerst eine prokommunistische Politik verfolgt hatte, begann er Säuberungsaktionen gegen kommunistische Unterwanderungen zu unternehmen. Eines seiner zum Tode verurteilten Opfer war der jüngere Bruder Mao Zedongs, der als Finanzberater von Peking entsandt wurde.

Nachdem die Kommunisten die Volksrepublik China ausgerufen hatten und die Zentralgewalt in Peking wieder stärkten, machten sich die Führer der mächtigen moslemischen Widerstandsbewegung auf den Weg zu Verhandlungen mit der chinesischen Regierung. Ihr Flugzeug stürzte auf mysteriöse Weise ab, worauf der Widerstand zusammenbrach. Der chinesische Kosake Osman kämpfte dann noch bis zu seiner Hinrichtung 1951 weiter. Heute ist der chinesische Einfluß auf Xinjiang durch die geographische Nähe zur Sowjetunion und die unbeständigen Beziehungen zueinander belastet. Jeder lebt mehr oder weniger sein Leben für sich. 50 Prozent von Xinjiang wird ohnehin nicht von Chinesen bewohnt. Erst der Ausbau der Industrie mit großen Kohle- und Erdölvorkommen führte zum Bau einer Eisenbahnlinie nach Urümqi und brachte damit mehr und mehr Han-Chinesen in diese nordwestliche Region. In der restlichen Provinz leben hauptsächlich Uiguren und 16 der 55 offiziell in China registrierten Minderheiten. Die Uiguren stellten 1953 noch einen Bevölkerungsanteil von 80 Prozent, der bis heute deutlich unter 50 Prozent herabsank.

Spannungen unter den verschiedenen Minderheiten, die in China »Nationalitäten« genannt werden, sind wohl unvermeidlich. Durch die Einführung der Kommunen siedelten beispielsweise 60000 der 900000 nomadisierenden Kosaken verärgert in die Sowjetunion über. Die Beziehungen zu der Minderheit der 26000 Tajiken sind etwas besser.

Die Uiguren haben so ziemlich gar nichts gemeinsam mit den Chinesen. Die Religion der Uiguren ist eine Form des Islam, ihre Schriftart ähnelt dem Arabischen, ihre Sprache steht in enger Verbindung zum Türkischen, ihre physische Beschaffenheit ist eher kaukasisch und viele könnten ohne weiteres für Südeuropäer gehalten werden. [2, 4, 5, 6]

In chinesischen Krimis verkörpern sie den idealen Gangstertyp im Gegensatz zu den immer korrekt und gepflegt auftretenden Han-Chinesen als Polizisten. Letztendlich gewinnt natürlich immer das Gute in den Fernsehspektakeln, die mit erzieherischen Elementen vollgestopft sind. Es werden vor allem innere Gefühle und Leiden der Akteure hervorgehoben, und so kommt es nicht selten vor, daß selbst äußerlich hartgesottene Typen in Tränen ausbrechen.

Wir waren jedenfalls sichtlich froh, die extreme Strecke ins Uigurenland wider Erwarten ohne großen Schaden hinter uns gebracht zu haben. Als wir wieder auf ungewohnt guter Teerstraße mit 65 Stundenkilometern »dahinbrausten«, tauchten plötzlich wieder die leidigen, allzu bekannten Leistungsverluste auf.

Die Zündung und der Vergaser mußten erneut abgestimmt werden. Wir hatten diesmal aber erhebliche Probleme, die linke Luftregulierschraube neu einzustellen. Der Sitz der Gasschieber-Nadel und die Düse der Luftregulierschraube waren inzwischen zu sehr verschlissen. Wir wollten den Einbau unserer beiden Ersatzvergaser jedoch so lange wie möglich hinausschieben, um sie für alle Eventualitäten noch in Reserve zu haben. Wir wußten schließlich nicht, ob wir während unserer letzten 1000 Kilometern durch China noch Ersatz auftreiben könnten. Die Vergaser waren sowieso unersetzlich. Wir hatten leider keine offizielle Unterstützung oder einen Begleitfahrzeugetroß bei unserer Tour, über den wir problemlos mit allen Ersatzteilen hätten versorgt werden können.

Durch die harten Stöße und Vibrationen hatte sich außerdem der Unterbrecherabstand völlig verstellt und mußte nachgeregelt werden. Diese Leistungsprobleme traten gerade bei den besseren Straßenverhältnissen zutage, die unserem Motorrad wieder einmal nicht so gut zu gefallen schienen.

Nach der einigermaßen gut überstandenen 400 Kilometer langen Wüstenpiste genossen wir mittags ein gutes Essen und abends das bequeme Bett in einem Hotel. Erst nach Minuten unter der Dusche war der Sand aus den letzten Winkeln der Haut ausgewaschen.

Natürlich erschien, bevor wir noch unter die Dusche steigen konnten, eine Abordung der PSB-Polizei. Es war ihnen jedoch lieber, daß wir ihnen keine Arbeit machten und versprachen, am nächsten Morgen weiterzufahren. Vor allem der ältere Beamte sprach beschwichtigend auf den jüngeren ein, der erstaunlicherweise nicht dagegen protestierte.

Auf dem Weiterweg nach Turfan landeten wir bei einem Spurwechsel auf einer Kiesstraße plötzlich im Straßengraben. Das Gewicht des Beiwagens schob unweigerlich darauf zu, und es erschien sicherer, geradewegs den zwei Meter tiefen Abhang hinunterzusteuern als seitlich daran zu knapp vorbeizuziehen und womöglich zu kippen. Wie bei einer Bauchlandung eines alpinen Abfahrtsläufers glitten wir den Hang hinunter, bis die Ackerschollen uns endgültig abbremsten.

Ein nachfolgender Truck zog uns dann wieder mit unserem dicken Seil heraus. Dessen drei Fahrer amüsierten sich köstlich. Die nächsten 50 Kilometer fuhren sie hinter uns her und ließen uns nicht mehr aus den Augen. Ihre Hilfe belohnten wir natürlich mit einer Schachtel Zigaretten, was den Chinesen ein Gefühl »go west« vermittelte und bestimmt lange für Gesprächsstoff sorgte. Wir waren jedenfalls sehr erleichtert, daß nicht mehr passiert war.

Unser Ruf eilte uns inzwischen bereits bis zu 1000 Kilometer voraus, wie wir in Truckstops öfters zu hören bekamen.

Die nächste größere Station war Turfan. Es liegt knapp 160 Meter unter dem Meeresspiegel und ist der tiefste und mit bis zu 60 Grad Celsius im Sommer auch heißeste Punkt Chinas. Hier fällt praktisch kein Niederschlag. Turfan ist eine herrliche Oase mit 170000 Einwohnern. Der Uigurenanteil liegt bei 120000, der Rest

*Im Straßengraben*

sind hauptsächlich Han-Chinesen. Die Stadt hat nur einige wenige Straßen und liegt inmitten fruchtbarer Felder. Die Häuser haben vorwiegend ihren eigenen architektonischen Stil behalten, und die meisten Straßen sind mit Bäumen bepflanzt. Die kontaktfreudigen und neugierigen Einwohner leben vornehmlich in Lehmziegelhäusern, die mit einem großen Innenhof versehen und von einer hohen Mauer umgeben sind. Entlang der Straßen verlaufen häufig noch offene Kanäle mit fließendem Wasser, das aus unterirdischen Quellen der Berge stammt und somit sehr wertvoll ist.

Das Turfan-Hotel war eine traumhafte Oase. Es hatte Platz, um unter Weinspalieren zu sitzen, Bier zu trinken und abends die Sterne zu betrachten. Der Lebensunterhalt war hier billig, das Essen gut und die Leute freundlich. Erstmals seit unserem Start in Peking legten wir nun ein paar Ruhetage ein. Turfan ist für Reisende nach wie vor ein bevorzugter Rastort an der Seidenstraße, wie er es seit Jahrtausenden für die Karawanen schon immer gewesen war.

# Uigurische Hochzeit in Turfan

In hübschen bunten Kleidern und lustigen Käppchen fuhren die Menschen auf ihren Eselskarren durch die Straßen. Man konnte einige Exemplare der berühmten Rennesel begutachten, die im Galopp durch die schmalen Gassen preschten. Der islamische Einfluß war bereits überall deutlich zu erkennen. Moscheen mit ihren Kuppeldächern boten dem Auge Abwechslung.

Wegen der Vergaserprobleme führte einer der ersten Wege zu einer Reparaturwerkstatt. Der 25jährige Chefmechaniker Yasif hatte uns freundlich beraten und nach unserem ersten Eindruck auch fachmännisch bedient.

Anschließend lud er uns sogar noch zum Tee ein. Da sein Vater bereits gestorben war, hatte er die Gesamtverantwortung für die Familie. Er bestimmte auch über die persönlichen Belange, die seinen jüngeren zwanzigjährigen Bruder und seine Mutter angingen. Sein Bruder arbeitete in der Werkstatt mit und bekam von Yasif absolutes Rauchverbot verordnet, obwohl er selbst rauchte. Es war für ihn selbstverständlich, sich daran zu halten – eine rundum noch geregelte Welt.

Einen tieferen Einblick in die Geheimnisse dieses aufgeweckten und neugierigen Uigurenvolkes gewährte uns dann die Hochzeitsfeier von Yasifs Freund, auf die er uns spontan einlud.

*Hochzeitsfest in Turfan*

***Abholung der Braut***

Die Musik empfing uns schon am Tor, und es war ein buntes Treiben mit Kommen und Gehen der zahlreichen Gäste. Dabei war dies erst der erste Abend der insgesamt drei Tage andauernden Feier.

Zu Reiseintopf mit Hammelfleisch und Brotfladen wurde üppig Tee und Schnaps getrunken. Die Frauen blieben unter sich, und die Männer tanzten miteinander zum Rhythmus der Trommelmusik. Die Hände schwangen sie locker ausgestreckt nach vorne und nach oben.

Am zweiten Tag wurde die Braut abgeholt, die in China üblicherweise immer ins Haus des Gatten zieht. Mit einem Bus, einem Lkw, einem Jeep und einem Pkw setzte sich der Troß mit Musik in Bewegung, sie abzuholen. Jedesmal wenn wir an einem Mädchen vorbeifuhren, ging traditionsgemäß das große Johlen los, worauf die Frauen sogleich beschämt ihre Gesichter abwendeten. Dies animierte die Musikanten zu heftigen Trommelsolos.

Bis wir die Braut endlich zu Gesicht bekamen, vergingen Stunden. Als wir von der Ladefläche des alten Vorkriegslasters abstiegen, wurden wir mit den Freunden des Bräutigams erst einmal in ein Zimmer des Nachbarhauses verfrachtet und erneut mit üppigen Portionen verköstigt. Dabei war sehr amüsant mitanzusehen, wie die Freunde des Bräutigams ihn aufklärten, was und wie er alles in der folgenden Nacht zu tun habe. Er wurde dabei sichtlich nervöser und schüchterner. Die ganze Nachbarschaft schien den restlichen Tag nichts mehr zu tun zu haben. Sie standen alle herum und amüsierten sich an den unbekannten Gesichtern und der Musik.

Endlich schien sich etwas zu bewegen. Mit lautem Schluchzen schob ein Pulk

Leute auf das Auto zu. Eine mit einem hellen Tuch verschleierte Frau wurde von zwei Begleitern gestützt zum Auto begleitet. Es handelte sich tatsächlich um die Braut.

Ihre Aussteuer wurde in den Bus verfrachtet und mitgenommen. Als das Auto in den Hof ihres neuen Heimes hineinfuhr, wurde erst einmal ein Strohbüschel angezündet, um sie willkommen zu heißen.

Trotzdem war sie kaum aus dem Auto herauszubewegen. Ihr Schluchzen wurde immer heftiger und lauter. Schließlich wurde auf der einen Seite gezogen und auf der anderen Seite geschoben, bis sie endlich draußen war und in das Zimmer der Frauen hineingeführt wurde.

Da sie ihr bisheriges Leben nur zu Hause verbracht hatte und nun bis zu ihrem Tode hier wohnen wird, ist diese Reaktion verständlich. Mitsprache der Frau oder gar öffentliche Frauenrechte werden klein geschrieben in dieser moslemischen Region.

Ihre mitgebrachte Habe, die ein Fahrrad, eine Kommode, ein Bett mit Bettwäsche, einen Teppich für die Wand und den Boden sowie ihre Kleider umfaßte, ist da ein schwacher Trost.

Ihr Bräutigam steuerte für das gemeinsame Zimmer nur einen eintürigen geheimnisvollen Schrank bei, der immer abgeschlossen war. Als ich ihn beobachtete, wie er zufällig wieder einmal sein Geheimnis öffnete, konnte ich sehr überrascht feststellen, daß dieser nur 20 Flaschen Schnaps sowie ein Kofferradio beinhaltete.

Im Bündel, welches die Braut mitgebracht hatte, befand sich auch eine komplett

***Kunsthandwerk, Hochzeitskisten***

neue Garnitur Kleidung für den Herrn Gemahl, die er sogleich anzog. Die viel zu weite und lange Hose wurde vom mitgeschenkten Gürtel gut zusammengehalten, und die neuen Schuhe drücken wohl nur am Anfang. Bestimmt die richtige Grundaustattung für ein langes und zufriedenes Leben, jedenfalls schienen die Leute dort das so zu sehen. Die üblichen ein bis drei Kinder werden bestimmt auch nicht lange auf sich warten lassen.

Am dritten Tag bin ich nicht mehr hingegangen. Statt dessen habe ich die alte Garnisonsstadt Jiaohe besucht. Sie liegt auf einem Felsenplateau, das dreiseitig von tiefen Schluchten umgeben ist. Jiaohe wurde während der Han-Dynastie als Garnisonsstadt errichtet, um die Grenzgebiete zu verteidigen. Die Stadt wurde von den umherziehenden Scharen Ghengis Khans total vernichtet. Deshalb sieht man heute nur noch auf einem Felsen stehende Ruinen.

André hatte es vorgezogen, im Hotel zu bleiben. Dieses Hotel zählt in China nämlich zu den gemütlichsten und günstigsten Herbergen, die vor allem von Langzeitreisenden wie André bevorzugt werden. Nachdem er schon zwei Jahre hauptsächlich in China unterwegs war, hatte er keine Lust mehr, sich noch viel anzusehen. Für uns beide war es außerdem die Gelegenheit, sich für einige Zeit nicht ununterbrochen zu sehen. Ich hatte allerdings keine Probleme, jemanden zu finden, der sofort bereit war, mit mir zusammen dieses Relikt aus der Blütezeit der Seidenstraße anzusehen.

Kurz vor der Weiterfahrt mußten wir noch neue Auspuffrohre besorgen, da am Morgen das rechte vordere Rohr aus unerklärlichen Gründen abgebrochen war. Natürlich waren im Ersatzteillager von Yasif keine vorhanden, da dieser Schaden nur äußerst selten auftritt. Zum Glück gab er sich so freundlich und schlitzohrig, daß er die Krümmer vom Motorrad seines Freundes für uns abmontierte. Zur Beseitigung der Zündprobleme hatte sein Bruder einen neuen Kondensator und Unterbrecher eingebaut. Mir erschien zwar etwas seltsam, daß der Kondensator jetzt außen befestigt war, aber er versicherte uns überzeugend, daß wir keine Schwierigkeiten mit den Vergasern mehr zu erwarten hätten und der Außeneinbau durchaus auch möglich wäre. Dies wollten wir nur allzu gerne glauben.

Bei heißem Gegen- und Seitenwind auf Staub- und Kiesstraßen hatten wir bald wieder mit etlichen Problemen zu kämpfen. Die Vergaser waren kaum noch zu synchronisieren und die Zündung sogar nur noch abwechselnd auf einem Zylinder vorhanden. Neue Vergaser konnten wir in Turfan leider nicht besorgen.

Als dann unsere periodischen Zwangspausen wegen Motorüberhitzung von anfangs 50 auf inzwischen drei Fahrkilometer schrumpfte, war eine umfassende Motorrevision fällig. Die Staubwolken vorbeifahrender Lastwagen störten uns dabei nur noch am Rande. Hauptsache, wir konnten endlich wieder motorradwürdig weiterfahren.

Das Auswechseln beider Vergaser brachte schon erhebliche Verbesserungen. Bei den alten waren die Gaszugfedern ein bis zwei Zentimeter überdehnt und die Gasschiebernadeln am Ende verschlissen. Außerdem mußten zwei Zündkerzen, der Zündverteilerläufer und ein verschmorter Zündkerzenstecker ersetzt werden.

*Uigurische Kinder*

Das Zündproblem war kaum zu lösen. Wir standen schon kurz vor der Verzweiflung und wollten fast aufgeben, da der Fehler einfach nicht zu finden war. Nach Stunden fanden wir endlich heraus, daß der Mechaniker in Turfan den außen eingebauten Zündkondensator zum Inneren einfach parallel geschaltet und somit die Kapazität verdoppelt hatte. Deshalb war auch nur noch für einen Zylinder genügend Zündstrom vorhanden, der lief dann allerdings perfekt.

Als die Kiste danach wieder schnurrte, als ob nichts gewesen wäre, verschwanden schnell wieder die Gedanken, das Motorrad einfach zu verkaufen und mit dem Bus zu fahren.

Abgekämpft erreichten wir spät abends bei Nieselregen den nächsten Truckstop. Nach dem Essen saßen wir noch mit chinesischen Truckdrivern auf ein Bier zusammen. Einer erzählte uns, wie er am Bau des Karakorumhighways, der Hochgebirgsstraße zwischen China und Pakistan, mitgearbeitet hatte und die Pakistani mit geschenkten chinesischen Lastwagen der Marke »Befreiung« nicht viel anfangen konnten, da sie zu reparaturanfällig waren.

Ein anderer hielt ihm entgegen, daß die 50 Jahre alte Technik viel besser als die der modernen Importware wäre. Denn für das neue Gerät wie Mitsubishi oder Isuzu beispielsweise müßten für Reparaturen teure Experten hergeholt werden, weil man selbst nichts mehr ausrichten kann. So wogte die Diskussion heftig hin und her, wir waren schließlich zu müde und gingen vor der endgültigen Lösung dieses Problems ins Bett.

Der nächste Tag fiel zur Abwechslung einmal ganz aus der Rolle. Auf gut asphaltierter Straße ging es flott vorwärts, und die Landschaft zeigte sich von einmaliger Schönheit. Rechts zogen sich schneebedeckte 5000 Meter hohe Gebirgszüge und links die bis zum Horizont reichenden Ebenen der Steinwüste hin.

Alle 50 bis 100 Kilometer durchquerten wir uigurische Dörfer und kosteten von den schmackhaften Nudel- und Hammelfleischgerichten. Dabei fiel uns gar nicht auf, daß wir seit unserer Abfahrt erst zum zweitenmal einen Tag ohne Reparaturen hatten. Dies waren dann die Momente, in denen wir unsere kleine Abenteuerreise in vollen Zügen genossen. Es war ein einzigartiges Gefühl, frei durch die Landschaft zu fahren.

Abends hatten wir mit Straßenbauarbeitern noch ein gemütliches Beisammensein. Sie spielten Gitarrenmusik, sangen etwas traurig klingende Lieder und rauchten ihre mit Haschisch getunte Wasserpfeife. Sie gehörten zu jenen Leuten, die nicht in die Schablonen der Regierung paßten oder wegen irgendwelcher Straftaten in die Arbeitslager entfernter Gebiete geschickt wurden. Da sie uns nicht gut kannten, waren sie etwas mißtrauisch und erzählten nicht sehr viel. Sie genossen es dennoch sichtlich, mit uns zusammenzusitzen.

# Flucht mit einem Kohlelaster

Als wir am folgenden Tag einmal kurz anhielten, um den Benzinhahn und eine Vergaserschraube abzudichten, brauste plötzlich ein Auto heran und machte eine Vollbremsung dicht neben uns. Wir ahnten noch nicht, daß diese Begegnung mit der Polizei uns drei Tage kosten würde.

Später erfuhren wir, daß uns ein Lastwagenfahrer bei der nahen kleinen Polizeistation gemeldet hatte. Die in China oft noch weit verbreitete Denunziation konnten wir diesmal am eigenen Leib verspüren.

Es wurde natürlich gleich die Schlußfolgerung gezogen, daß Ausländer nicht mit eigenem Fahrzeug in China herumfahren dürfen. Dies war zumindest der Standpunkt, der unabrückbar festzustehen schien, obwohl die Hüter des Gesetzes uns keine gesetzlich zutreffenden Vorschriften vorzeigen konnten.

Als sie uns nur heißes Wasser ohne Teeblätter angeboten hatten, war schon klar, daß die Staatsdiener an keiner kulanten Lösung interessiert schienen. Sie wollten sich anscheinend unbedingt einen Orden verdienen. Wir mußten erst einmal vier Stunden auf eine Polizeidelegation von der zurückliegenden Stadt Aksu warten.

Eine junge Dolmetscherin spielte sich dabei als wichtigste Person auf. Sie wollte sich unbedingt profilieren, hielt uns irgendwelcher Vergehen für schuldig, übersetzte nur, was und wie sie wollte, und kapierte nicht einmal, daß wir mit einem Motorrad unterwegs waren. Diese Dame schlug fortwährend vor, unser »Fahrrad« auf einen Überlandbus zu verladen, obwohl wir oft genug erklärten, daß ein Gespann von über 600 Kilogramm Gewicht nicht auf einen Bus zu verladen sei. Als sie später vor dem Gespann stand, fragte sie immer noch, wo denn das Fahrrad sei.

Wir verteidigten uns damit, daß es überhaupt keine Gesetze gäbe, die es uns verbieten, mit unserem in China ordnungsgemäß zugelassenen Fahrzeug frei herumzufahren. Ich hätte zudem auch einen chinesischen Führerschein und einen Empfehlungsbrief meiner Pekinger Universität. Mein chinesischer Paß mit Resident-Status grenzte mich außerdem von normalen Touristen ab, denen es auf jeden Fall verboten zu sein schien, alleine herumzufahren.

Schließlich machte André ihr überdeutlich klar, daß sie nicht einmal ihre eigenen Vorschriften kennt und, nur um ihr Gesicht nicht zu verlieren, uns schikaniert und festhält.

Wenn ein Chinese vor anderen Leuten oder Freunden bloßgestellt wird oder einen groben Fehler zugeben müßte, quasi sein Gesicht verliert, ist es für ihn so ziemlich das Schlimmste, was ihm passieren kann. Deshalb wird mit allen Mitteln versucht, diese Peinlichkeit möglichst zu verhindern.

Wir mußten wieder einmal erleben, daß solange auch nur einer gegen eine kulante Lösung ist, die anderen nicht bereit sind, grünes Licht zu geben. Die Aussage von André war zuviel. Mit unseren Papieren fuhr die PSB-Abordung nun zurück zum 50

*Stolzer Brotverkäufer*

*Mädchen*

Kilometer entfernten Hauptrevier. Dort führten wir dann unsere Verhandlungen noch einen weiteren kompletten Tag fort.

Nun zitierten sie eine interne Vorschrift 12b, die uns eindeutig das Vergehen nachweisen sollte. Diese Vorschrift wollten wir jedoch nicht akzeptieren, da sie einer Version von 1985 entsprach, im Gegensatz zur viel liberaleren und jetzt gültigen vom Dezember 1986. Die Situation wurde immer verfahrener.

Schließlich kam es noch so weit, daß die Polizisten sich untereinander in die Haare kriegten. Die Dolmetscherin wollte uns um jeden Preis festnageln, während uns die anderen ziehen lassen wollten.

Sie kämpfte mit allen Mitteln gegen jegliche Lösungsvorschläge, obwohl es keine eindeutigen Bestimmungen gegen uns gab. Wir verzichteten inzwischen darauf, ihre Dienste in Anspruch zu nehmen, und verhandelten nur noch direkt auf Chinesisch mit den anderen Beamten. Zum Glück kamen gelegentlich vernünftigere Leute hinzu, die das Ganze nicht so verbissen sahen und sich offensichtlich für uns einsetzen wollten. Einem davon zeigte ich dann meinen letzten Joker: den Empfehlungsbrief meiner Universität.

Er sagte schließlich, daß sie uns gleich hätten ziehen lassen, wenn ich ihn früher vorgezeigt hätte. Dies hatten wir allerdings bereits bei den fünf zuvor nach und nach vorgelegten Papieren auch gehört. Trotzdem bestand unsere spezielle »Freundin« darauf, sich telefonisch Anweisungen aus der Provinzhauptstadt Urümqi zu holen.

Inzwischen sollten wir uns im örtlichen Hotel niederlassen. Nur mit Mühe konnten wir unsere Yangtse aus dem Polizeigewahrsam befreien, da es zumindest nicht bezweifelt wurde, daß wir in dieser für Ausländer offiziell geöffneten Stadt herumfahren dürften. Das Hotelpersonal bekam allerdings zur Auflage, sofort zu melden, wenn wir plötzlich Koffer packen und abreisen würden.

Aus Urümqi kam jedoch keine Antwort, da am Vortag das Regierungsgebäude von Demonstranten demoliert worden war. Im Abendprogramm des Fernsehens konnten wir mitansehen, daß sich die Studentenunruhen inzwischen über alle chinesische Universitäten ausgebreitet hatten und die Situation im ganzen Land sich immer mehr zuspitzte. Da meine ehemalige Pekinger Universität von Anfang an sehr aktiv mitmischte, hielt man uns wohl für Nachrichtenkuriere. Aus den gestellten Fragen war dies ziemlich klar herauszulesen. Sie wollten immer wieder wissen, wo wir hinfahren möchten und wann und wo wir jeweils übernachteten.

Um nicht nach Peking zurückgeschickt zu werden, erzählten wir, daß wir nur noch in die nächste 400 Kilometer entfernte Stadt Kashgar fahren möchten, da mein Freund und Motorradmiteigentümer dort auf uns wartete. Dies wäre auf jeden Fall unser Endziel. André hatte nur ein Touristenvisum und durfte deshalb nur als zufällig mitreisender Freund ausgegeben werden. Jetzt wollten sie allerdings Genaueres über den Freund in Kashgar wissen. Von besonderem Interesse war, ob es sich dabei um einen chinesischen oder ausländischen Studenten handelte. Wir wußten leider noch zu wenig über die wirklichen aktuellen Vorkommnisse der Studentenbewegung.

Immer wieder wollten sie unsere letzte Übernachtungsstätte herausbekommen.

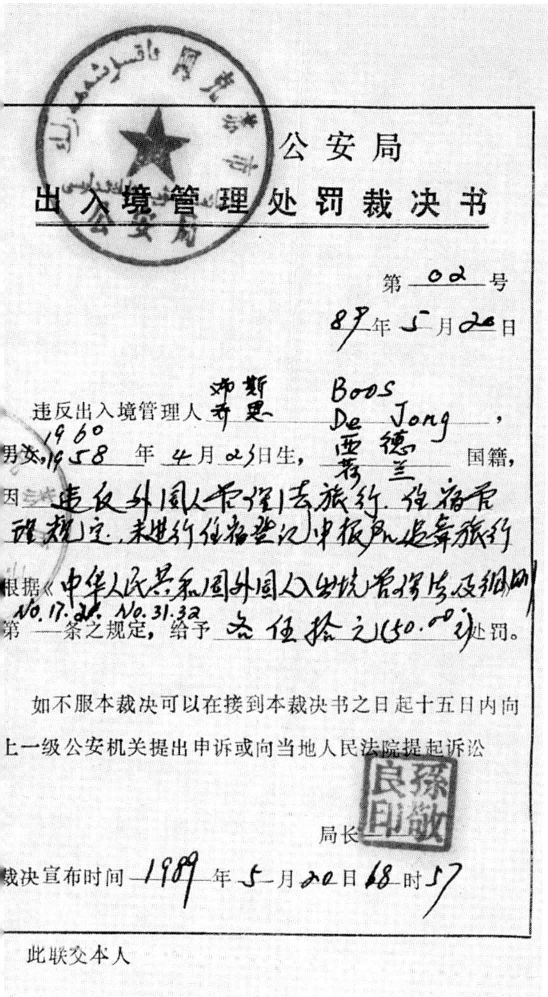
公安局

出入境管理处罚裁决书

第 02 号

89年5月20日

违反出入境管理人 Boos De Jong，

男女 1958 年 4 月 23 日生，国籍，

因 违反外国人管理法旅行，住宿管理规定，未进行住宿登记申报及非法旅行

根据《中华人民共和国外国人入出境管理法及细则》No. 17. 24. No. 31. 32 第 条之规定，给予 伍佰拾元(50.00元) 处罚。

如不服本裁决可以在接到本裁决书之日起十五日内向上一级公安机关提出申诉或向当地人民法院提起诉讼

局长 孫敬良印

裁决宣布时间 1989 年 5 月 20 日 18 时 57

此联交本人

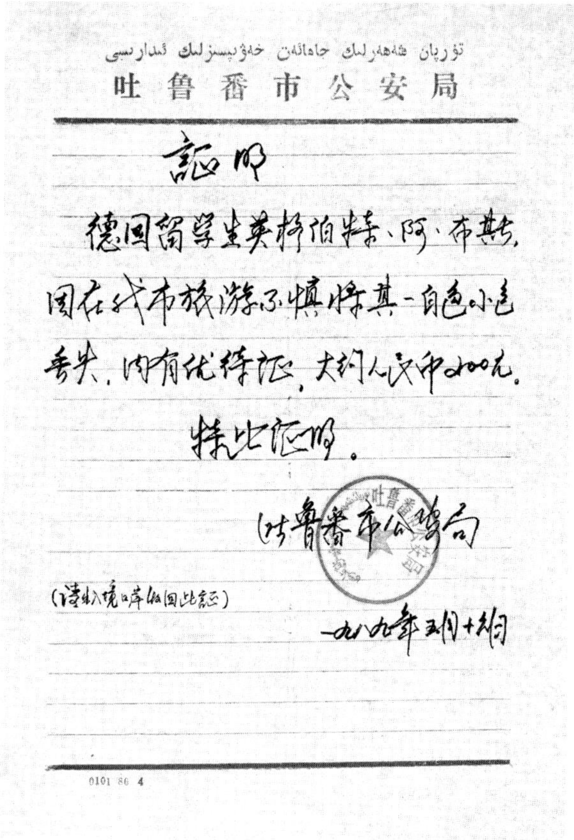
吐鲁番市公安局

证明

德国留学生英格伯特·阿·布斯，因在我市旅游不慎将其一白色小包丢失，内有外汇券，大约人民币200元。

特此证明。

吐鲁番市公安局

（请出入境时作回此证）

一九八九年五月廿八日

0101 86 4

**Polizeiprotokolle**

Da wir nur in offenen Städten übernachten durften, mußten wir sagen, daß wir in einem Truckstop dieser Stadt übernachtet hätten, aber leider nicht mehr den Weg dorthin fänden. Denn es wäre bereits schon Nacht gewesen, als wir ankamen.

Wir befanden uns in der fatalen Situation, daß einerseits keine Registrierung, die üblicherweise jedes Hotel vornimmt, bei der PSB-Polizei vorlag und andererseits wir nicht verraten durften, auf freier Landstraße übernachtet zu haben.

In der Anklageschrift wurden wir dann zu 50 RMB verurteilt, weil wir uns nicht im Hotel registriert hätten und durch ein geschlossenes Gebiet gefahren wären. Es tauchte darin allerdings kein Wort darüber auf, daß wir überhaupt nicht fahren dürften.

Anschließend bekamen wir unsere Papiere zurück und die Information, daß sie sich nach dem bevorstehenden Wochenende Gedanken um den Weitertransport unserer Yangtse machen wollten. Sie würden sich um einen Lastwagen kümmern. Dies hatten sie jedoch schon lange genug erfolglos bei den beiden örtlichen Transportunternehmen versucht. Als Hauptproblem stellte sich heraus, daß offiziell in westlicher Richtung kein Lastwagen günstig gechartert werden konnte. In diese entlegenen Gebiete des äußersten Westens waren nämlich alle Transporter bereits total überladen. Daher erklärte sich auch keiner bereit, eine derart unlukrative Fracht mitzunehmen. Sie hatten bereits alle der Polizei eine Absage erteilt. Nur in die entgegengesetzte Richtung gab es leere Lkw und eher Bereitschaft, ein Motorrad mitzunehmen. Dies wollten wir um jeden Preis vermeiden.

Die Verhältnisse erinnerten an die Zeit während der Kulurrevolution. Wir entschlossen uns jedenfalls, die Sache wieder selbst in die Hand zu nehmen und Aksu so schnell wie möglich zu verlassen.

Alle Lastwagenverladestationen klapperten wir ab, um einen geeigneten Partner zu finden. Immer wieder bekamen wir den Tip, einfach nachts loszufahren. Der 50 Kilometer hinter der Stadt liegende Checkpoint wäre meist sowieso nicht besetzt. Das Risiko für unser Gesamtunternehmen erschien uns aber zu groß, da sie uns dort schon das letzte Mal bereits erwischt und tagelang festgenagelt hatten.

Abends fanden wir schließlich ein paar Chinesen, die unser Motorrad durch den Checkpoint fahren wollten. Wir könnten dabei in ihrem Auto mitfahren, sagten sie, denn sie hätten sowieso ein paar Motorräder in die nächste Stadt zu bringen. Am nächsten Morgen sollten wir uns melden, um dann gemeinsam abzufahren.

Als es endlich soweit war, konnte ich von ihnen plötzlich niemanden mehr aufstöbern und erst nach langem Suchen wieder finden. Von unseren Abmachungen wollten sie allerdings jetzt nichts mehr wissen. Ein Polizeispitzel vom Hotel hatte nämlich davon Wind bekommen, sie abgeschreckt und uns vorsichtiger werden lassen. Trotzdem wollten wir nichts unversucht lassen und den arbeitsfreien Sonntag ausnützen, um hier weg- und weiterzukommen.

An der Hauptstraße stoppten wir verschiedene durchfahrende Lastwagen und appellierten an den Geschäftssinn der Chinesen, ob sie uns unter bestimmten Bedingungen nicht mitnehmen würden. Wir waren bereit, eine erhebliche Summe zu finanzieren.

Schon bald fanden wir den richtigen Partner. Es war ein Aushilfsfahrer mit einer Ladung Kohle auf dem Weg nach Kashgar. Statt der üblichen drei Tage war er bereits zehn Tage unterwegs und hatte sein ganzes Geld für Reparaturen ausgegeben. Für die 400 Kilometer weite Reise vereinbarten wir umgerechnet 50 DM, zahlbar bei Ankunft in Kashgar. Für ihn entsprach dies mehr als einem Monatslohn.

Er war gerade dabei, mit einem anderen Tramper schon handelseinig zu werden. Unser lukratives Angebot warf diesen jedoch schnell aus dem Rennen. Manchmal muß man eben zu solchen unlauteren Methoden greifen, um weiterzukommen.

Zuerst mußten wir noch unauffällig das Gepäck aus dem Hotel herausholen. Wie schon seit Tagen üblich, fuhren wir immer wieder lässig gekleidet in den Hotelhof hinein und heraus. Diesmal ging es jedoch im Hotelhof zum Hinterausgang des Schlaftraktes hinaus.

*Flucht auf dem Kohlelaster*

Schnell schleppten wir das Gepäck durch den Heizungsraum hinaus zum Motorrad. Nur persönliche Dinge von André blieben zurück, um keinen Verdacht zu wecken. Schließlich mußten wir rechtzeitig noch die 50 Kilometer zum Checkpoint schaffen, wo wir das letzte Mal aufgeflogen waren. So unauffällig wie möglich verließen wir in gewohnter Manier die Pforte des Hotelhofes zur Hauptstraße. In einem nahe gelegenen Baulager fanden wir schnell eine geeignete Grube zum Aufladen unserer Yangtse. Den verbleibenden halben Meter Höhenunterschied über die Bordwand glichen wir mit zwei Planken aus, die wir vom Dach eines Schuppens leihweise abmontierten.

Nachdem wir unser Motorrad unauffällig zwischen den Kohlebrocken verstaut und unter einer Plane versteckt hatten, waren wir bereit loszufahren. Der beladene Truck kam jedoch nicht mehr mit eigener Kraft aus der Grube heraus. Der Untergrund aus Sand und Kies war zu schlüpfrig, der Motor zu schwach, und die Reifenprofile nur noch andeutungsweise oder überhaupt nicht mehr vorhanden. Verzweifelt trat der Fahrer mit seinen Badeschlappen auf die Brems-, Gas- und Kupplungspedale gleichzeitig, unter Einsatz seines ganzen Körpergewichtes.

Erst ein zu Hilfe gerufener Traktor mit Hänger konnte uns dann bereits beim zweiten Versuch herausziehen. Sein Hänger schwebte dabei einen halben Meter in der Luft, und ich befürchtete schon, daß die Hinterachse abreißen würde. Aber in China ist so etwas »mei you wenti«, quasi kein Problem.

Endlich konnte ich mit meiner Yangtse Aksu verlassen. André wollte am nächsten Tag den Bus nehmen, um keinen Verdacht zu erwecken. Am kritischen Checkpoint versteckte ich mich vorsichtshalber in der Fahrerkabine, denn ich wollte um keinen Preis entdeckt werden und nochmals Ärger bekommen oder hier unsere Reise endgültig beenden müssen. Die Station war am heutigen Sonntag jedoch tatsächlich nicht besetzt.

Daß unser Bike doch relativ gut lief, konnte ich bei dieser Lastwagenfahrt feststellen. Denn dessen Ventile klapperten, der Ölverbrauch war immens, die Durchschnittsgeschwindigkeit betrug nur 15 Stundenkilometer, und obwohl jede Stunde eine Abkühlpause für die Reifen eingelegt wurde, hatten wir einen Platten und der letzte Ersatzreifen war weg. Unserem Motorrad ist während der ganzen Fahrt erstaunlicherweise zumindest eine Reifenpanne erspart geblieben.

Während dieser Zweitagestour erfuhr ich einiges aus dem Leben chinesischer Truckdriver. Sie verdienen 120 RMB im Monat, was ungefähr 50 DM entspricht, und haben hierfür abwechselnd drei Tage lange Touren und Ruhepausen, die sie allerdings für Reparaturen und Fahrzeugwartung brauchen.

70 RMB wird für Essen, 20 RMB für Rauchen und zehn RMB für Wohnen ausgegeben. Tramper bringen einen willkommenen Nebenverdienst. Sonst würde das Geld nicht weit reichen. Die Familie meines Truckdrivers wohnte in Xian, und er wurde zur Ausbildung für Fahrzeugtechnik hier an das andere Ende Chinas geschickt. Zwei Jahre muß er in dieser für ihn völlig fremden Welt durchstehen. Fast 5000 Kilometer weg von zu Hause, wie er mir wehmütig erzählte.

Plötzlich wurden wir wieder an einem Checkpoint angehalten. Sie wollten Auskunft über die Ladung. Der Fahrer schrie laut »mei, mei«, was so viel wie Kohle hieß. Trotzdem wollten sie noch wissen, was unter der Plane steckte.

Ich bereitete mich schon auf die nächsten Schwierigkeiten vor, während der Fahrer seine Badeschlappen aus- und die Turnschuhe dafür anzog, um beim Aussteigen einen guten Eindruck zu machen.

Kurz später kam er jedoch wieder zurück, und wir konnten weiterfahren. Er hatte einfach erklärt, daß es sich um ein defektes Motorrad handelte, welches er nach Kashgar zu bringen hätte. Mich hatten sie zum Glück auf dem Beifahrersitz nicht als Ausländer erkannt.

Abends stellte ich wieder fest, wie sich unser Ruf über die Seidenstraße ausbreitete. Ich wurde gefragt, wo denn mein Partner wäre, denn sie hätten von uns gehört. Während unserer ganzen Route wurden wir immer wieder von Leuten angesprochen, die uns in einer Stadt oder sonst wo schon einmal gesehen oder nur von uns gehört hatten. Dies gab uns dann das Gefühl, überall Freunde zu haben. Sonst hätten wir uns wohl nicht so gut durchschlagen können.

In Kashgar suchten wir dann einen guten Abladeplatz bei Freunden des Fahrers und genügend Helfer, um unsere Yangtse wieder sicher auf die Erde zu setzen. Sie halfen auch, die abgeschraubten Teile wieder zu befestigen.

Der Fahrer weigerte sich allerdings anfangs strikt, in eine Grube zum Abladen hinunterzufahren, obwohl der Untergrund wesentlich fester als in Aksu war und er den Hänger abkuppeln konnte. Schließlich sah er ein, daß eine an den Laster steil angelehnte alte Holztüre nicht ausreichen konnte, das rund 600 Kilogramm schwere Bike damit herunterzuholen.

# Kashgar – Eine Stadt aus 1001 Nacht

Während der Blütezeit der Seidenstraße war Kashgar von großer Bedeutung. Bereits Marco Polo berichtete auf seiner Reise nach China ausführlich darüber. Damals war Kashgar eine relativ große Ansiedlung am Rande eines großen Niemandslandes. China existierte am anderen Ende der geheimnisumwitterten großen Sandwüste Taklamakan. Für die Händler Zentralasiens und Europas war Kashgar meist das Ende ihrer Reise. Die westlichen Waren wurden hier von den Uiguren gegen chinesische Erzeugnisse gehandelt. Der westliche Weg von Indien führte über Gilgit und das Hunza-Tal nach Kashgar. Die Händler mußten bis vor wenigen Jahrzehnten von der letzten indischen Eisenbahnstation noch eine fünf- bis sechswöchige Reise über 6000 Meter hohe Pässe auf sich nehmen.

Der Forscher Peter Flemming hatte 1935 auf seiner Reise von Peking nach Kashgar fünf bis sechs Monate auf Kamel- und Eselsrücken zugebracht. Das

*Moschee in Kashgar*

***Straßenidylle von Kashgar***

Entzücken bei seiner Ankunft war unbeschreiblich. Als er nach beinahe einem halben Jahr erstmals wieder ein Bad genoß, meinte er, daß Entdeckung ein wunderbarer Prozeß sei, aber, etwas wiederzuentdecken, sei noch besser. Flemming bezeichnete die Stadt als »tatsächlich von der russischen Geheimpolizei, russischen Beratern und dem Sowjetischen Konsulat regiert«. Viele der offiziell besetzten Positionen seien »nur Masken«. Der Rest der Gemeinde bestand aus dem britischen Konsul, seiner Frau, ihren 15 Hunza-Wächtern aus dem Norden Pakistans und einem schwedischen Missionarsehepaar.

Der Kontakt zu der Sowjetunion war für Kashgar aus ethnischer, sprachlicher, religiöser, geographischer und kultureller Hinsicht stärker als der zu China. Obwohl die Postläufer den Weg nach Peking sogar innerhalb von zwei Wochen schaffen konnten, war die russische Eisenbahnlinie in Osh leichter erreichbar. Im Handel mit der Sowjetunion transportierten sie mit Kamelkarawanen Wollballen und andere Güter nach Westen und Ladungen von russischen Zigaretten, Streichhölzern und Zucker nach Kashgar zurück.

Das heutige Kashgar hat zwar den größten Teil dieses romantischen Aspekts der 30er Jahre verloren, es bietet allerdings noch viele Spuren dieser vergangenen Zeit.

Nachdem ich mich im Hotel registriert hatte, fuhr ich gleich zum Busbahnhof, um Andrés Ankunft abzuchecken. Obwohl das Personal mir versicherte, daß der Bus schon länger angekommen und mein Freund bestimmt nicht dabei gewesen sei, schaute ich mich vorsichtshalber noch etwas herum, um ganz sicherzugehen. Kurz bevor ich losfahren wollte, stieg er dann aus dem gerade ankommenden Bus, und wir freuten uns riesig, den Ärger mit Aksu hinter uns zu haben.

Die letzten 400 Kilometer durch das gut kontrollierte Grenzgebiet nach Pakistan hatten wir allerdings noch vor uns. Zuerst wollten wir uns aber noch einige Tage ausruhen und die Yangtse warten.

Die Straßen waren voll von Eselsfuhrwerken und hektischer Betriebsamkeit. Das Handwerk hatte sich die letzten Jahrhunderte augenscheinlich kaum verändert. Kesselflicker saßen neben Hutmachern und Scherenschleifern. Dazwischen lockten kleine Eßstuben mit Reis- oder Nudelgerichten und Hammelfleisch. Man durfte sich allerdings nicht zu sehr daran stören, daß meist mit den Fingern gegessen wurde und europäische Hygienevorstellungen nicht Standard waren.

Jeden Sonntag ist Markttag und Treffpunkt für die Leute aus der ganzen Umgebung. Dies soll angeblich sogar der größte Markt Asiens sein. Dabei konnte man beispielsweise zusehen, wie Pferde oder Gebrauchtmotorräder in Augenschein genommen und hart um den Preis gefeilscht wurde. Dieser Markt war neben dem Mausoleum eine Hauptattraktion, die man auf jeden Fall gesehen haben mußte.

Im Oasiscafe, dem Insidertreff der Rucksacktouristen, holten wir uns neueste Informationen. Da wir bisher fast nur durch Gebiete fuhren, die von Ausländern selten besucht werden, hatten wir diesbezüglich ein erhebliches Defizit.

Schockiert mußten wir erfahren, daß in Peking inzwischen Kriegsrecht herrschte und zahlreiche Studenten in den Hungerstreik traten. Sie wurden ungefragt in Krankenhäuser eingeliefert und zwangsernährt, eine der üblichen chinesischen Methoden. Wir hatten sogar Glück, seit fast sechs Wochen erstmals telefonisch Martin in Peking zu erreichen und Einzelheiten der sich täglich zuspitzenden Unruhen zu erfahren. Er teilte uns schließlich mit, daß praktisch keine Chance mehr bestand, mit Ron zusammen aus Peking herauszukommen und die Tour starten zu können. Dies bedeutete für uns, möglichst schnell die Grenze zu erreichen, um China noch problemlos verlassen zu können.

Im Cafe konnten wir außerdem in Erfahrung bringen, daß bis zur Grenze drei Checkpoints zu überwinden wären. Beim ersten von ihnen müßte sich jeder mit dem Reisepaß registrieren lassen. Dies blieb unsere vorerst größte Sorge. Zudem wußten wir nicht, ob die Polizei von Aksu eine Fahndungsmeldung nach Kashgar weitergeleitet hatte oder die Polizei hier von sich aus auf uns aufmerksam werden würde.

Unser italienischer Freund, der bereits vor zwei Jahren diese Route ähnlich gefahren hatte, fiel schließlich hier beim Ersatzteilkauf der PSB-Polizei auf. Erst nachdem von Peking Weisung eingeholt worden war, durfte er die letzten 400 Kilometer noch weiterfahren.

Wir waren allerdings vorher schon öfters erwischt, ermahnt und zurückgeschickt worden, und die politischen Probleme wurden von Tag zu Tag schwieriger und verworrener. Wir konnten nicht ahnen, daß auch in Kashgar die Universität bereits bestreikt wurde und eine Woche später das Massaker in Peking stattfinden würde. Wir zogen deshalb gefühlsmäßig vor, mit dem Motorrad so wenig wie möglich aufzufallen und doch nicht zu lange zu bleiben.

*Oben: Sonntagsmarkt* *Unten: Probereiten und Schafehandel*

Die im Hotel wohnenden pakistanischen Händler gaben Tips, wie wir uns durch die Kontrollen des Grenzgebietes durchschlagen könnten. Vorausgesetzt natürlich, daß zumindest unsere Yangtse in dieser unwegsamen hohen Gebirgsregion des Karakorums keinen Ärger bereiten würde. Lastwagen haben nämlich nur mit Sondergenehmigung Zutritt und versorgen meist die stationierten Grenztruppen. Eine günstige Mitfahrgelegenheit wie in Aksu konnte deshalb kaum erwartet werden.

Das Programm für den ersten Tag war deshalb keine Frage. Wir kümmerten uns erst einmal um das technische Wohlbefinden unseres Motorrades. Ein Riß im Seitenwagenchassis mußte mit einem Flacheisen geflickt und die komplette Elektrik wieder in Funktion gesetzt werden. Zudem mußten wir feststellen, daß der Regler nicht mehr schaltete und die Kohlenbürsten und der Kollektor der Lichtmaschine nach nur 2000 Kilometern schon wieder am Ende waren. Mühselig feilte André wieder neue Rillen hinein, um unseren Ersatzgenerator noch etwas zu schonen. Die Batterie schien die Lichtmaschine zunehmend zu belasten. Das Hotelzimmer sah wieder aus wie eine Werkstatt. Überall lagen Ersatzteile und Werkzeug herum. Wir nutzten natürlich die letzte Gelegenheit des Ersatzteilkaufes, um die 2000 Kilometer durchs Hochgebirge des Karakorums und weiter nach Deutschland nicht deshalb abbrechen zu müssen. Glücklicherweise konnten die wichtigsten Teile noch besorgt werden. Die nahezu doppelt so hohen Preise wie in Peking nahmen wir dafür gerne in Kauf. Wir stockten unseren Vorrat um zwei neue Vergaser, drei Paare Generatorkohlenbürsten, einem Paar Auspufftöpfe und diverses Kleinzeug wie Birnen und Dichtungen auf.

Zum letzten Mal mußten wir den inzwischen zur Gewohnheit gewordenen Kampf

*Lichtmaschinenrevision im Hotelzimmer*

ums Benzin aufnehmen. Vor allem das nur alle 500 Kilometer vorhandene 90er Oktanbenzin erforderte größere Gefechte.

Zuerst mußte lange herumgefragt werden, um die oft einzige Tankstelle der Stadt herauszufinden. Danach waren verschiedene Leute durchschnittlich eine halbe Stunde lang zu überreden, bis sie schließlich 30 bis 40 Liter herausrückten. Der am Tor stationierte bewaffnete Wachposten paßte stets darauf auf, daß kein unerlaubtes feuergefährliches Gut wie ein »Motorrad« bis zur Zapfsäule vordrang.

Bestenfalls durften wir es ohne laufenden Motor hineinschieben. Das war jedoch noch mühsamer als das vorschriftsmäßige Abfüllen mit einer Kanne, die bis zu 100 Meter zum Motorrad geschleppt werden mußte.

In Kashgar kam sogar noch eine Sicherheitsstufe mehr dazu. Der Tankwart fragte mich, als wir mit zwei leeren Ersatzkanistern in den Händen auf dem 500 Meter langen Weg zur Zapfsäule waren, ob ich Zigaretten in der Tasche hätte. Diese müßte ich nämlich am Tor abgeben, und da der eigentliche Chef gerade nicht da war, mußte ich außerdem noch mit meiner Paßnummer schriftlich bestätigen, daß sie mir 32 Kilogramm Benzin verkauft hatten.

Daß an den Zapfsäulen zwar immer in Litern abgefüllt, aber die Rechnung trotzdem in Kilogramm abgerechnet und bezahlt wurde, konnte ich neben vielen anderen Dingen auch nicht verstehen. Zudem war das schlechtere 70er Oktanbenzin, welches nur die normalen Leute und Bauern kaufen konnten, ungefähr dreimal teurer als das bessere 90er Oktanbenzin für die Importautos und deren relativ reiche Besitzer.

Dies waren eben die kleinen Ungereimtheiten, die man besser nicht hinterfragt und so hinnimmt, wie sie sind.

Falls ein neugieriger Ausländer trotzdem solche nach außen hin nicht sehr logisch erscheinende Zusammenhänge kritisch betrachtet, bekommt er immer nur die gleiche Antwort, nämlich die, daß es sich einfach um eine »Guiding« handelt, was soviel wie eine von oben her verordnete Vorschrift bedeutet, die unbedingt einzuhalten ist.

# Auf dem Karakorum-Highway durch den westlichen Himalaya

Ausgeruht verließen wir Kashgar in Richtung Karakorum-Gebirge, dem Höhepunkt unserer Reise.

Dieser Gebirgszug am westlichen Ende des Himalaya verläuft vom südwestlichen Xinjiang ins nordöstliche Kashmir und ostwärts bis nach Nordtibet. Die Berge sind durchschnittlich 6000 Meter hoch und reich an Schneegipfeln und riesigen Gletschern. Vier Achttausender und zahlreiche Siebentausender krönen den Gebirgszug. Der im Grenzland zwischen Pakistan und China gelegene K-2 ist mit 8611 Metern Höhe der zweithöchste Berg der Erde.

Viele dieser namenlosen Giganten sind wohl noch nie von einem Bergsteiger bezwungen worden und bezaubern durch ihren atemberaubenden Anblick. Die an den Südabhängen gebildeten Gletscher zählen zu den gewaltigsten der Erde: mit einer Länge von bis über 50 Kilometern und Eismassen von mehreren hundert Metern Dicke. Nur in den Polargebieten gibt es mehr Eis und Gletscher. Die Nordhänge sind hingegen weitgehend trocken und vegetationslos.

Die Karakorumtäler quellen im Frühling trotzdem über von üppiger Vegetation.

*Karakorum-Highway* *Rechte Seite: Gletscher*

Tannen- und Fichtenwälder findet man genauso wie Obstbäume mit Aprikosen, Äpfeln, Walnüssen und Pfirsichen.

Der 1985 erst für Ausländer geöffnete Karakorum-Highway, eine in jeder Hinsicht bauliche Meisterleistung, führte auf chinesischer Seite noch 400 Kilometer durch diese zauberhafte Landschaft. Der 4800 Meter hohe Kunjerabpaß bildete für uns die höchste und letzte Station auf chinesischem Territorium.

Vorher mußten jedoch verschiedene Checkpoints überwunden und ein höhengerechtes Tuning unseres Motors vorgenommen werden. Als wir die ersten Berge erreicht hatten und in eine Schlucht einbogen, kam der erste Schlagbaum schon in Sichtweite.

André wußte noch von früher – er war vor zwei Jahren bereits hier vorbeigekommen –, daß sich jeder in dem kleinen Häuschen neben der Straße registrieren lassen mußte. Zielstrebig fuhren wir an einer größeren Gruppe von Grenzsoldaten vorbei und gingen gleich ins Häuschen, die Papiere in der Hand.

Wir versuchten, eine Konversation so weit wie möglich einzuschränken, um keinen auf dumme Gedanken oder zweifelnde Schlußfolgerungen zu bringen. Bei rund 20 Beamten in China erfahrungsgemäß keine Selbstverständlichkeit.

Äußerlich verhielten wir uns, als ob wir von Deutschland nach Frankreich oder Österreich die Grenzen überschreiten würden. Innerlich waren wir jedoch alles andere als die Ruhe selbst. Wir verdrängten einfach alle anderen theoretischen Möglichkeiten und hofften, daß sich die Beamten hier bestimmt keinen zusätzlichen Ärger aufhalsen möchten und gar nicht damit rechneten, daß mit uns irgend etwas nicht seine Ordnung haben könnte.

Prompt öffnete sich für uns zwei Minuten später die Schranke, und wir fuhren, was die Kiste hergab. Wir konnten kaum glauben, diese Kontrolle so problemlos überwunden zu haben. Uns fielen einige Steine vom Herzen.

Vor der eigentlichen Grenze und dem anderen Checkposten hatten wir jetzt weniger Bedenken. Nachdem der erste Posten uns problemlos durchfahren ließ, mußte der zweite nun wohl annehmen, daß alles seine Richtigkeit habe und wir bestimmt weiterfahren dürften. An der Grenze selbst lag der kritischste Teil der Reise dann sowieso hinter uns, und das Risiko schien sehr gering, zurückgeschickt zu werden.

Wie sich herausstellen sollte, freuten wir uns fast schon zu früh. Wenige 100 Meter nach diesem kritischen Kontrollpunkt war der Elan der Yangtse zu Ende, und wir mußten auf zirka 3500 Metern Höhe eine Verschnaufpause einlegen. Der Motor röchelte wie ein alter Mann mit Keuchhusten und stotterte, als ob er Fehlzündungen hätte. Im dritten und vierten Gang zeigte er zudem kaum noch Leistung.

Noch bevor wir den Luftfilter abmontiert hatten, stand natürlich schon eine Polizeistreife neben uns. Innerlich stellten wir uns schon auf eine neue Kampfrunde ein. Sie fragten allerdings nur: »What's the problem?« und »Can we help you?«. Dankend lehnten wir ab und versuchten, sie möglichst schnell loszuwerden, was zum Glück auch gelang.

Danach konnten wir die Schönheit dieser unberührten Natur innerlich befreit

*Oben: Zwei Hunza-Frauen* *Unten: Neugierige Kinder im Reich der Hunza*

genießen. Endlich wieder in Fahrt, wechselten sich malerische Gebirgsketten und traumhaft schöne Hochebenen ab. Selten begegneten wir einem Lastwagen oder Menschen. Wir konnten eine extrem saubere Luft atmen und immer wieder Yak, Bergziegen-, Schaf- oder Kamelherden sehen. Die Menschen waren neugierig, aber zurückhaltend und erschienen uns wie aus einer Märchenwelt.

Man konnte sich gut vorstellen, wie die alten Karawanen jahrtausendelang hier bei ewig gleichem Panorama vorbeizogen. Es ist zweifellos eines der letzten fast unberührten Naturgebiete der Welt.

Die wenigen Menschen hier entstammen den Rassen der Kasachen, Tajiken oder Hunza und bewegen sich frei in diesem unwegsamen Grenzgebiet der Sowjetunion, Pakistans, Afganistans, Indiens und Chinas. Zweifelsohne kann diese Region, abgesehen von dieser einzigen vorhandenen Straße, von niemandem kontrolliert werden. Deshalb ist der exakte Grenzverlauf bis heute noch strittig. Dieser Reiseabschnitt war in jeder Hinsicht der Höhepunkt unserer Reise.

Abends erreichten wir den Kalikuli-See, dessen Wasser kristallklar zum Trinken einlud. Die beiden ihn umgebenden 7578 und 7780 Meter hohen Berge spiegelten sich in seinem Wasser. Es schien hier auf jeden Fall empfehlenswert, etwas länger zu verweilen.

Ein Han-Chinese betrieb hier ein gutes Restaurant und drei mongolische Yurten zum Übernachten. Diesen Service nahmen wir gerne in Anspruch und blieben bis zum nächsten Nachmittag.

Der nächste Checkposten, den wir schon selbstbewußter angingen, war wesentlich

***Jurtenlager am Kalikuli-See***

***Der 7578 Meter hohe Qungur Tagh in Kalikuli***

mißtrauischer. Da er nicht so recht wußte, was er von uns halten sollte, bekamen wir die Auflage, uns in Tashkergan, der letzten Chinesenstadt vor der eigentlichen Grenzstation, bei der PSB-Polizei zu melden.

Dies taten wir natürlich nicht und fuhren mit dem Gefühl, den chinesischen Part endlich geschafft zu haben, durch bis zur Grenzstation nach Pirali. Wir verzichteten sogar auf eine letzte Tankgelegenheit im Ort. An der Grenze warteten allerdings noch ein paar der üblichen Schikanen auf uns.

Die Zollabfertigung war zwar unproblematisch, aber bei der Paßabfertigung fing wieder einer zu nörgeln an. Zuerst drehte er die Pässe hin und her. Dann wollte er Geld für eine Quarantänebescheinigung, die unserem Motorrad mit seinen Insassen gute Gesundheit bestätigte, und abschließend noch unser Nummernschild abkassieren, da es hierfür angeblich eine Vorschrift gäbe.

Nach langen Diskussionen und der Befürchtung, daß ihnen noch etwas einfallen könnte, rückten wir es schließlich heraus und zogen weiter zum letzten Vorposten Chinas auf den Kunjerabpaß.

Zum Glück hatten wir unser zweites Schild im Gepäck versteckt. Wie wir auf unserer Weiterreise nämlich feststellen konnten, ist am Motorrad nichts so wichtig wie das Nummernschild. Wenn man eines besitzt, bezweifelt niemand die Legalität eines ausländischen Fahrzeuges. Dabei ist unwesentlich, wo es herkommt, wie es aussieht oder ob es überhaupt offiziell gültig ist.

Bei den restlichen Papieren und Ausweisen ist nur die Fahrgestell- und Motornummer von Interesse. Diese können jedoch direkt am Motorrad abgelesen werden.

Rückblickend gesehen, war es von großem Vorteil, daß wir uns mit so vielen abgestempelten Papieren, Ausweisen und Bescheinigungen wie möglich, oftmals in doppelter Ausführung, ausgerüstet hatten.

Damit wurde unser offizieller Touch letztendlich immer irgendwie anerkannt, obwohl sich niemals einer so richtig auskannte. Die Kunst dabei war nur, die entsprechenden Leute davon zu überzeugen, daß alles seine Richtigkeit hat.

Unser letztes chinesisches Volksgeld tauschten wir dann noch bei einem etwas verwegenen Uiguren, der an der Grenzstation ein kleines chinesisches Restaurant betrieb, schwarz in pakistanische Währung.

Er vergaß natürlich nicht, uns den heißen Tip zu geben, unseren Proviant mit einigen Dosen Bier und einer Flasche chinesischem Brandy aufzustocken, da es in Pakistan absolutes Alkoholverbot gibt. Umgerechnet eine Mark für eine Dose japanisches ASAHI-Bier war zwar relativ teuer, aber für uns so wichtig wie das Benzin für unser Motorrad und so gesehen trotzdem günstig.

Der letzte chinesische Vorposten war mit einfachen Soldaten besetzt und reine Formsache. Freundlich erkundigten sie sich über unsere Reise – eine willkommene Abwechslung in ihrem kleinen Wachhäuschen auf fast 5000 Metern Höhe. Als wir für sie dann noch eine erbetene Zündkerze übrig hatten, war ihre Freude fast

***Chinesischse Zollabfertigung in Pirali***

*Chinesischer Vorposten*

grenzenlos. Wir freuten uns allerdings genauso riesig, nochmals freundliche Grenzer kennengelernt und den vielen Ärger mit China hinter uns gebracht zu haben.

Von hier bis zum drei Kilometer entfernten Paß führt das einzige Stück chinesischen Territoriums, das man ohne Genehmigung von der pakistanischen Seite her befahren darf.

Dies machte uns noch einmal die Einmaligkeit unseres Chinaabenteuers bewußt und gab uns das zufriedene Gefühl, daß, unabhängig von den Erlebnissen der Weiterfahrt, unser Hauptziel erreicht war.

Der Karakorum-Highway ist eine der abenteuerlichsten Verbindungsstraßen der Welt. Weit abseits der westlichen Zivilisation zieht sich eine nahezu noch unberührte Hochgebirgslandschaft, die sich seit dem 13. Jahrhundert, als Marco Polo auf seiner Reise von Venedig nach Peking hier vorbeikam, kaum verändert hat. Jahrhundertelang zogen die Karawanen auf dieser Route vom Reich der Mitte ans Arabische Meer, nach Indien und in den Vorderen Orient. Nachdem auf chinesischer Seite die Straße über terassenförmige Hochplateaus nahezu unspürbar auf knapp 5000 Meter hochgeführt hatte, beindruckten die gewaltigen Schluchten auf pakistanischer Seite um so mehr. Hier folgt die Straße in zahlreichen Windungen dem Lauf des Indus

中国
7
(2)
1986

*Gletscher im Grenzgebiet*

über Gilgit, Chilas und Dasu, Mansehra und Abbottabad nach Havelin und Islamabad.

Als die Chinesen den Highway auf ihrer Seite 1968 fertiggestellt hatten, kamen sie noch dem Wunsch der pakistanischen Regierung nach, beim Bau des Anschlußteiles nach Islamabad zu helfen. Nach nur vierjähriger Bauzeit beendeten sie die Bauarbeiten 1978. Auf diese bauliche Meisterleistung können beide Länder stolz sein. Durch die neue Straße können heute Distanzen in wenigen Stunden zurückgelegt werden, für die man früher Tage brauchte. Manche Hochgebirgstäler bekamen erst mit dieser Straße eine ganzjährige passierbare Verbindung zur Außenwelt.

Zahlreiche Entwässerungsstollen, 24 große Brücken und 70 Übergänge mußten gebaut werden. Hunderte von Kilometern tiefe Schluchten mit reißenden Bächen und Flüssen waren zu bezwingen, um auf einer nahezu durchgehenden Asphaltdecke Reisegeschwindigkeiten von fünfzig bis siebzig Stundenkilometern zu ermöglichen. Steinschlag, Erdrutsche und Lawinen sind aber auch heute noch eine tägliche Gefahr für den Verkehr und häufig Ursachen für längere Verzögerungen, bis ein Räumkommando die Fahrbahn wieder freigeschoben hat. Solche Einsätze konnten wir selbst mehrmals miterleben.

Die noch größtenteils unberührten Hochgebirgslandschaft, durch die der Karakorum-Highway führt, fasziniert durch ihre gewaltige Ausdehnung und bizarren Formationen, ihre Unwegsamkeit und wild wirkende Romantik. Die Straße schlän-

***Linke Seite: Grenzstein auf dem 4800 Meter hohen Kunjerabpaß***

*Zwischen den Grenzen*

gelt sich an den Berghängen und Schluchten entlang und überwindet Höhendifferenzen von insgesamt 4000 Metern. Die Temperaturen im Sommer liegen in höheren Lagen bei frostiger Kälte, während in den Tälern und Schluchten unerträgliche Hitze herrscht. Deshalb ist der Karakorum für den Personenverkehr im Winter gesperrt und erst ab Mai offen. Dieser Termin war ein fester Bestandteil in unserer Reiseplanung. Bis zum regelmäßigen Busverkehr zwischen Pakistan und China, der 1985 aufgenommen wurde, konnte diese Grenzregion nur mit Sondergenehmigungen beider Länder bereist werden. Auf pakistanischer Seite führte die Straße 1981 nur bis Ganesh und in das Hunzatal, wobei bei den Chinesen 1985 die Reise in Kashgar oder Tashkergan zu Ende war.

Die anderen sich in dieser Hochgebirgsregion befindlichen Straßen sind gefährliche Jeepstraßen und Reitpfade, die nur von den Einheimischen mit guten Ortskenntnissen sicher befahren werden können. Oft besteht der Straßenbelag und Untergrund nur aus losen Brocken und Steinen. Diese ungesicherten Bergstraßen sind sehr kurvenreich, steil und stellenweise nicht breiter als das Fahrzeug. Die Erfahrung mit den verbrannten Ventilen lehrte uns allerdings, besser auf Ausflüge in diese abenteuerlichen Gefilde zu verzichten. Dieses unwirtliche Grenzgebiet zwischen China und Pakistan durchtrennt das alte Königreich von Hunza.

# Hunza – Altes Königreich im Norden Pakistans

Hunza war eines der am meisten verborgenen Gebiete der Welt. Versteckt hinter einer gigantischen Gebirgskette wurde seine Existenz in westlichen Ländern erst vor etwa hundert Jahren bekannt. Dieses vergessene Königreich ist immer wieder als verlorenes Paradies beschrieben worden. Über den geschichtlichen Hintergrund dieser Region ist deshalb nur wenig bekannt.

Die Menschen von Hunza leben vorwiegend von der Landwirtschaft. Reinhold Messner, der als einer der ersten in diese Region zwischen Karakorum, Pamir und Hindukusch reisen durfte, beschrieb diese Bergbauern recht treffend:

»Sie zeichnen sich durch Leistungsfähigkeit, schöne Körperbildung und vollkommene Gesundheit aus. Sie haben ein freundliches, meist fröhliches Wesen und legen großen Wert auf Sauberkeit. Aufgrund ihrer gesunden Ernährung und Lebensweise sind sie frei von chronischen Krankheiten und widerstandsfähig gegen Infektionen. Ihre hauptsächliche Nahrung besteht aus Obst, Vollkornbrot und getrockneten Aprikosen. Fleisch und Wein wird nur im Winter und bei Festlichkeiten genossen.«

Darüber hinaus ist über die traditionellen Lebensgewohnheiten der Hunza nur wenig bekannt: Die Lebensweise dieser Menschen ist von der Natur und dem harten Leben geprägt worden. So praktizierten sie beispielsweise Geburtenkontrolle, indem die Mutter nach der Geburt eines Kindes das Ehebett verließ, bis dieses vollständig entwöhnt war. Während der Flitterwochen soll sich außerdem die Mutter des Bräutigams um das frischvermählte Ehepaar gekümmert haben, um nichts dem Zufall zu überlassen. Kinder mußten wegen der harten Lebensbedingungen schon frühzeitig voll mitarbeiten. Sie wurden zum Schafehüten und zum Lastenschleppen auf den Almen eingesetzt.

Ähnlich wie bei den Chinesen, sollen auch die Hunza in ihren Riten versucht haben, den Drachen zu verjagen, der nach ihrer Vorstellung den Mond verschlingt. Bei Mondfinsternis schlagen sie deshalb große schwere Trommeln, da nach ihrer Philosophie Drachen vor Lärm Angst haben. Manche dieser Traditionen sind bis heute lebendig geblieben.

Andere Geschichten stammen von den wenigen westlichen Augenzeugenberichten. Als der englische Colonel Algernon Durand bei der erfolgreichen Erstürmung der Festung von Nilt 1891 durch einen Schuß verletzt wurde, stellte man erstaunt fest, daß die Kugel aus der Wunde ein in Blei gegossener Granat war. In der Festung fand man dann mehrere Beutel voll mit ähnlichen Kugeln aus Rubinen und Granaten, wie ein anderer englischer Soldat, der ebenfalls an der Erstürmung beteiligt gewesen war, berichtete. Sir Francis Younghusband war 1887 der erste Europäer, der Hunza besuchte. Er verhandelte mit dem Mir, dem Herrscher über Hunza, um die Raubzüge in Baltistan zu beenden.

***Festung des Mir, dem alten König über Hunza***

Der Bau und die Eröffnung der Karakorum-Straße hat die kleine heile Welt von Hunza nicht verschont. Mit ihr sind viele der tradionellen Sitten und Gebräuche verlorengegangen. Dies führte nicht zuletzt dazu, daß das Tal in Pakistan integriert wurde. Erst kurz nach Eröffnung der Straße starb der letzte Mir, das bedeutete gleichzeitig das Ende des Gebietes als Mirtum. Bis 1974, der Eröffnung der Straße, existierte Hunza wenigstens noch als eigenständiges Königreich unter pakistanischer Vorherrschaft.

Im Gegensatz zu 1987 zeigte sich die Straße auf der pakistanischen Seite der Grenze in wesentlich schlechterem Zustand als in China. Endlose Serpentinen führten stetig bergab. Die eine Straßenseite säumte eine hochragende steile Felswand, während sich der Blick auf der anderen Seite in den bedrohlichen Tiefen verlor. Wir fanden hier leider kaum noch Phasen der Entspannung, wie wir es von der chinesischer Seite her gewohnt waren. Die Straße in China beeindruckte vor allem durch den Anblick bezaubernder Hochebenen und klarer Gebirgsseen; in Pakistan hingegen verlief die Straße durch weitläufige Schluchten und gigantische Gebirgsmassive, an deren Wände sich die Fahrbahn wie ein dünner Faden unscheinbar entlangzog. Es drängte sich hier der Eindruck auf, daß es nur eine Frage der Zeit sein konnte, bis sich die Berge die mühsam abgerungene Straße, in einem ewigen Kampf, stückweise wieder zurückholen würden. Erdrutschfelder und überflutete Straßenabschnitte sind eine ständige Gefahr.

Der Motor, die Bremsen und Schlaglöcher sowie der geringfügige Verkehr beanspruchten die ganze Konzentration. Die gewaltigen Berge wirkten fast schon

*Hunzatal*

bedrohlich. Im Gegensatz zur langsam und allmählich, fast unspürbar ansteigenden Höhe auf chinesischer Seite wurde uns durch die engen steilen Schluchten die große Höhe erst richtig bewußt.

Ständig Sorge war, daß wieder ein wichtiges Teil brechen und diesmal nicht mehr ersetzbar sein könnte. Ersatzteile gab es ja nur in China, das wir nach ungefähr 6000 Kilometern Fahrt inzwischen endgültig hinter uns hatten. Dorthin gab es kein Zurück mehr. Notfalls mußten wir zu Martin und Ron nach Peking ein Telegramm schicken und die Weiterfahrt unterbrechen, bis Ersatzteile in diesem halbverlassenen Winkel der Erde ankommen würden. Andererseits vertrauten wir auf die altbewährte deutsche Konstruktion der Yangtse. Wir konnten uns nur wenige Schäden vorstellen, die nicht mit etwas Glück und handwerklichem Geschick in den Griff zu bekommen wären. Falls das umfangreiche Bordwerkzeug nicht ausreichen sollte, gab es immer noch genügend kleinere Werkstätten, die, ähnlich wie früher in Deutschland, diese unkomplizierte Motorradtechnik noch gut beherrschten.

Es ließ sich natürlich nicht vermeiden, daß bei einer dieser abenteuerlichen Durchquerungen eines Geröllfeldes ein Felsbrocken dem rechten Auspufftopf den Rest gab. Unseren einzigen Ersatztopf wollten wir allerdings für zivilisiertere Straßenverhältnisse aufsparen und fuhren deshalb erst einmal ohne diesen »überflüssigen« Luxus weiter. Konstruktionsbedingt waren die Töpfe nur rund 15 Zentimeter über dem Boden angebracht und daher alles andere als tauglich für diese Strecke. Wir nahmen ihn aus Umweltgründen trotzdem noch mit, bis wir schließlich nach 120

***Zollstation in Sust***

Kilometern auf einer Schotterstraße um die Ecke bogen und an der pakistanischen Grenzstation in Sust ankamen.

Die letzten beiden Jahre hatte sich Sust wie die Goldgräberstadt eines Wildwestfilmes entwickelt. Neben dem ursprünglich nur vorhandenen Zollamt und dem Paßabfertigungshäuschen hatten sich inzwischen reihenweise kleinere Läden und Herbergen angesiedelt. In den Augen von André, der bereits vor zwei Jahren hier erstmals vorbeikam, war die Stadt richtig groß geworden. Sogar eine Wechselstube gab es inzwischen. Als Toilette diente allerdings nach wie vor der hinter der einreihigen Häuserfront vorbeifließende Fluß. Außer der Abfertigung von täglich zwei Linienbussen und der nur wenigen Einzelreisenden schien hier wirklich nichts los zu. Wir befürchteten, daß die Zöllner sehr viel mehr Zeit in ihre bekannt umständliche Bürokratie investieren könnten.

Unsere Hauptsorge betraf das »Carnet de Passage«, welches wir trotz aller Anstrengungen vorher nicht besorgen konnten. Es ist normalerweise für alle einreisenden Fahrzeuge erforderlich. Dieses Dokument entspricht einer Versicherung, die für die Zollgebühren des eingeführten Fahrzeuges einspringt, wenn dieses unerklärlicherweise nicht mehr ordungsgemäß ausgeführt oder polizeilich abgemeldet wird. Im Zweifelsfalle gehen die Behörden nämlich davon aus, daß ein Fahrzeug unter Ausnutzung der 400prozentigen Zollspanne gewinnträchtig verkauft wurde. Diese

Umstände scheinen die Versicherungen in Pakistan, Iran und Indien schon viel Geld gekostet zu haben, wenn man nach den Konditionen und Gebühren urteilt.

In unserem Falle wäre eine offizielle Anmeldung in Deutschland mit TÜV, internationaler Versicherung und 20000 DM Bankbürgschaft beim ADAC erforderlich gewesen. Von China aus konnten wir unmöglich diese Konditionen erfüllen und offiziell an diesen Wisch herankommen. Andererseits hatten wir noch nie von einem chinesischen Automobilclub gehört, der uns kostengünstig ein Carnet hätte ausstellen können.

Außerdem hatten wir die Befürchtung, daß der Troß der »Itala-Rallye«, der wenige Wochen vor uns mit allen offiziellen Papieren hier vorbeikam, bereits Zeichen gesetzt hatte. Das für die Begrüßung der Italiener über die Straße gespannte Spruchband »Welcome to Pakistan« hatten sie bestimmt wieder abgenommen. Andererseits dachten wir, mit der Ausreise aus China die schwierigsten Probleme hinter uns gebracht zu haben, und daß Pakistan ein weniger von Behörden kontrolliertes Land sei. Eigentlich dürften keine unlösbaren Probleme mehr auftauchen, schließlich lag es auch in deren Interesse, uns möglichst schnell wieder von der Pelle zu haben.

Leider war es dem nicht so, und die erste Frage der Zollbeamten lautete klar und deutlich: »Carnet de Passage?«. Ohne das Carnet oder eine 1500 US-Dollar Bankbürgschaft wollten sie uns offensichtlich um keinen Preis weiterfahren lassen. Zudem wäre der entscheidungsfähige Offizier erst innerhalb der nächsten Tage wieder zurück. Obwohl wir es nicht glauben wollten, war es tatsächlich so. Wir hätten es nie für möglich gehalten, daß wir noch mehr Ärger als in China haben würden.

Um an allen Fronten gleichzeitig unsere Weiterfahrt zu erkämpfen, machte sich André auf den Weg, eine Bankbürgschaft zu ergattern, und ich mich daran, die Zöllner zu bearbeiten. Wir konnten noch nicht ahnen, daß wir uns erst nach einer Woche rein zufällig im mehr als eintausend Kilometer entfernten Islamabad wieder treffen würden. Da André eigentlich nur in die 50 Kilometer entfernte Provinzhauptstadt Gilgit fahren wollte, um am nächsten Tag wieder an die Grenze zurückzukehren, nahm er lediglich Geld und Ausweispapiere mit. Den Rest ließ er als unnötigen Ballast bei mir an der Zollstation zurück, kein Wunder also, daß er sich während dieser Woche vom Scheitel bis zur Sohle inklusive Zahnbürste neu einkleiden mußte. In der Zwischenzeit hörte ich nur zweimal von Touristen, daß André wieder eine Stadt weiter nach Süden gefahren wäre, um dort eine Bürgschaft auftreiben zu können. Telefonisch hatte er leider keine Chance, eine Verbindung zu bekommen und mich direkt zu erreichen.

Drei Tage lang setzte ich mich rund um die Uhr mit den Zöllnern auseinander und bewegte mich nur noch zwischen dem Zollhaus und der kleinen Herberge auf der gegenüberliegenden Straßenseite. Ich fühlte mich wie in einem Gefängnis ohne Mauern. Ich war zwar unabhängig und frei, aber trotzdem dem Zoll ausgeliefert und angebunden. Die Hitze des Tages wechselte mit der Kälte der Nacht, so wie meine stündlich erneuerte Hoffnung auf eine unmittelbar bevorstehende Weiterfahrt. Penetrant wirkte ich mit den immer wieder gleichen Argumenten abwechselnd auf die verschiedenen Beamten ein und signalisierte ihnen unmißverständlich meine pfadfinderische Devise »Allzeit bereit zur Weiterfahrt«.

Am Chef schien allerdings kein Weg vorbeizuführen. Ohne ihn nutzte unsere für diesen Problemfall vorsorglich aus China mitgebrachte Softpornovideokassette natürlich nichts. Wo kein Entscheidungsträger ist, kann man dessen guten Willen auch nicht positiv beeinflussen. Die aus China außerdem mitgeführte Flasche Brandy wollte ich im Alkoholverbotsland Pakistan lieber nicht am Zoll riskieren und trank deshalb zur Überbrückung der Wartezeit immer wieder heimlich mit Coca Cola gemischt einen kräftigen Schluck. Es nervte mich am meisten, daß ich weder wußte, was mit André los war, noch wann der Oberboß endlich anrücken wollte.

Mit einem der Zollfritzen schloß ich inzwischen engere Freundschaft. Wir unterhielten uns stundenlang über das ergiebige Thema »deutsche, chinesische und pakistanische Frauen«.

So erfuhr ich unter anderem, daß seit 1962 Männer in Pakistan bis zu vier Frauen heiraten dürfen. Sie müssen allerdings die Zustimmung ihrer ersten Frau einholen. Die Scheidung kann laut Gesetz nur vom Mann eingereicht werden. Wenn die Frau jedoch Pflichtverletzungen des Mannes nachweisen kann, kann er vom Gericht gedrängt werden, der Scheidung zuzustimmen. Bis zur Pubertät bleiben die Kinder bei der Mutter, wobei die Söhne sich nach dem 7. Lebensjahr selbst entscheiden können, bei welchem Elternteil sie leben möchten. Für Frauen ist es außerdem üblich, einen Schleier vor dem Gesicht zu tragen und nicht öfters als notwendig auf die Straße zu gehen. Darüber konnten wir uns stundenlang unterhalten, ohne daß es langweilig wurde. In der strengen »Islamischen Republik Pakistan« wurden die Gesetze des Koran genau beachtet.

Inzwischen war es wieder Abend, und die erwischten Schmuggler mußten antreten, um ihre beschlagnahmten Waren zu verzollen. Es handelte sich ausschließlich um Kleinkram wie Taschentücher, Kugelschreiber, Vorhängeschlösser oder Stoffschuhe. Allerdings in großen, den Eigenbedarf bestimmt hundertfach übersteigenden Quantitäten. Die meisten Pakistani, die ich kennengelernt hatte, gaben sich stolz als eigenständige Geschäftsleute aus. Diesen Charakterzug konnte ich hier gut nachvollziehen. In vielen Ländern Asiens und auch Afrikas hängt die Wirtschaft ziemlich stark von den pakistanischen oder indischen Händlern ab, ohne die nicht viel laufen würde. Restaurants, kleinere Läden und teils sogar große Fabriken sind dabei voll in ihren Händen.

Die anschließende Zollprozedur war weit weniger bürokratisch, als ich es mir – gerade im Vergleich zu unseren Schwierigkeiten – vorgestellt hätte.

Ein gewisser Anteil der Waren wurde formlos einbehalten, und den Rest durften sie wieder mitnehmen. Sogar ich kam zu einem schönen Füllfederhalter. Die Abwesenheit des Chefs schienen die Beamten ziemlich auszunutzen. Sie trugen wegen der unerträglichen Hitze nicht die vorschriftsmäßigen Uniformen und lümmelten gelangweilt herum. Die eigentliche Arbeit beschränkte sich sowieso nur auf die Abfertigung der zwei bis drei regelmäßig verkehrenden Busse und der wenigen Jeeps der kleinen Touristengruppen. Mit der restlichen Zeit wußten sie nicht viel

*Hui-Chinesen im Teehaus*

*Abbildungen oben und Mitte rechts: Durchquerung der Wüste Taklamakan*

*Abbildungen Mitte links und unten: Teehausidylle in Ningxia*

*Rechte Seite unten: Von Ghengis Khan zerstörte Garnisonstadt Jiaohe bei Turfan*

*Doppelseite: Sonntagsmarkt in Kashgar bei den Uiguren*

*Doppelseite: Im Karakorum-Gebirge mit dem 7578 m hohen Qungur Tagh in Kalikuli*

*Kasachen*

*Im Königreich der Hunza*

*Vater und Sohn in Nordpakistan*

anzufangen. Sie schickten nur hin und wieder ihren Boy zum Teeholen oder zum Saubermachen.

Zu den Mahlzeiten im Zollhaus wurde ich inzwischen mehr oder weniger freiwillig, aber doch regelmäßig eingeladen, und die Beamten eröffneten mir zunehmend ihre Gedanken, Probleme und persönlichen Gefühle. Am meisten litten sie darunter, daß sie, jeweils über viele Wochen hinweg von ihren Familien oder Freundinnen getrennt in dieser Einsamkeit leben mußten.

Trotz aller Sympathie wollten sie jedoch um keinen Preis ihrem abwesenden Chef von meinem Problem erzählen, obwohl tags zuvor ein Beamter zu ihm fuhr oder telefonische Kontaktaufnahme kein Problem gewesen wäre. Ich ließ allerdings nicht locker und fragte alle paar Stunden wiederholt nach, wann er denn endlich käme.

Am nächsten Nachmittag schien der große Boß endlich wieder da zu sein. Da er erst am folgenden Tag wieder ins Zollhaus kommen wollte und ich schon auf heißen Kohlen saß, bearbeitete ich meinen Freund so lange, bis er mir den Weg zum Privathaus des »Assistant Collectors«, wie der Chef betitelt wurde, vertraulich zeigte.

Er war der höchste pakistanische Regierungsbeamte in den Nordprovinzen und lebte in einem kleinen, aber sehr schönen Haus. Bevor ich sein Haus fand, irrte ich erst einmal eine Stunde lang durch die schmalen Gassen eines höher liegenden Dorfes. Endlich brachte mich ein Bauer zum Dorflehrer, der als einziger Bewohner Englisch sprechen konnte. Nach einer Tasse Tee beauftragte er schließlich einen seiner Schüler, mir den richtigen Weg zu weisen. Kurze Zeit später stand ich dann zufrieden vor der Tür des hohen Beamten und verabschiedete den Boy mit einem dankbaren Trinkgeld. Der Diener bat mich freundlich herein und sollte sogleich für uns Tee zubereiten. Ich war überrascht, daß mein Schicksal in der Hand eines ungefähr gleichaltrigen Mannes lag.

Ich begann sofort, ihm meine kritische Situation zu erklären, und machte ihm deutlich, daß es für mich kein aussichtsreicher Weg sein könnte, in drei verschiedenen, jeweils 1000 Kilometer auseinanderliegenden Städten Papiere zu besorgen, um mein Bike vom Zoll herauszubekommen, wie es der bürokratische Weg vorsah.

Nach einer Weile machte er dann den Vorschlag, daß es eventuell die Möglichkeit

***Zufluß des Indus***

der Eskortenbegleitung noch gäbe. Er setzte sich sogleich ans Telefon, um von Islamabad hierfür die Genehmigung zu bekommen. Überraschend schnell bekamen wir den positiven Bescheid. Erst danach konnte ich mich entspannt mit ihm bis spät in die Nacht unterhalten.

Er erzählte, daß seine Brüder auch höhere Regierungsbeamten seien und die Eltern für ihn eine geeignete Frau aussuchen könnten, da die Familie und der Bildungsstand zusammenpassen müßten. Außerdem wußte er sehr viel über die westliche Welt, obwohl er noch nie sein Land verlassen durfte.

Es war mir nur ein wenig peinlich, daß ich ihm erzählen mußte, daß ich in China trotz aller Versuche kein Carnet auftreiben konnte. Denn ich durfte ihm schließlich nicht verraten, daß wir bereits in China ohne offizielle Genehmigung ungefähr 6000 Kilometer weit gefahren waren. Abschließend teilte er mir nämlich mit, daß er bei den nächsten Grenzverhandlungen mit China sich für die offizielle Ausstellung von Carnets für Ausländer einsetzen wollte.

Sehr zufrieden machte ich mich nachts auf den Rückweg zum nahen Hotel. Bei totaler Finsternis mußte ich aber bald feststellen, daß die Straße an einer Stelle plötzlich überflutet war. Ein weiter oben liegendes Wasserkraftwerk hatte über Nacht seine Schleusen geöffnet, um Strom zu produzieren. Ich konnte nicht erkennen, wie tief oder wie breit die Wasserflut eingeschätzt werden mußte. Es war mir jedenfalls zu gefährlich, einfach blind hineinzulaufen, denn ich hatte Angst, auszurutschen und am Straßenrand in das seitlich zehn Meter tiefer verlaufende Flußbett hinuntergeschwemmt zu werden. Lieber schlug ich mich alternativ durchs dornenbuschübersäte Dickicht der anderen Straßenseite, um eine geeignete Überquerungsstelle zu finden. Erst nach einer Stunde hatte ich mich endlich bis zum Hotel durchgekämpft, obwohl es nur 500 Meter entfernt lag. Die für den nächsten Morgen erstrittene Weiterfahrt ließ mich die diversen Schrammen und Kratzer der Dornen gut ertragen. Als Schlaftrunk genehmigte ich mir allerdings noch eine warme Dose Bier, die ich unverdächtig aus dem im Zollhof abgestellten Bike herausschmuggeln mußte.

Am nächsten Morgen ging alles recht schnell. Mit einem offiziellen Empfehlungsbrief wurde ich auf den 1200 Kilometer langen Weg durchs Hochgebirge nach Islamabad geschickt. Ein 50jähriger, nicht englischsprechender Zolloffizier bekam den Auftrag, mich dorthin zu eskortieren.

Dies sollten die größten Strapazen der bisherigen Reise werden. Er hatte nämlich die Anweisung mitbekommen, unterwegs nicht anzuhalten. Ich faßte diesen Befehl leider als nicht ernstzunehmenden Scherz auf, wie sich noch zeigen sollte.

Von André hatte ich inzwischen über Touristen die kurze Nachricht bekommen, daß er in der Bank der Provinzhauptstadt Gilgit auch keine Bankgarantie auftreiben konnte und deshalb weiter nach Islamabad reiste. Er wollte sich mit mir noch telefonisch in Verbindung setzen. Leider gab es keine Direktleitungen bis nach Sust zur Grenzstation, und die Grenzer waren nicht bereit, mir seine Telefonate durchzustellen. Ich hoffte nur, daß wir uns in Islamabad irgendwie finden würden, um für ihn die insgesamt sechstägige Busfahrt zur Grenze zu ersparen.

*Eskortierte Abreise nach Islamabad*

Außer seinen Papieren und Geld hatte mein neuer Sozius für die bevorstehende Dreitagestour tatsächlich kein Gepäck mitgenommen. Es schien, daß er genausowenig wie ich ahnte, was auf uns zukommen sollte. Normalerweise fliegen die Zollbeamten diese Strecke.

Dieser Tag verlangte von mir elf Stunden lang absolute Konzentration. Nur ab und zu hielten wir kurz an, um von einem Fluß etwas Wasser zu trinken. Zum Essen gab es tatsächlich nichts. Bis ich merkte, daß mein Begleiter wirklich an keinem Restaurant rasten wollte, war es leider schon zu spät. Es tauchte den restlichen Tag über nicht einmal mehr eine der kleinen Garküchen auf, die meinen Bärenhunger hätten stillen können.

Während der zweiten Hälfte der Tagesetappe von 280 Kilometern gab es weder eine Ansiedlung noch ein Haus. Wir fuhren fast nur noch die endlosen Schluchten

*Rechte Seite: Durch die Schluchten des Indus*

des Indus entlang. Der reißende Fluß lag abwechselnd rechts oder links der Straße, einige hundert Meter tosend unter uns. Die andere Seite war stets gesäumt von steilen Berghängen mit wenig sicheren Ausweichmöglichkeiten für den Gegenverkehr, der zum Glück sehr selten und bei langsamer Geschwindigkeit auftrat.

Die zahlreichen Schlaglöcher versuchte ich mit dem Motorrad möglichst zu umfahren. Das Beiwagenrad rutschte aber meist unvermeidbar hart hinein. Dies wirkte jedesmal wie ein Hammerschlag. Deshalb war es kein Wunder, daß nach einem wuchtigen Schlagloch plötzlich eigenartige, bisher nicht gehörte Geräusche von hinten vordrangen. Auf meinen Kardan blickend, schwante mir schon Schlimmstes. Ich hielt sofort an und beäugte skeptisch dessen Einzelteile. Nach außen hin schien noch alles komplett vorhanden zu sein. Wie ein Chirurg bei der Untersuchung eines gebrochenen Beines, drehte ich im Leerlauf den Kardan, um unnatürliche Spuren oder Geräusche als Ursache zu entdecken. Es schien aber alles zu funktionieren. Das verdächtige Geräusch tauchte nicht mehr auf. Beim Weiterfahrversuch erklang es im hinteren Bereich dann noch greller als vorher.

Es kam anscheinend aus der Hinterradnabe. Das Rad mußte wieder aufwendig ausgebaut werden, bis des »Pudels Kern« zum Vorschein kam. Zwei Befestigungsnieten der Radnabe waren abgebrochen und deren Köpfe zwischen die Bremsbeläge gelangt. Zum Glück kein schlimmerer Schaden. Zwei passende neue Nieten hatte ich sogar dabei. Diese ließ ich dann später in einer Werkstatt wieder einsetzen. Gehalten

***Im Mittelpunkt des Interesses in Nordpakistan***

***Freiräumen eines Erdrutsches***

haben diese Ersatznieten trotzdem nicht lange. Durch die Spannungen und Belastungen der Reise brachen diese bereits nach kurzer Fahrt wieder. Die neuen Nieten entsprachen wahrscheinlich nicht der richtigen Materialpaarung. Glücklicherweise hielten wenigstens noch die anderen Nieten problemlos. Außerdem hatten wir noch unser klassisches Ersatzrad mit dabei.

Mich wunderte nur, daß meine Yangtse voll zu mir stand und wenigstens diesmal keinen größeren Ärger verursachte. Sie wollte sicherlich – wie ich – den lästigen Sozius so bald wie möglich wieder loswerden.

Jedesmal wenn ich auf der äußeren Fahrbahn fahren mußte, rechnete ich sicherheitshalber hinter jeder Kurve mit Gegenverkehr. Die schön bunt bemalten Laster mit ihrem fünf Meter hohen Holzaufbau schwankten jedoch zum Glück relativ selten und entsprechend laut über die Fahrbahn, so daß ich frühzeitig gewarnt war und somit rechtzeitig genügend Platz schaffen konnte, um sicher an ihnen vorbeizusteuern. Ich durfte nur nicht vergessen, daß in Pakistan Linksverkehr herrschte. Das Fahren erforderte höchste Konzentration.

Mehr als eine Tasse Tee oder einen Schluck Wasser aus einer der vielen Quellen wollte mein Begleiter tatsächlich nicht genehmigen. Immer wenn ich eine Pause einlegen wollte, sagte er nach zwei Minuten wiederholt »ok, ok« und deutete unmißverständlich in Fahrtrichtung. Zweifellos riß er das Kommando mehr und mehr an sich, und ich merkte dies nicht einmal.

Während unserer kurzen Stopps erzählte er allen Leuten, denen wir begegneten, unsere Geschichte: Weil ich kein Carnet und keine Bankbürgschaft hätte, müßte er mich auf dem schnellsten Wege nach Islamabad begleiten. Zudem hätte ich zwei Fotoapparate und eine Videokamera dabei. Bereits nach dem ersten Tag konnte ich diesen Sachverhalt in pakistanischer Sprache mühelos verstehen.

Nach dem 50sten Male hätte ich ihn am liebsten irgendwo ausgesetzt. Andererseits beeindruckte sein Durchhaltevermögen auf dieser schwierigen Tour, und ich mußte froh sein, nach drei Tagen endlich von der Grenze weggekommen zu sein. Wahrscheinlich hatte sein Vorgesetzter nur deshalb diese Eskortenlösung genehmigt, weil er selbst bisher nur flog. Unter Kenntnis der Streckenverhältnisse hätte zumindest ich einen Untergebenen nicht auf diese abenteuerliche Reise mitgeschickt.

Ich konzentrierte mich so auf das Fahren, daß ich sein Antreiben mit der Zeit gar nicht mehr registrierte und sogar der Hunger in Vergessenheit geriet. Immer wieder mußten mehr schlecht als recht wieder freigeräumte Erdrutschfelder oder überflutete Straßenabschnitte überquert werden. Mit der Zeit verschwand sogar die Angst, daß mit dem nicht mehr ganz jungen Zöllner etwas passieren könnte. Zumindest rückte dieses Gefühl nicht in mein Bewußtsein. Ich freute mich schon darüber, wenn an einem Erdrutschfeld bis zum Aufräumen des Gerölls etwas Zeit verstrich und ich die Muße fand, wieder ein paar Sätze in mein Tagebuch zu schreiben. Ich merkte nur,

*Straßenüberschwemmung*

wie mich die herausgeschwitzten Mineralien mehr und mehr auslaugten. Ich wollte aber so schnell wie möglich die Sache hinter mich bringen.

Als es dämmerig wurde, hielt ich verzweifelt Ausschau nach einem geeigneten Hotel. Aber es tauchte nicht einmal mehr ein einfaches Bettgestell in einer kleinen Hütte auf, das mir auch schon genügt hätte. So blieb nichts anderes übrig, als im schwachen Lichtkegel noch 80 Kilometer ins Ungewisse weiterzufahren. Mein Begleiter schien fest entschlossen, sogar die Nacht durchfahren zu wollen. Ich schraubte hingegen meine Wünsche auf das menschliche Grundbedürfnis einer schlichten Schlafstätte mit etwas Wasser und Brot herunter und hoffte auf das Durchhaltevermögen des Motorrades. Denn zweimal brach der schwache Lichtkegel sogar völlig zusammen. Bei der nächtlichen Suche nach dem Kurzschluß beziehungsweise dem Wackelkontakt hatte ich dann jeweils die ok-Stimme im Hintergrund mit der unverständlichen Frage, was denn los sei. Trotzdem versuchte ich nochmals, mich zu beherrschen.

Als wir abends um 22 Uhr wiederholt an einer überfluteten Stelle vorbeikamen, blieben wir schon beim Anlauf im feinen Kies stecken. Bei langsamer Anfahrt zur Orientierung lieferte die drehzahlabhängige Lichtmaschine überhaupt kein Licht mehr. Blind und schnell dieses Hinternis zu überfahren, hielt ich hingegen auch für

***Nachtlager an überflutetem Straßenabschnitt***

zu gefährlich. Einerseits wollte ich kein Abrutschen über den Abhang, und andererseits auch keine Spannungsrisse der heißen Zylinder riskieren, unvermeidlich, falls wir im Wasser stecken bleiben würden. Es boten sich keine sinnvollen Weiterfahrargumente.

Übermüdet stellte ich deshalb das Motorrad am Straßenrand ab und zog vernünftigerweise vor, über den Tankrucksack gebeugt, eine Runde zu schlafen. »Für heute keinen Meter mehr weiter, egal was kommt«, sagte ich mir.

Alle seine Versuche, mich zum Weiterfahren zu bewegen, blieben erfolglos. Ich schlief nur um so seliger und bemerkte gar nicht, daß er verschwand.

Nach einer halben Stunde kam er mit zwei Pakistani schließlich zurück, die zwei Bettgestelle und etwas zum Essen und Trinken mitbrachten. Dankbar nahm mein Körper diese Energiereserven auf, und nachdem ich meine Stiefel auf den trockenen Beiwagen gestellt hatte, schlief ich sofort wieder ein.

Ich hätte nicht gedacht, daß Fladenbrot, Reis und etwas Linsen mit einer Kanne Trinkwasser so gut schmecken kann.

Der noch auf halbe Bettgestellhöhe ansteigende Wasserpegel störte mich diese Nacht wenig. Irgendwie würde es am nächsten Morgen schon weitergehen. In den Morgenstunden war er dann wieder gefallen. Das kleine Wasserkraftwerk zur nächtlichen Stromerzeugung hatte seine Schleusen wieder geschlossen. So konnten wir um vier Uhr unseren Marathon ausgeruht fortsetzen.

Den nächsten Tag ging ich schon zielbewußter an und bestand auf zwei ausgiebigen Mahlzeiten und einen 30minütigen Mittagsschlaf. Auf keinen Fall wollte ich darauf verzichten. Tatsächlich akzeptierte mein Begleiter relativ schnell, daß ich wieder der Kapitän unseres Gefährtes war und die Richtung bestimmte.

Zwei kleinere Reparaturen erforderten weitere Pausen. Es galt, wieder ein paar Speichen zu ersetzen und den Unterbrecher nachzustellen. Dies entsprach unserer üblichen zweistündigen Tagesreparaturzeit. Danach lief die Kiste weiter, als ob nichts gewesen wäre.

Abends näherten wir uns wieder der Zivilisation und wurden in einem Hotel um 20 Uhr auf einen Tee eingeladen. Dort erzählte mein Sozius wieder die übliche Geschichte, wie überall bisher. Ich konnte sie zwar nicht mehr hören, aber trotzdem fanden sich um so mehr interessierte Zuhörer.

Nur ein Kamerateam des pakistanischen Fernsehens, dem wir vormittags begegneten, schien meine Seite zu verstehen. Es befahl meinem eskortierenden Zöllner, für zehn Minuten den Mund zu halten, und bat mich zum Interview.

Ich sollte dabei nochmals ohne Sozius alleine eine Panoramastraße hochfahren und vor ihnen anhalten, um dann einige Fragen vor der Kamera zu beantworten. Sie zählten zu den ersten Pakistani, die nichts von den Zollproblemen hören wollten.

Im Hotel wollte ich übernachten. Meine Ok-Stimme sagte allerdings nicht »Ok«, sondern drängte zum Aufbruch. Er versprach hoch und heilig, daß zwei Kilometer weiter etwas Geeigneteres wäre. Etwas mißmutig willigte ich schließlich ein. Nach 200 Metern Fahrt hatte allerdings der Scheinwerfer den letzten Rest der Batterie leergesaugt. Es half weder, das Motorrad anzuschieben, noch einen pakistanischen

Autofahrer um Starthilfe zu bitten. Etwas geknickt schoben wir deshalb mein bestes Stück zurück zum Hotel und mieteten uns doch noch ein.

Das einzige Handicap stellte der Mangel an Waschwasser dar. Dabei waren wir total durchgeschwitzt und hätten eine Dusche gut vertragen können. Wir ließen es uns aber nicht nehmen, wenigstens drei Liter Wasser und einen Liter Tee zu trinken, bevor wir ins wohlverdiente Bett stiegen. Die inzwischen beinahe unerträgliche Schwüle wollte die ganze Nacht über nicht einmal für einen Augenblick weichen. Im regelmäßigen Tack, Tack, Tack des Ventilators versanken meine Gedanken schnell in tiefen Träumen.

Am nächsten Tag mußten wir alle 30 Kilometer nach jemandem Ausschau halten, der uns wieder Starthilfe gab, weil der Gleichstromgenerator jetzt endgültig den Geist aufgegeben hatte. Konstruktionsbedingt konnte er nicht einmal mehr durch Anschieben wieder in Funktion gesetzt werden. Die Autofahrer stellten sich dabei allerdings an, als ob wir Öl aus ihrem Motor saugen wollten. Die Bereitschaft zur Hilfe schien jedenfalls eher gering.

Schließlich kombinierten wir einen kompletten Ölwechsel mit einer einstündigen Batterienachladung, weil unser Motor gerade vor einer geeigneten Werkstatt wieder ausging. Das schlechte chinesische 30er Öl mußte sowieso durch für heißere Regionen besser geeignetes 40er ersetzt werden. Ich glaubte meinen Augen nicht zu trauen, als das Altöl von den Mechanikern einfach wie in China in den Boden vor der Werkstatt abgelassen wurde.

Verschwitzt, müde und hungrig erreichten wir spätnachmittags endlich Islamabad, einen tropischen Kessel von 40 bis 50 Grad Celsius und hoher Luftfeuchtigkeit.

Im Lederdreß bekam ich kaum noch genug Luft zum Atmen. Mein Sozius mußte mir an den Kreuzungen stets Orientierungshilfe zum richtigen Abbiegen geben, da der zweispurige Linksverkehr dieser Millionenstadt mich ganz irritierte und meine Konzentration nahezu am Ende war.

Zum ersten Mal reagierte mein Begleiter nicht strikt nach Anweisung, sondern rücksichtsvoll. Er stimmte zu, daß ich zuerst zum Campingplatz fuhr, um das Gepäck abzuladen und eine kalte Dusche zu nehmen. Dies machte ihn mir während unserer Dreitagesreise erstmals rundum menschlich sympathisch. Ich hatte mich inzwischen sogar schon fast an ihn gewöhnt.

Danach fuhren wir direkt nach Rawalpindi, um das Motorrad wieder im Hauptzollamt abzustellen. Seinen Auftrag hatte er damit laut Anweisung erledigt. Mit dem Taxi fuhr er schließlich glücklich nach Hause zu seiner Familie, die mit seiner Rückkehr von der kleinen Grenzstation in Sust erst Wochen später gerechnet hatte. Trotzdem mußte er gleich am nächsten Morgen um 8 Uhr bei seinem Chef antreten und den ganzen Tag vor dessen Tür nutzlos ausharren. So ging es auch während der folgenden Tage, die ich beim Zoll verbringen mußte. Es hat mich wirklich erstaunt, wie zäh er die ganze Fahrt durchgestanden hatte.

# Behördenkrieg in Pakistan

Als ich innerlich ausgelaugt ins nächste Restaurant ging, um endlich einmal wieder etwas Ordentliches einzunehmen, kamen gerade die englischsprachigen Nachrichten. Ungläubig sah ich, wie Panzer Absperrzäune niederwalzten und über eine Zeltstadt rollten. Verbände der chinesischen Armee hatten die Nacht zuvor mit ihren Panzern in Peking den Tiananmenplatz gestürmt und das berüchtigte Massaker veranstaltet. Mir kam alles unwirklich vor. Im Fernsehen erschien alles so fern und kriegsfilmhaft. Ich konnte mir gar nicht mehr vorstellen, daß ich bis vor kurzer Zeit mehrmals die Woche mit meiner Yangtse gutgelaunt und friedlich über diesen Platz des Himmlischen Friedens (wie er wörtlich übersetzt heißt) gefahren war. Ich konnte es einfach nicht begreifen, daß ich erst vor wenigen Tagen China verlassen hatte und heute so etwas passiert sein sollte. Trotz großen Hungers brachte ich keinen Bissen mehr hinunter und fühlte nur noch ein elendes Stechen im Magen.

Daß an diesem Abend auch der iranische Revolutionsführer Ayatolla Khomeni starb und deshalb die iranische Botschaft geschlossen sowie die Grenze dicht war, störte mich hingegen recht wenig, obwohl dies unser nächstes Etappenziel werden sollte.

Wo sollte ich zudem in dieser Millionenstadt André aufstöbern? Ich ahnte nicht, daß er nur wenige Meter entfernt im Hotel auf der anderen Straßenseite wohnte. Seit einer Woche hatte ich nichts von ihm gehört und wußte auch nicht, wie ich ihn finden sollte. Nach einer schlecht geschlafenen Nacht machte ich mich gleich auf die Suche nach ihm, der sprichwörtlichen Stecknadel im Heuhaufen. Über die deutsche Botschaft konnte ich erfahren, daß er sich vor zwei Tagen noch gemeldet hatte, um vergeblich auf meinen Namen eine Bankbürgschaft zu bekommen. Er wollte nach Sust zurückfahren, um mich zu finden. Seit seiner Abreise von der Zollstation hatte auch er von mir nichts mehr gehört.

Ich machte mich sofort auf den Weg zum Busbahnhof, um herauszufinden, ob er bereits schon abgereist war oder nicht. Beim vorherrschenden Menschengewimmel und Chaos eigentlich ein aussichtsloses Unterfangen. Es wurden mindestens fünfzig Busse gleichzeitig abgefertigt, und alle paar Minuten fuhr einer ab. Auf einer vorliegenden und angeblich zuverlässigen Fahrgastliste konnte ich zumindest seinen Namen noch nicht entdecken. Ich hinterließ deshalb am Ticketschalter vorsorglich wenigstens eine Nachricht und malte andeutungsweise sein Profil auf ein Blatt Papier mit seinem Namen. Mehr konnte ich im Moment nicht tun. Ich hatte zwar wenig Hoffnung, daß der Zufall es gut mit uns meinte, aber einen Versuch war es wert.

In der Zwischenzeit nahm ich ein Taxi ins Hauptzollamt für weitere Verhandlungen. Der Deputy Collector, quasi der zweithöchste Zollbeamte des Landes, nahm sich dort höchstpersönlich meines Problemes an. Nach langen Diskussionen schlug er mir erneut die drei bereits bekannten Wege vor: Carnet de Passage, Bankbürgschaft oder eine Eskorte.

Diesmal sollte es allerdings nicht mehr umsonst sein. Der Preis der Eskorte sollte bei Bahntransport 100 US-Dollar und beim alleinigen Fahren sogar 200 US-Dollar betragen. Der Bequemlichkeit halber bevorzugte er natürlich den Bahntransport, der mir wiederum überhaupt nicht zusagte. Er ließ deshalb den immer noch vor der Tür ausharrenden Zöllner, der mich von Sust hierher begleitet hatte, antreten und fragte ihn ernsthaft, ob er bereit wäre, mich die restlichen 1600 Kilometer weiter nach Karachi nochmals zu eskortieren. Ich glaubte nicht richtig zu hören, als dieser 50jährige sofort einwilligte. Hier herrschte noch absoluter Gehorsam gegenüber den Vorgesetzten...

Allerdings wollte ich ihm im Interesse aller Beteiligten diese Tortur keinesfalls mehr zumuten. Jetzt galt es, die Möglichkeiten einer Bankbürgschaft auszuschöpfen. Hierzu mußte zunächst der Wert des Motorrades festgestellt werden. Nachdem ich dem Schätzer kurz, aber erschütternd mein Schicksal erläutert hatte, genügte ihm ein kurzer Blick, um den Fahrzeugwert inklusiv Zoll und Steuern auf 480 US-Dollar festzulegen.

Mir fiel ein Stein vom Herzen. Diese Summe war gerade noch vertretbar und konnte problemlos aufgebracht und hinterlegt werden. Jetzt sollte es eigentlich keine weiteren Zollprobleme mehr geben. Eine zehntägige Bürgschaft zwischen zwei Bankfilialen innerhalb der beiden größten pakistanischen Städte Islamabad und Karachi würde bestimmt keine weiteren Probleme verursachen, zudem ich diesen Geldbetrag cash hinterlegen konnte. Ich unterschätzte immer noch die pakistanische Bürokratie, wie sich noch zeigen sollte. Bis zur endgültigen Abklärung verschwand das Motorrad deshalb erst einmal im Lagerhaus des Zollamtes, was mir wiederum etwas seltsam vorkam und mich nicht gerade aufbaute.

Mein Zollfreund von Sust bekam den edlen Auftrag, mich noch diese letzten fünf Kilometer zu begleiten. Vor der Tür des Chefs brach er dann allerdings sichtlich erschöpft zusammen und mußte von seinen Kollegen ermutigt werden, den Auftrag auszuführen. Er faßte sich immer wieder deutlich an sein wertes Hinterteil. Um keinen Preis wollte ich ihm die Weiterfahrt nach Karachi noch zumuten.

Als ich abgekämpft zum Campingplatz zurückgekehrt war, sah ich voller Freude André bereits auf mich warten. Ich konnte vor lauter Überraschung es erst gar nicht fassen, ihn wieder gesund und munter vor mir zu sehen. Durch eine Reihe von Zufällen und Glück hatte sich seine Rückfahrt zur Grenze so lange verzögert, daß er just zwei Stunden nach mir am Busbahnhof das Ticket nach Sust kaufen und abfahren wollte. Ich hätte dem Ticketverkäufer beim vorherrschenden Gedränge und Chaos nicht zugetraut, daß er das Phantombild von André in Erinnerung bewahren würde.

André hatte mehrfach versucht, nach Sust zu telefonieren und außerdem ein Telegramm geschickt. Einmal schaffte er es sogar, über die Vermittlung in Gilgit das Zollamt in Sust zu erreichen. Obwohl sie dort genau wußten, daß ich bereits abreiste, informierten sie ihn darüber nicht. Sein Telegramm hatten sie auch nicht

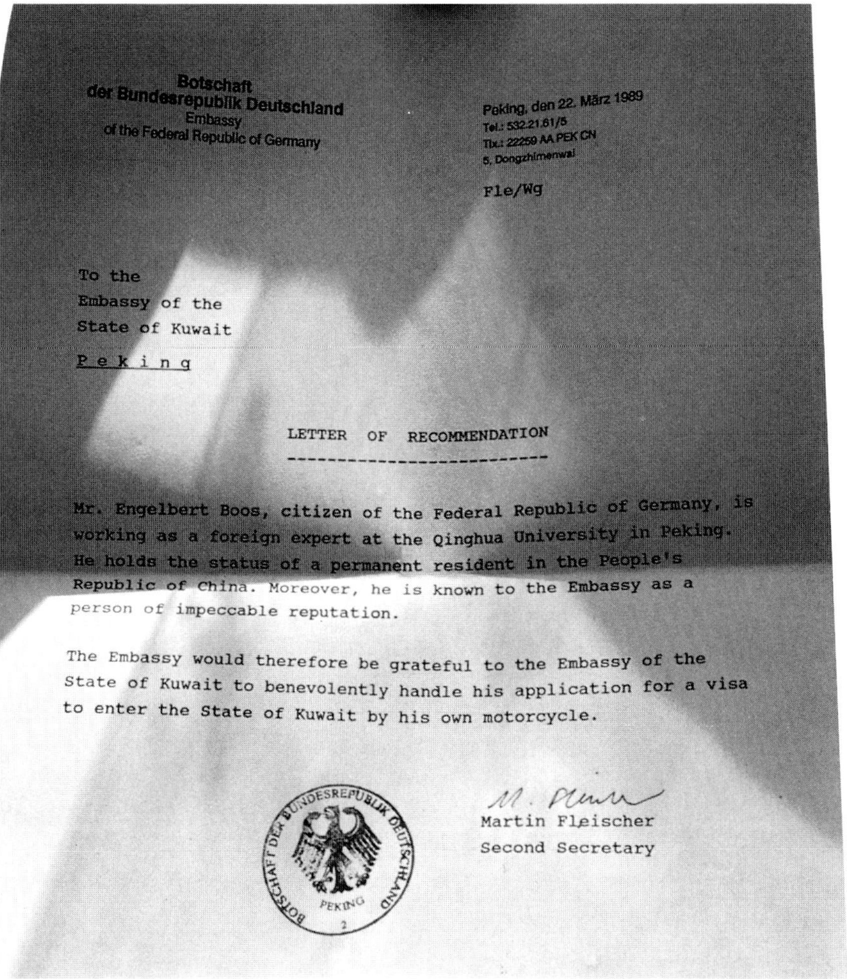
Botschaft
der Bundesrepublik Deutschland
Embassy
of the Federal Republic of Germany

Peking, den 22. März 1989
Tel.: 532.21.61/5
Tlx.: 22259 AA PEK CN
5, Dongzhimenwai

Fle/Wg

To the
Embassy of the
State of Kuwait
P e k i n g

LETTER OF RECOMMENDATION

Mr. Engelbert Boos, citizen of the Federal Republic of Germany, is working as a foreign expert at the Qinghua University in Peking. He holds the status of a permanent resident in the People's Republic of China. Moreover, he is known to the Embassy as a person of impeccable reputation.

The Embassy would therefore be grateful to the Embassy of the State of Kuwait to benevolently handle his application for a visa to enter the State of Kuwait by his own motorcycle.

BOTSCHAFT DER BUNDESREPUBLIK DEUTSCHLAND PEKING 2

M. Fleischer
Martin Fleischer
Second Secretary

***Empfehlungsbrief der Deutschen Botschaft***

übermittelt. Dies hätte ich ihnen eigentlich nicht zugetraut. Nachdem André an der Busstation für kleinere Expreßbusse kein Ticket für den gleichen Tag mehr bekommen hatte, wollte er es noch am zentralen Busbahnhof versuchen, um nicht noch mehr Zeit zu verlieren. Sein Gepäck hatte er bereits dabei und wollte gleich abfahren. Erst als er bereits im Begriff war, das Ticket zu bezahlen, erkannte der Verkäufer noch mein Fahndungsbild und übergab André die Nachricht.

Eine Bankbürgschaft hatte er während dieser Woche trotz aller Mühen nicht auftreiben können.

Wie ich die nächsten Tage feststellen mußte, ist es in Pakistan sogar dann noch unmöglich, eine Bürgschaft zu bekommen, wenn man das Geld bar auf den Tisch legt.

Man sah keine Möglichkeit, uns nach der Wiederausfuhr des Motorrades das Geld zurückzuerstatten. Pakistan ist wirklich das Land der absoluten Unmöglichkeiten. So gesehen, war es in China manchmal einfacher gewesen, unter Ausnutzung des uralten chinesischen Harmoniebedürfnisses eine Lösung zu finden. Wir konnten die Bevölkerung mehr und mehr verstehen, die darüber klagte, daß die ehemalige Besatzungsmacht England alles Positive mitgenommen und dafür ihre aufgeblähte Bürokratie zurückgelassen hätte.

Nach tagelangem Herumlaufen konnte ich schließlich von der Deutschen Botschaft ein Garantieschreiben auftreiben, das Dank des Empfehlungsbriefes von Martin unbürokratisch ausgestellt wurde und uns wesentlich weiterhalf.

Gegen diesen »letter of undertaking«, quasi einer Bürgschaft der Botschaft der Bundesrepublik Deutschland, konnten die Pakistanis jetzt eigentlich nichts mehr einwenden.

Trotzdem wurde der Kollektor, der oberste Zollchef des Landes, noch einmal konsultiert, bis er nach fast zwei Wochen unser Motorrad endlich freigab. Bis ich persönlich vor ihm stand, waren unbeschreiblich viele Schikanen durch den Behörden-Dschungel notwendig gewesen. Und das alles wegen einer simplen zehntägigen Bürgschaft über 480 US-Dollar. So lange sollte unsere Fahrt nach Karachi dauern. Es interessierte niemanden, daß unser Motorrad in Pakistan sowieso so gut wie unverkäuflich war. Als dann der Lagerhauschef noch mit weiteren Einwänden daherkam, obwohl wir bereits die Unterschrift des obersten Zollchefs hatten, hätte ich ihn am liebsten gewürgt.

Bereits einen Tag nach der Einlieferung unserer Yangtse hatten wir erste Probleme mit ihm. Wir wollten unsere Batterie ausbauen und in der Zwischenzeit wieder nachladen lassen. Der Lagerchef wollte uns jedoch die Batterie nach bürokratischem Papierkrieg aushändigen. Da wir allerdings auch keine Empfangsbestätigung bei der Einlieferung des Motorrades bekommen hatten, wollten wir uns auf keinen Fall darauf einlassen, bauten sie deshalb einfach aus und nahmen sie trotz sichtlicher Proteste mit.

Nebenbei hatten wir gleich das im Beiwagen noch versteckte ASAHI-Bier und die Flasche chinesischen Brandy mitgenommen und abends im Hotel genossen. Zum Glück bemerkten und beschlagnahmten die Zöllner nicht diese zwar offiziell verbotene, aber um so besser schmeckende Konterbande.

Im Hotel waren inzwischen zwei weitere Motorradfahrer angekommen. David aus England und Jean-Claude aus Frankreich waren die ersten Weltenbummler mit Motorrädern, die wir auf unserer bisherigen Reise trafen. Wir ließen uns den Brandy schmecken, es wurde eine lange Nacht.

Seit vier Jahren war David bereits mit seiner BMW-Enduro unterwegs, 120000 Kilometer ohne wesentliche Probleme. Wir konnten uns kaum vorstellen, daß sein Motorrad über so viele Jahre hinweg praktisch keinerlei Reparaturen erforderte. Seine Route führte über Westafrika und Kenia nach Südafrika. Von dort wurde er von einem Schiff umsonst mit nach Südamerika genommen. Über Zentralamerika und Kanada erreichte er schließlich Australien. Dort nahm er ein Flugzeug nach Singapur. Von Thailand schipperte er nach Bangladesh und fuhr weiter über Indien und Nepal nach Pakistan. In Bali ließen ihn die Behörden mit seinem Motorrad leider nicht aussteigen, und er mußte es bis zu seiner Ausreise im Zoll lassen. Seine

Erzählung bewies wieder einmal mehr, daß die größten Probleme bei einer solchen Tour die Behörden machen.

Jean-Claude fuhr eine ähnliche Strecke mit seiner Yamaha XT 250 Enduro. Er hatte allerdings öfters Ärger mit seiner Maschine, obwohl sie sehr wendig und flott gefahren werden konnte. Hier in Pakistan benötigte er wieder einen Kolben, den es hier neu nicht gab. Es fanden sich in Pakistan allerdings pfiffige Mechaniker, für die eine Neuanfertigung keine großen Probleme darstellte. Obwohl der Motor für 200 Kilometer inzwischen einen Liter Motoröl schluckte, ging die Reise dennoch weiter. Übereinstimmend sagten unsere neuen Freunde, daß vor allem in Südafrika, Australien, Singapur und den USA alle gängigen Ersatzteile gut besorgt werden könnten – leider nicht unsere Strecke.

David und Jean-Claude wollten eine Woche nach uns nach Karachi fahren, um dann mit uns zusammen den Rückweg nach Europa in Angriff zu nehmen. Zu erzählen gab es jedenfalls eine Menge interessanter Geschichten. Tips und Erfahrungen mit den pakistanischen Behörden in Karachi ersparten später viel Ärger. Das »Gewußt wie« ist bei solchen Touren mit das Entscheidendste.

Die relativ kleine Gruppe der weltreisenden Motorradfahrer trifft sich immer wieder unterwegs, und aktuelle Informationen laufen somit schnell rund um den Globus. Das Schöne dabei ist, daß man immer wieder voneinander hört, auch wenn inzwischen vielleicht bereits ein Jahr vergangen ist. Diese gemeinsamen Erlebnisse bauen enge Freundschaften auf, die häufig lange vorhalten. Da dieser Abend viel zu kurz war und wir sowieso das gleiche Ziel hatten, wollten wir uns in der Jugendherberge in Karachi wiedertreffen, um vereint besser gegen die pakistanische Bürokratie ankämpfen zu können. André und ich verweilten sowieso schon viel zu lange in Islamabad und wollten deshalb gleich am nächsten Tag weiter.

In Karachi erhofften wir, Visa für die nächsten Etappen zu ergattern. Wir wollten nämlich möglichst die ganze Strecke von Peking nach Müchen auf dem Landweg realisieren. Nach Khomenis Tod war jedoch weder ein iranisches noch saudiarabisches Visum zu bekommen. Die ansonsten so bewährten Empfehlungsbriefe von Martin versagten hier, obwohl sie mir uneingeschränkte Reputation bestätigten. Andererseits bevorzugten wir inzwischen zur Abwechslung einmal eine etwas weniger ärgerbehaftete Etappe. Die einzige Möglichkeit sicher weiterzukommen, schien der Weg über Karachi zu sein. Dort wollten wir noch einmal diverse Konsulate aufsuchen und notfalls mit dem Schiff nach Jordanien und/oder Syrien weiterfahren.

Zuerst mußte jedoch unsere Yangtse aus dem Zoll heraus. Nachdem wir dem Lagerhauschef zuletzt die erwünschten Kopien der Reisepässe mitbrachten, schrieb er ein zweiseitiges Protokoll und übergab uns schließlich feierlich das Bike. Wir bekamen zehn Tage Zeit, es in Karachi wieder auszuführen. Deshalb mußten wir ziemlich schnell die Strecke hinter uns bringen und konnten leider nicht die landschaftlich und kulturell reizvollere Route über Lahore nehmen.

Wir hatten zwar keine Berge mehr vor uns, dafür waren die Straßen nur noch breit genug für ein Fahrzeug und der Verkehr stärker sowie die Lastwagen- und Busfahrer

*Idylle Zentralpakistans*

rücksichtsloser. Sie erzwangen oft bis zur letzten Sekunde die Vorfahrt und nötigten uns als schwächeren Verkehrsteilnehmer, stark abgebremst auf den holprigen 15 Zentimeter tiefer liegenden Fahrbahnrand auszuweichen. Wir fühlten uns schon deshalb unwohl dabei, weil wir mit unserer recht lädierten Yangtse nicht mehr riskieren wollten als unbedingt notwendig. Daher hatten wir nach wie vor ziemlichen Streß beim Fahren.

Wir tranken täglich unsere 4 bis 5 Liter Wasser, um den ausgeschwitzten Wasserhaushalt wieder in Griff zu bekommen. Zusätzliche Probleme bescherten die Verkehrsschilder, die wir oft nicht mehr lesen konnten. Im Gegensatz zu China erlangten wir von den Einheimischen kaum noch brauchbare Auskünfte, da wir ihre Sprache nicht mehr verstanden. Es zeige sich einmal mehr, daß die landessprachliche Verständigung einer der wertvollsten Schlüssel zu fremden Kulturen und Menschen ist, den man sich vorstellen kann.

Die Tankstellen boten meist zusätzlich eine Garküche und mehrere unter freiem Himmel aufgestellte Bettgestelle. Hierauf konnte gegessen, ausgeruht und übernachtet werden. Dieser Service wurde vor allem von den vielen Truckdrivern – und uns – gerne in Anspruch genommen. Die herumstehende und gaffende Menschenmasse war größer und lästiger, als wir es von China gewohnt waren. Sie ließen sich durch nichts abschrecken. Dazu kam die mördersiche Hitze. Wir fanden kaum noch eine ruhige Ecke, um ungestört unsere Reparaturen durchzuführen oder einfach nur während der Mittagshitze die Beine hochzustrecken. Nicht einmal das Mittagsmahl war das, was es noch in China gewesen war: der Höhepunkt des Tages. Es war weder nahrhaft noch gut; es entsprach lediglich einem reinen Muß, um bei Kräften zu bleiben. Die Linsen oder Bohnen wurden zwar deftig und scharf, aber unappetitlich in öliger Soße mit kaum einem guten Stückchen Fleisch zubereitet. Am flauen Magen, dem Krampf im rechten Bein sowie einem Taubheitsgefühl der linken Hand

*Garküche, Nachtlager und Tankstelle in einem*

ließ sich der Mineralien- und Vitaminmangel immer deutlicher spüren. Meine Energiereserven für die täglich neuen Etappen konnte ich erst durch die regelmäßige Einnahme der in Islamabad gekauften Vitamintabletten wieder langsam aufbauen.

Nachdem wir bei Manaraja einen Sandsturm überstanden hatten, waren wir froh, bei einem Tankwart übernachten zu können. Beim Abendessen zauberte er neben den üblichen Säften und der Cola sogar eine Flasche selbstgebrannten Schnaps hervor, was uns in dieser islamischen Welt doch ziemlich überraschte. Wir hatten jedenfalls wieder einmal mit Einheimischen ein gemütliches Beisammensein und unterhielten uns bis spät in die Nacht über die Korruption und die Bürokratie, die die Engländer 1948 hier zurückgelassen hatten. Der Chef war mächtig stolz, uns als Gäste vorführen zu können. Er bot uns auch großzügig seine selbstgebaute Dusche an. Die elektrische Pumpe konnte dabei nur ein- oder ausgeschaltet werden. Entweder kam ein kräftiger Vollstrahl oder kein Wasser. Sein Hund schaute dabei etwas mißtrauisch zu und wußte wohl nicht so recht, was er von uns halten sollte. Er bewachte zumindest zuverlässig die Yangtse mit den beiden daneben stehenden Bettgestellen. Gegen die zunehmende Moskitoplage konnte allerdings auch der Hund nichts ausrichten. Für den nächsten Tag hätte einer seiner Gäste uns noch gerne in sein 100 Kilometer entferntes Jagdrevier eingeladen. Leider blieb uns keine Zeit hierzu. Nach einem gemeinsamen Frühstück und mit eiswassergefüllten Flaschen zur Erfrischung, machten wir uns bereits frühmorgens auf, um rechtzeitig Karachi zu erreichen.

Während der folgenden zwei Tage hatten wir wieder jede Menge Ärger mit der Maschine. Der rechte hintere Stoßdämpfer setzte teilweise aus und brauchte Fett, da das alte durch die Wärme immer wieder auslief. Dadurch stand das Hinterrad wieder 20 Grad schief, und die hinteren kurzen Speichen zerbrachen erneut wie Streichhölzer. Fettpressen, die das Fett mit dem erforderlichen Druck hineingepreßt hätten, waren kaum aufzutreiben.

Der Motor ließ sich inzwischen sowieso nur noch mit der klassischen Kaltstartmethode anwerfen, die ich normalerweise nur während der eisigen Wintermonate benötigte.

Bei dieser Kaltstartmethode müssen die Vergaser mit den Tupfern stark geflutet und der Luftschieber ganz geschlossen werden. Bei ausgeschalteter Zündung wird dann ungefähr sechsmal der Kickstarter durchgetreten, um den Brennraum mit einem hochkonzentrierten Benzin-Luftgemisch anzureichern. Jetzt wird die Zündung eingeschaltet und bei ganz aufgedrehtem Gas der Kickstarter kräftig durchgetreten. Im Regelfall springt der Motor bereits beim ersten oder zweiten Versuch an. Bevor der Motor allerdings wieder abwürgen kann, muß schnell genug der Luftschieber geöffnet und der Motor bei höherer Drehzahl gehalten werden, bis er warm ist. Am besten ist es, wenn man gleich losfährt.

Bevor ich diesen Trick kannte, hatte ich oft mehr als fünfzigmal den Kickstarter durchtreten müssen, um die Zündkerzen genug anzuwärmen und den Motor zu starten.

Diesmal half allerdings auch diese Kaltstartmethode nicht viel weiter. Der Motor

***Südpakistani***

begann kurz darauf wieder zu stottern, und die inzwischen nur noch fremdgestartete Batterie war leer. Der Generator gab endgültig seinen Geist auf, die Kohlenbürsten und die Kollektorrillen waren am Ende. Auf freier Strecke versuchten wir zwei Stunden lang, die Maschine wieder in Gang zu setzen. Alles war jedoch vergebens. Wir mußten uns von einem Jeep ins nächste Dorf ziehen lassen, um mit Hilfe einer Werkstatt das Zahnrad vom Generator abziehen zu können. Das Abschleppen war anstrengend genug: Der Jeep fuhr recht stockend los und zerriß dabei zweimal unser Seil.

Größere Ängste bereiteten aber die ruckartigen Zugkräfte. Man mußte befürchten, daß Rahmen oder Gabel etwas abbekommen könnten.

Bereits nach wenigen Kilometern kamen wir an einer kleineren Werkstatt vorbei, die gerade sechs Batterien in einer Reihe angeschlossen hatte und wieder auflud. Es lagen auch einige revisionsbedürftige Generatoren herum. Gerade der richtige Laden, dachten wir, und bauten die Lichtmaschine aus, um das Zahnrad im Schraubstock abziehen zu lassen. Die Lichtmaschine wurde vom Stirnrad der Nockenwelle über dieses Zahnrad angetrieben. Beim Ausbau des unter dem Tank befindlichen Generators mußte unbedingt darauf geachtet werden, daß er beim Wiedereinbau genau an die richtige Position hingedreht war, um die Zahnräder nicht zu gefährden. Ron hatte in Peking mit seinem Motorrad deshalb einmal einen Schaden davongetragen.

Trotz des inzwischen gut funktionierenden Generators schien die von China her allzu gut bekannte Reparaturwelle nicht mehr abreißen zu wollen.

Bei höherer Drehzahl setzte immer wieder die Zündung aus. Während der langen Suche nach der Ursache sammelte sich eine Menge Neugieriger um uns herum und stellte unsere Geduld auf eine harte Probe. Nachdem wir beide Zündkerzen gewechselt hatten, lief die Kiste die nächsten 100 Kilometer zunächst ganz gut. Dann ließ sie sich allerdings überhaupt nicht mehr starten. Systematisch checkten wir die Batterie, den Unterbrecher, die Zündspule, die Kerzen und den Zündkondensator, da der Funke nur unregelmäßig übersprang. Nach Stunden fanden wir endlich heraus, daß der Kondensator an der Lötstelle einen Wackelkontakt hatte: wieder einmal kleine Ursache, große Probleme.

Zum Glück bot die immer tropischer werdende Landschaft mit ihren Bananen- und Palmenhainen sowie den bunt bemalten Lastwagen einen entspannenden Ausgleich für den Ärger mit der Kiste. Über den »Super-Highway«, wie ein Schild ein Stück Autobahn ankündigte, brachten wir die letzten 200 Kilometer nach Karachi durch eine heiße und trockene Wüste zügig hinter uns.

Karachi, die Hauptstadt der Provinz Sind, ist Pakistans größte und wirtschaftlich bedeutendste Metropole. Seit die Briten 1843 Sind eroberten, wuchs Karachi vom kleinen unbedeutenden Fischerdorf rasant zum wichtigsten Industrie- und Handels-

***Vor den Toren Karachis***

zentrum des Landes – vor allem ein Verdienst des geschützten Hafens, denn jahrhundertelang war die Stadt durch die umliegende Wüste vom Hinterland abgeschnitten.

Die britischen Eroberer begannen sogleich, den Hafen auszubauen und das Hauptquartier für ihre Armee einzurichten, etablierten den Gerichtshof, bauten Wohnbezirke für das Militär und repräsentative Gebäude für die zivile Verwaltung. Noch heute ist dieser »Saddar« genannte Verwaltungsbezirk das städtische Zentrum.

Seit der Unabhängigkeit Pakistans 1947 wuchs die Einwohnerzahl Karachis drastisch von 400.000 Einwohnern auf über 2 Millionen 1964 und mehr als 5 Millionen heutzutage an. Ein Ende des Wachstums scheint noch lange nicht erreicht. Trotzdem ist Karachi weitgehend von einer Wolkenkratzerskyline verschont geblieben. Neue Viertel entstehen vornehmlich in Wüstengebieten vor der Stadt.

Nach der Unabhängigkeit Pakistans war zunächst Karachi die Landeshauptstadt, bis es später diese Funktion aus politischen Gründen an die eher im Herzen des Landes liegende Stadt Islamabad abgeben mußte. Karachi blieb trotzdem für Handel, Banken, Industrie und Verkehr die wichtigste Stadt Pakistans. Wir ahnten noch nicht, daß in Karachi die Bürokratie noch schlimmer als in Islamabad und Sust sein würde.

In der Jugendherberge wollten wir David und Jean-Claude wiedertreffen. Sie waren jedoch noch nicht hier. Dafür trafen wir allerdings Guillaume, einen anderen Franzosen, der bereits seit drei Jahren mit seiner 600er Honda-Enduro um die Welt reiste und David bereits von Indien her kannte. Jean-Claude hatte er bereits zwei Jahre vorher in Peru zum ersten Mal und später in Australien ein weiteres Mal getroffen.

Von Guillaume erfuhren wir, daß es mit Schiffen praktisch unmöglich war, preis- und zeitgünstig aus Pakistan wegzukommen. Schmiergelder, Zeitaufwand, Papierkrieg und wenig frequentierte Routen machen dieses Unterfangen gegenüber dem Fliegen in vieler Hinsicht uninteressant. Wirklich kaum zu glauben.

So mußte man mit einer Containermiete von rund 2000 Dollar sowie einer Reisezeit von ein bis zwei Monaten rechnen. Auf andere Bedingungen wollten sich die Agenten überhaupt nicht einlassen. Vorausgesetzt, man kommt ohne Schmiergelder überhaupt an die richtigen Leute im Hafen heran, der hermetisch abgeriegelt ist. Deshalb machten wir uns gleich auf den Weg, den Luftweg ins nächstmögliche Zielland Jordanien auszukundschaften.

Für den Iran und Saudi-Arabien konnten wir auch in Karachi leider keine Visa bekommen. Sie wollten uns nach zwei Monaten Wartezeit lediglich mitteilen, ob wir eines bekommen könnten oder nicht. Sie waren uns gegenüber eher unfreundlich und arrogant. Wir erhielten nicht einmal eine direkte Auskunft. Deshalb begruben wir den Gedanken an eine Durchquerung des Iran. Ein Carnet hatten wir zudem sowieso nicht.

Auch die pakistanische Fluggesellschaft nannte nur Gründe, die gegen unsere Mitnahme sprachen. Sie gaben sich weder kooperativ noch günstig. Sie wollten nicht einmal mitteilen, für welche Fluggesellschaften sie die Fracht abwickeln beziehungsweise welche Stellen uns weiterhelfen könnten. Zuerst allerdings boten sie einen akzeptablen Preis, als es aber konkret werden sollte, hatten sie angeblich nur noch eine komplett zu bezahlende Palette für drei Tonnen Fracht teuer anzubieten. Andernfalls müßten wir mit unseren 600 Kilogramm noch zwei Monate warten.

Die syrische Fluggesellschaft hätte zwar das Motorrad mit 600 Kilogramm akzeptiert, aber eine Holzkiste, eine Bearbeitungsgebür von 200 DM sowie ein etwas verbilligtes Erste-Klasse-Flugticket für André und mich wären zusätzlich noch zu bezahlen gewesen. Der Ticketverkäufer erinnerte sich dabei noch gut an den Italiener, der zwei Jahre vorher mit seiner chinesischen Frau diesen Trip nach Italien unternommen hatte. Er flog mit seiner Yangtse damals von Karachi nach Damaskus in Syrien und fuhr im großen und ganzen die gleiche Route.

Faire Bedingungen bot erst Herr Zahid von der jordanischen Fluggesellschaft Alia, der Royal Jordanian Airlines. Nicht einmal eine teure gewichts- und volumenvergrößernde Holzkiste war erforderlich. Unpakistanisch und unbürokratisch zog er uns einer Zuckerladung vor, die ihm viermal so viel Geld gebracht hätte. Auf dem Papier hätten wir sogar binnen zehn Minuten die Yangtse im Frachtraum des Fliegers haben müssen. Die Verladeprozedur mußten wir jedoch mit den korrupten pakistanischen Beamten am Flughafen abwickeln. Dort versuchte jeder, uns erst einmal mit klugen Ratschlägen oder mit irgendwelchen fadenscheinigen Einwänden wieder loszuwerden.

Viele Probleme lagen grundsätzlich im bürokratischen System. Als beispielsweise André sein Flugticket bezahlen wollte, benötigte er zuerst Schecks, die er sich mit seiner American Express Kreditkarte ausstellen lassen wollte. Um diese zu besorgen, war allerdings ein Flugticket erforderlich. Erst nach langen Diskussionen und der richtigen Einsicht, ihn ohne Geld nicht mehr loszuwerden, bequemte sich die Bank, eine Auskunft von seiner Hausbank in den Niederlanden einzuholen.

Etwas komplizierter war es noch bei unserem neuen französischen Freund Guillaume, der ähnlich wie im »Hauptmann von Köpenick« eine Visaverlängerung brauchte. Sein Paß lag bereits eine Woche auf der Paßstelle. Ohne Paß bekam er kein Geld und ohne Geld kein Ticket, welches er wiederum für seine Visumverlängerung benötigte.

Sein Fehler war gewesen, daß er keinen Agenten einschaltete, der 50 DM gekostet und das Geld dann an die entsprechenden Leute verteilt hätte. Innerhalb eines Tages kann man alles erledigen und das Visum bekommen. Dies muß man aber erst einmal wissen. In Bangladesh, dem früheren Ostpakistan, soll es aber noch schlimmer sein. Mit einem Carnet de Passage benötigt man 55 und ohne dieses 57 Stempel bei der Einfuhr eines Motorrades, wie mir Guillaume erzählte. Wenn alles gut läuft, hat man diese Stempel in drei Tagen zusammen. Man darf nur nicht vergessen, genügend kleinere Geldscheine in der Hosentasche parat zu haben.

Am Vortag unseres Abfluges erschienen wir in Erwartung weiterer Schikanen bereits um 8 Uhr im Frachtbüro, obwohl unser Flug erst für den nächsten Tag angesetzt war, keine Stunde zu früh – wie sich herausstellen sollte. Der Abflugtag fiel zudem noch auf einen Freitag, den moslemischen Sonntag.

Zuerst wollten die PIA-Leute unsere Airwaybillnummer, die Reservierung, nicht anerkennen und eine neue geben. Wir befürchteten, daß sie uns mit einer neuen Nummer die Reservierung für diesen Flug streitig machen könnten, und lehnten daher strikt ab. Wir trauten den Beamten überhaupt nicht mehr über den Weg. Dann wollten sie das Motorrad als gefährliches Gut abstempeln und überhaupt nicht mehr mitnehmen. Immer wieder gab es Rückfragen beim Aliabüro, wo Herr Zahid zum Glück immer gleich Rückendeckung gab.

Erst nachdem Batterie, Benzin und Motoröl entleert sowie der Civil Aviation Authority ein letztendlich sinnloser Besuch abgestattet waren, um eine schließlich doch nicht erforderliche Spezialgenehmigung zu bekommen, konnten wir das Siegel »gefährlich« endlich loswerden. Beim Abstempeln der Zollpapiere schlich sich dann noch ein Agent dazwischen und kassierte für zehn Minuten Arbeit 50 DM ab. Da der Geschäftsschluß schon nahte, war dies aber die billigste Lösung.

Guillaume, der sein Motorrad wegen der 500 Kilogramm Tarifgrenze mit uns zusammen abfertigte, hatte mit dem Zoll trotz seines Carnet noch mehr Probleme. Das Zollamt am Flughafen meinte, daß es für ihn nichts tun könne.

Das für ihn zuständige Zollamt wäre in der Stadt und benötige normalerweise zwei Tage Zeit. Inzwischen hatten wir vor dem Abflug nur noch ein paar Stunden. Es erschien unmöglich, rechtzeitig wegzukommen. Aber es mußte klappen, egal was es kostete.

In letzter Minute wurde das Unwahscheinliche glücklicherweise doch noch wahr. Wir konnten unsere Motorräder endlich fluggerecht abfertigen.

Da von den PIA-Leuten jeweils der teurere Tarif von Volumen oder Gewicht verrechnet wird, hatten wir alles Hervorstehende am Motorrad abmontiert und somit das Volumen minimiert, obwohl unsere Fluggesellschaft Alia bereits den Gewichtspreis als günstigere Lösung akzeptiert hatte. Alia legte Wert darauf, daß das Motorrad leichter zu bewegen und zu verladen war.

Die PIA-Leute kamen natürlich auch mit dieser Schikane daher und wollten statt der tatsächlichen 600 umgerechnet stolze 706 Kilogramm abkassieren, weil das Volumen im Vergleich zum Gewicht teurer wäre, bei einer Frachtrate von drei DM pro Kilo nicht unbedeutend. Wir standen kurz davor zu explodieren, da wir die 600 Kilogramm in dieser Form mit Alia bereits vereinbart hatten und es PIA im Grunde nichts anging, wie Alia seine Fracht abwickelte. Schnell bauten wir noch das Vorderrad heraus, um auf das vorschriftsmäßige Volumen zu kommen und die 300 DM Mehrkosten zu sparen. Jetzt konnten wir die Motorräder aber nicht mehr auf die Palette bekommen. Der inzwischen eintreffende Alia-Frachtmanager brach deshalb mit den PIA-Leuten einen mächtigen Streit vom Zaune, da diese immer solche Schikanen bereiteten.

Die schweren Ersatzteile wie Kolben, Zündspule, Bowdenzüge und elektrische Kabel hatten wir sowieso mit ins Handgepäck genommen, das erstaunlicherweise bei den strengen Sicherheitsüberprüfungen erfolgreich durchgeschmuggelt werden konnte, trotz Metalldetektoren und bombenähnlichen Outfits.

Trotz alledem muß man hervorheben, daß die Bevölkerung Pakistans sehr interessiert, freundlich und hilfsbereit war und noch mehr als die Ausländer unter der Behördenwillkür zu leiden hat.

David und Jean-Claude trafen inzwischen auch in Karachi ein. Zum Abschied aus Pakistan gingen wir nochmals gemeinsam zum Essen und tranken ein letztes Lassi, einen erfrischenden Joghurtdrink, der in Pakistan sehr populär ist und optimal den Durst stillt. Es war keine Frage, daß wir uns eine Woche später in Amman wiedersehen wollten. So flogen wir zwar etwas gestreßt, aber doch mit dem guten Gefühl, wieder einen schwierigen Part Reise gut hinter uns gebracht zu haben, hinein ins arabische Jordanien.

# Im Königreich Jordanien

Autos der Marken Mercedes, BMW und Peugeot, Busse von MAN, westlich ausschauende Frauen und seit langem wieder die erste Flasche Bier waren unverkennbare Zeichen, daß wir der Heimat ein gutes Stück näher kamen. Für das Amstel-Bier und den Drum-Tabak waren allerdings auch westliche Preise zu bezahlen, an die wir uns erst wieder gewöhnen mußten.

Nach 2000 Kilometern mit dem Flugzeug landeten wir im Reich von König Hussein im Herzen des Mittleren Ostens. Er regiert seine drei Millionen Untertanen seit 1951; seine Ehefrau ist Amerikanerin.

Westliche Offenheit und Besonnenheit prägt die Politik des Haschemitenherrschers. Trotzdem verwickelte er sich in mehrere kriegerische Konflikte mit seinem Erzfeind Israel und verlor dabei 1967 das fruchtbare Westjordanland und Ostjerusalem.

Seither ist Jordanien mit zahlreichen palästinensischen Flüchtlingslagern überzo-

***Ankunft in Amman***

gen. Vom Ölreichtum der arabischen Nachbarn hat es leider nicht viel abbekommen. Deshalb lebt das Reich hauptsächlich von der Landwirtschaft und großzügigen Entwicklungshilfegeldern der reichen arabischen Brüder – zumindest bis zum Golfkonflikt. Der größte Teil des Landes besteht aus unwirtlicher Wüste.

Die Ankunft in der jordanischen Hauptstadt Amman war ein Kulturschock. Obwohl Amman eine der ältesten Städte der Welt ist, ihr Alter reicht zurück bis 300 vor Christi, ist es heute eine moderne Stadt westlichen Zuschnitts. An die alte Zeit erinnern nur noch ein Amphitheater und die Ruinen einer alten Garnison über einem der sieben Hügel der Stadt.

Trotzdem verläuft hier immer noch die Seidenstraße. Die Stadt Petra war eine der wichtigsten Stationen der alten Handelsstraßen, die vom syrischen Damaskus bis nach Arabien und China reichten. Mit Sklaven- und Seidenkarawanen machten sich die wagemutigen Händler auf den weiten Weg. Bevor wir Petra besuchen konnten, mußten wir erst einmal die Angelegenheiten mit dem Zoll abklären, um unsere Yangtse mitzunehmen.

Beim Zoll arbeiteten die Mitarbeiter schon wesentlich schneller, als es in Pakistan noch der Fall war. Ohne viele Fragen setzte einer nach dem anderen seine Unterschrift und eine kurze Bemerkung unter unsere Airwaybill und schickte uns dann weiter. Zwischen Inspektionen und Registrierungen rannten wir hin und her, bis wir das Motorrad schließlich auf einen kleinen Transporter luden und mit ihm vom Flughafen abfuhren.

Leider täuschte die augenscheinlich problemlose Abfertigung, wir fuhren nicht in die Freiheit auf die Landstraße, sondern direkt ins Lagerhaus des Zollamtes, am Rande von Amman. Am nächsten Tag sollten wir hier unser Motorrad zurückerhalten. Das flaue Gefühl im Magen signalisierte allerdings eher Gegenteiliges.

Dort ging dann die Abfertigung ähnlich zügig vonstatten wie am Flughafen. Unsere Yangtse wurde allerdings danach nur weiter nach innen anstatt nach außen befördert. Fatalerweise kam hier noch hinzu, daß keiner der Beamten darüber klare Auskunft gab, was mit dem Motorrad geschehen sollte.

Leider bekamen wir wieder allzu Bekanntes zu hören. Ohne Triptick oder Carnet wäre eine Sondergenehmigung vom Hauptzollamt in der Stadt erforderlich. Also nichts wie dorthin.

Bereits nach fünf Stunden und elfter Stelle landeten wir beim angeblich entscheidungsfähigen Zollchef, dem Assistant Director. Wieder einmal schien klar, daß nur Zeit, Geduld und Hartnäckigkeit weiterhelfen könnten.

Während er noch telefonierte, bat er uns freundlich herein und erzählte, daß Europäer hier gerne gesehen seien und wir mit unserer Tour etwas für internationale Freundschaft täten. Deshalb könnten wir auch selbstverständlich eine Woche Transitgenehmigung bekommen: Unvorstellbar, daß es tatsächlich möglich sein sollte, ohne Diskussionen eine relativ formlose Transiterlaubnis zu erhalten.

Im Lagerhaus ging es danach relativ schnell. Gerade noch rechtzeitig vor Feierabend konnten wir die letzten Unterschriften in diesem überwältigenden Papierkrieg erhalten und unser Motorrad vom hintersten Abstellplatz herausholen.

Vor den Toren des Zollhauses ließen wir dann die Batterie wieder nachfüllen und aufladen. Bei dieser Gelegenheit zerlegten wir auch gleich die Vordergabel, die sich gelockert zu haben schien. Das Lampengehäuse lotterte ohne richtige Stabilität mehrere Zentimeter herum. Man konnte leider nicht durch den äußeren Blechmantel hineinsehen, um die Ursache festzustellen. Nach kompletter Demontage stellte sich heraus, daß die Sicherungsdrähte der Befestigungsschrauben gebrochen waren. Anstatt üblicher Sicherungssplinte wurden die Schrauben nur mit einem dünnen Draht gegen unbeabsichtigtes Lockern geschützt. Wieder einmal ein Schaden, den man kaum für möglich gehalten hätte.

Die Dichtringe und das ausgeschlagene Lenkkopflager mußten auch wieder ersetzt werden. Um nicht zu riskieren, daß aus der Gabel auslaufendes Öl über die Radnabe zwischen die Bremsbeläge laufen konnte, füllten wir nur noch bis zu einem Stand von zwei Zentimetern Öl in die Vordergabel ein. Da wir die harten Pisten der

***Gebrochener Bremsbacken***

Wüsten und Berge Chinas und Pakistans hinter uns hatten, schien dieser reduzierte Ölstand gerade noch vertretbar. Wir hatten nach vier Stunden wieder alles fachmännisch zusammengeschraubt.

Endlich konnten wir Amman verlassen und wieder ein Stück weiterfahren. Auf der Straße in Richtung Süden nach Aqaba und Saudi Arabien wollten wir die antike Stadt Petra besuchen, den wichtigsten Touristenort Jordaniens. Guillaume fuhr natürlich mit.

Unterwegs hielt er laufend Ausschau nach Schmetterlingen, die er dann mit seinem Netz verfolgte und meist auch erfolgreich einfing. Seine Sammlung umfaßte bereits einige tausend Exemplare aus vielen Winkeln der Erde. Die größten und schönsten Schmetterlinge fing er in Papua Neu Guinea. Sie waren so groß wie eine Handfläche. Die kleinsten haben nur einen Durchmesser von wenigen Millimetern, und es erfordert ein geübtes Auge, sie überhaupt zu entdecken. Ihre durchschnittliche Lebensdauer kann nur wenige Stunden, aber auch einige Tage betragen. Für die Einheimischen war er natürlich die Attraktion, wenn er mit seinem großen Schmetterlingsnetz in der Hand und einem zusammengeknoteten Taschentuch auf dem Kopf durch die Landschaft streifte.

Petra wurde 300 vor Christi gebaut und geriet nach der Blüte des Handels mit der Seide und den Sklaven über 1000 Jahre lang in völlige Vergessenheit. Erst 1812 wurden seine Ruinen wiederentdeckt und ab 1829 ausgegraben. Bevor man die in die umliegenden Berge hineingemeißelten Tempel, Paläste und Grabmäler erreicht, muß man durch eine zwei Kilometer lange schmale Schlucht marschieren. Deshalb ist auch heute noch alles gut erhalten und die Stadt erst vor 50 Jahren wiederentdeckt worden.

Petra liegt an der legendären Königstraße, die durch eine schöne, hügelige Landschaft führt. Bei angenehmen sommerlichen Temperaturen konnten wir so richtig das Fahren genießen. Mit den offiziellen Transitpapieren in der Tasche hatten wir erstmals keinen Behörden- und Organisationsstreß mehr. Tankstellen gab es außerdem genug, und die Straßen waren gut ausgebaut.

Vollkommen entspannt fuhren wir wiederum einen der zahlreichen Hügel hinab, als plötzlich das passierte, was man normalerweise nur an frisierten Autos in Krimis sieht: Die Hinterbremse ließ sich völlig durchtreten und zeigte keinerlei Wirkung mehr. Die Vorderbremse taugte sowieso nicht viel. Wir schossen immer schneller der nächsten Kurve entgegen und konnten nur hoffen, auf keinen Gegenverkehr zu stoßen und irgendwie sicher zum Stehen zu kommen. Zum Glück lag unsere Reisegeschwindigkeit nur bei bescheidenen 60 Stundenkilometern, und der Berg hatte kein zu steiles Gefälle. Ich mußte mich völlig auf die Kraft der Motorbremswirkung verlassen. Langsam schaltete ich vom vierten in den dritten, zweiten und ersten Gang herunter, bis wir letztendlich doch noch sicher zum Stehen kamen. Als wir den Hinterreifen ausgebaut hatten, sahen wir ungläubig, was passiert war: Bremsbacken gebrochen! Erstaunlicherweise fand sich auch dieses Teil in unserem großen Fundus.

***Linke Seite: Arabische Reparaturwerkstatt***

Soviel über die Fertigungsqualität unserer Yangtse. Bei dieser Gelegenheit ersetzten wir gleich ein ausgeschlagenes Radlager. Die erneut gebrochenen fünf Speichen und sechs Speichengewindehülsen sowie das Ölen der Bowdenzüge und Nachfetten der hinteren Stoßdämpfer gehörten inzwischen schon zur Routine und sind eigentlich keiner Erwähnung mehr wert.

Auf dem Weg ins nördliche Kanak steuerten wir das »Tote Meer« an, das mit minus 320 Metern tiefste Gewässer der Erde. Nach 40 Kilometern häufigem Auf und Ab waren dann wieder einmal die Bremsen und der Motor heiß und eine Pause fällig. Praktischerweise fand sich an Ort und Stelle ein Laden mit Bier. Wir durften aber diesen edlen Trunk nicht auf der Straße trinken, da wir uns immer noch in einem moslemischen Land befanden und nebenan ein Jugendzentrum seinen Eingang hatte. Es mangelte uns jedoch nicht an der erforderlichen Flexibilität und Anpassungsfähigkeit, das Bier im Laden zu trinken.

Abends suchten wir einen Schlafplatz irgendwo draußen in der Wüste Negev. Auf einem kleinen Feldweg kamen wir kurz vorher noch an einem Nomadenzelt vorbei, wo wir zum Tee eingeladen wurden. Das Zelt war in eine Richtung ganz offen und in je ein Abteil für die männlichen und weiblichen Mitglieder aufgeteilt. Leider konnten wir uns nicht auf Arabisch unterhalten und zogen deshalb bald weiter, um noch vor Einbruch der Dunkelheit einen geeigneten Schlafplatz zu finden.

Auf dem Weg von Petra zur syrischen Grenze fuhren wir noch einmal am Flughafen vorbei, um David und Jean-Claude abzuholen, die eine Woche nach uns aus Karachi ankamen. Durch unsere vielfältigen Erfahrungen konnten sie ziemlich problemlos ihre Motorräder in Karachi verfrachten und nach Amman übersetzen. Nach einem gemeinsamen Abendessen mußten wir allerdings los zur Grenze, weil das Transitvisum für die Yangtse um Mitternacht auslief.

Nach vier Stunden hatten wir schließlich die Ausreiseformalitäten des Königreiches Jordanien erledigt und dieses westlich angehauchte arabische Land verlassen. Wir mußten aber noch 20 DM Steuern für den König bezahlen, bevor sich der Schlagbaum für uns öffnete. Dieser Pflasterzoll ist bestimmt ein Relikt, das bereits von den Karawanen, die vor 2000 Jahren aus China hier vorbeizogen, abverlangt wurde.

***Rechte Seite: Hunzatal***

*Doppelseite oben und Mitte: Karakorum Highway von China nach Pakistan*

*Unten rechts: Südpakistanische Eindrücke*

*Unten links: Neugierige Pakistani*

*Links: Auf dem Weg zum Zollamt in Amman*

*Rechte Seite: Alte Karawanenstadt Petra im Königreich Jordanien*

*Unten: Wildes Campen in der Wüste Negev*

*Rechts oben: Motorrad-Mechanikercrew in Istanbul*

*Links oben: Höhlenwohnungen in Göreme*

*Doppelseite unten: Türkische Begegnungen*

BELL
北京01
00205

# Orientalischer Basar in Syrien

Das heutige Syrien liegt an der Ostküste des Mittelmeeres und grenzt an die Türkei, den Irak, Israel, Jordanien und den Libanon. Geschichtlich umfaßte das syrische Territorium die gesamte arabische Welt des Mittelmeeres. Auch Jordanien, Israel und der Libanon gehörten zum syrisches Gebiet. Syrien war immer schon ein wichtiger Handelsposten der Phoenizier und später auch der Römer, Perser, Ägypter und Babylonier gewesen. Schließlich wurde es von den Türken ins Osmanische Reich

***Linke Seite: Ankunft bei MOTORRAD in Stuttgart*** ***Unten: Syrier***

einverleibt und nach dem Ersten Weltkrieg unter französische Obhut gestellt. Die Franzosen wurden allerdings nicht recht glücklich mit diesem zerrütteten Territorium und entließen Syrien nach dem Zweiten Weltkrieg 1946 in die Unabhängigkeit. Durch seine weit bis in die Antike zurückreichende Geschichte ist das Land von vielen bedeutenden historischen Städten wie Damaskus, Homs, Hama, Lattakia und Aleppo überzogen.

Die zwölf Millionen Einwohner Syriens leben hauptsächlich von der Landwirtschaft in den fruchtbaren Regionen der Mittelmeerküste und den vegetationsreichen Tälern des hügeligen Berglandes. Zum Landesinneren wird die Landschaft zunehmend kahler und geht in ausgedehnte Wüstengebiete über. Die vergleichsweise bescheidene Ölförderung deckt vor allem den Eigenbedarf.

Wir hatten hier erstmals weniger Bedenken vor dem Zoll, weil wir in der Syrischen Botschaft in Peking einen Empfehlungsbrief für das Bike besorgen konnten. Eine solche Lösung ist grundsätzlich am unkompliziertesten und hilft am ehesten. Jean-Claude konnte mit dieser Methode auch ohne Carnet de Passage manche Länder wie Pakistan durchqueren. Er hatte es irgendwie geschafft, in der Pakistanischen Botschaft in Neu Dehli zusammen mit seinem Visaantrag dieses Papier zu erhalten. Den

***Linke und rechte Seite: Orientalischer Basar in Aleppo***

Konsul der Pakistanischen Botschaft in Peking hatte ich in Vorgesprächen auch beinahe so weit, uns dieses Papier auszustellen. Als wir jedoch unser Visum kurz vor der Abreise ausstellen ließen, war der Konsul leider nicht anwesend und sein Stellvertreter trotz aller Versprechungen nicht bereit, auf den Sonderwunsch einzugehen.

Mit dem Zwangsumtausch von 100 US-Dollar beschränkten sich die Formalitäten für unser Motorrad ausschließlich auf die Geldfrage. 2 Dollar mußten für einen Ersatzfahrzeugschein, 11 Dollar für die Registrierung und 27 Dollar für eine Fahrzeugversicherung hingeblättert werden. Zusätzlich wollten sie noch zwei Paßbilder.

Bezogen auf den Zwangsumtausch kostete ein Liter Benzin umgerechnet drei Mark, und die anderen Preise lagen in ähnlicher Größenordnung. Deshalb entschlossen wir uns, Syrien in der Sperrfrist von 48 Stunden zu durchqueren, um zumindest einen Teil des Geldes wieder zurückzubekommen, da unsere finanziellen Mittel durch den teuren Flug sehr schrumpften.

Das Straßennetz befand sich in überraschend gutem Zustand. Überall konnte man neben Lastwagen fast nur Militärfahrzeuge beobachten, die sich ihren Weg durch wieder zunehmend fruchtbar werdende Gegenden bahnten. Olivenhaine und Feigenbäume säumten beidseitig der Straße abwechslungsreich die Sicht. Die vermehrt auftauchenden russischen und chinesischen Fahrzeuge waren für unser Motorrad Ansporn genug, die Transitstrecke von 500 Kilometern ausnahmsweise problemlos zu meistern.

Nach Hama und Damaskus, die älteste ununterbrochen besiedelte Stadt der Welt, erreichten wir am nächsten Tag Aleppo. Sie ist eine bis ins dritte Jahrtausend vor Christus zurückreichende legendenumwobene Stadt. Die Legende berichtet, daß der Prophet Abraham einmal seine Kuh auf dem Hügel der Stadt gemolken hätte. Bis in unser Jahrhundert hinein beherrschte Aleppo die Handelsstraßen, die Ost und West verbinden. Auch heute noch spielt diese zweitgrößte Stadt Syriens eine wirtschaftliche Schlüsselrolle.

Die wichtigsten Sehenswürdigkeiten sind die »Große Moschee«, die Zitadelle mit ihren Karawansereien und die in einem zwölf Kilometer langen Labyrinth sich durch die Stadt schlängelnden Basare, die überdacht sind. Die arabische Geschäftstüchtigkeit konnten wir in allerlei Nuancen beobachten. Kleinhandwerker hämmerten auf einem Stück Metall, während nebenan Wasserpfeifen, Messingwaren und Plastikzeug verscherbelt wurden. Gegenüber wurde einem Schaf gerade das Fell über die Ohren gezogen.

Mit diesen letzten arabischen Bildern im Hinterkopf und unseren wieder ausbezahlten 98 Dollar überquerten wir nach nur 48 eindrucksvollen Stunden die Grenze zur Türkei.

# Zu Gast bei Gastarbeitern in der Türkei

Die Grenzformalitäten liefen hier überraschend schnell ab. Nach einer halben Stunde hatten wir drei Stempel im Paß und konnten passieren. Diese prompte Abfertigung entsprach wieder westlichen Verhältnissen, die wir nicht mehr gewohnt waren. Immerhin befinden sich drei Prozent des türkischen Territoriums auf europäischem Boden. Die Brücke über den Bosporus bei Istanbul ist die Scheide zwischen dem asiatischen und europäischen Kontinent.

Das Osmanische Reich hatte früher einmal eine gewaltige Ausdehnung, deren Einflußbereich von Wien bis in die arabischen Länder des Mittleren Ostens reichte.

Für uns hingegen schien die Entfernung immer kürzer zu werden und die Heimat fast schon zu schnell näherzukommen. Immerhin hatten wir die letzten beiden Jahre in China gelebt und fühlten uns momentan eher dorthin verbunden.

Spätnachmittags überquerten wir noch einen Gebirgszug, um abends in Atakya zu übernachten. In den engen Gassen der Altstadt fanden wir schnell ein gutes Lokal mit türkischen Grillspezialitäten. Kebab, Bohnen, Reis, Weißbrot und Auberginen mit Fleisch wurden neben scharfen Pepperonis mit gemischtem Salat angeboten. Das Essen schmeckte vorzüglich, und Bier in guter Qualität gab es überall und in jeder Menge zu erschwinglichen Preisen. Ohne großen Behördendruck und Fahrstreß konnten wir bei angenehmem Klima endlich einmal ein paar Etappen entspannt genießen. Auf der bisherigen Strecke war dies praktisch nie der Fall gewesen.

Fast jeder Kellner oder Ladenbesitzer konnte mehr oder weniger gutes Deutsch sprechen und hatte eine sehr gute Meinung von unserem Endziel Deutschland.

Yusuf zählte auch zu jenen, die nach zehn Jahren aus Deutschland zurückkehrten und es geschafft hatten. Er war nun stolzer Besitzer eines Lokals an der Hauptstraße nach Adana sowie einer Hühnerfarm und einer Orangenplantage. Wir kamen so sehr darüber ins Palavern, wie bereichernd ein längerer Auslandsaufenthalt sein kann, daß wir völlig die Zeit vergaßen.

Dabei tranken wir so viel Bier, daß wir den ganzen Tag und die folgende Nacht hier blieben. Am gleichen Tag weiterzufahren, wäre auch nicht mehr zu verantworten gewesen. Die pro Mann sechs bis acht Flaschen Tuborg Bier mundeten ausgezeichnet; was wir dabei alles erzählten, ist leider nicht mehr ganz genau nachvollziehbar. Zufrieden verabschiedeten wir uns am Morgen und zogen weiter in Richtung Westen unserem Ziel entgegen. Die von Yusuf empfohlene Abkürzung entlang der zerklüfteten Küste war nach 30 Kilometern plötzlich komplett blockiert. Ein Bautrupp hatte sich beim Straßenbau versprengt und seit Monaten nicht mehr den Schotterberg, der jetzt die ganze Fahrbahn blockierte, beseitigt. Die Straße gesperrt hatten sie allerdings auch nicht.

DRUM

Wir zogen es inzwischen vor, draußen unter klarem Himmel neben unserer Yangtse zu schlafen. Kostengründe und die Angst um gestohlene Ausrüstung waren nur zwei wesentliche Argumente, die für das wilde Campen sprachen. Es vermittelte zudem ein viel freieres Gefühl, unter der Weite des Sternenhimmels die Nacht zu genießen, als die Enge kleiner Zimmer. Zwischendurch nahmen wir auch gerne die gut ausgerüsteten Campingplätze in Anspruch.

Auf dem Weg in die Bergregionen der Zentraltürkei mußten wir wieder bis zu zehn Kilometer lange Steigungen überwinden. Erstaunlicherweise konnten wir beim Anstieg die meisten Lastwagen zwar überholen, aber bei den langsamen Abfahrten holten diese uns wieder schnell auf. Die sich schnell erwärmenden Bremsen und die nur bei Abfahrten auftretenden Nachzündungen machten weiterhin Probleme. Im Schiebebetrieb pumpte der Motor ein zu stark angereichertes Benzinluftgemisch unverbrannt durch die Auspufftöpfe. Das durchströmende Abgas saugte dann durch den zu großen Spalt zwischen dem rechten Auspuffrohr und Topf noch zusätzlich Luft hinzu und bewirkte damit die gelegentlich auftretenden Nachzündungen. Gewaltige Explosionen erschreckten dann die anderen Verkehrsteilnehmer und lädierten den Auspufftopf bis zum vollständigen Aufbrechen der Schweißnaht. Wir schafften es nicht, den Vergaser so einzustellen, daß diese lauten, zerstörerischen Explosionen ganz aufhörten.

Die einzige Linderung versprach, die Gefälle mit etwas Gasgeben zu bewältigen. Dies bedeutete dann immer einen unangenehmen Kompromiß mit den Bremsen. Schließlich mußten wir den inzwischen vollständig aufgerissenen rechten Auspufftopf komplett ersetzen. Ich mußte dabei verschmitzt wieder an meinen Professor in Peking zurückdenken. Bei einer dieser plötzlichen Explosionen radelte er gerade friedlich an mir vorbei und sprang dann wie von einer Tarantel gestochen erschrokken vom Rad, um dieses nach der Ursache und Schäden zu untersuchen. Er hatte gar nicht so schnell realisiert, daß der Donner von meiner Yangtse und nicht von seinem Rad herrührte. Im großen und ganzen war es uns allerdings eher etwas unangenehm, die Passanten unbeabsichtigt zu erschrecken.

Bei dieser Reparatur kümmerten wir uns gleich um die verrosteten Kontakte der elektrischen Sicherungen und der immer wieder auseinandergerüttelten Kabelverbindungen. Erfreulicherweise konnten wir wenigstens die Vergaser immer sparsamer einstellen und damit den Benzinverbrauch inzwischen auf knapp sieben Liter drücken, was schon bis zu 30 Prozent Ersparnis im Vergleich zu den verschwenderischen Anfangszeiten bedeutete. Die Kohleablagerungen an den Kolben gingen dadurch auch erheblich zurück. Außerdem blieb der Motorölverbrauch konstant bei einem Liter je eintausend Kilometer. Diese Erfolgsbilanz verlieh uns wieder Motivation für die alltäglich mehrstündigen Reparaturen beziehungsweise Wartungen.

Die Landschaft blieb abwechslungsreich und interessant. Begrünte oder bewaldete Berge wechselten sich mit Sonnenblumen-, Weizen- und Maisfeldern ab. In dieser Region fanden wir noch ein paar traditionelle türkische Dörfer. Die Männer saßen

***Linke Seite: Essen bei Yusuf in der Türkei***

*Technische Routineinspektion*

vor den Teehäusern und tranken Tee oder Ayran, ein Mix aus Joghurt, Wasser und Salz, manchmal mit frischer Pfefferminze gewürzt. Ihre weiten Pumphosen, die auf Kniehöhe zusammengenäht waren, harmonierten noch gut mit der Idylle der alten Zeit. Die Moschee stand jeweils noch im Mittelpunkt des Dorfes. Diese türkischen Orte entsprachen so richtig unserem Geschmack.

Ein Melonenverkäufer verwickelte uns in einem dieser Dörfer in ein ausführliches philosophisches Gespräch über den Sinn des Lebens.

Er kritisierte, daß die jungen Leute ihr ganzes Geld in teure Autos steckten, in Discos gingen, Haschisch rauchten und nicht mehr die Moschee besuchten. Familie, Freiheit, Gesundheit und Freizeit hingegen würden nichts mehr zählen. In vielem mußten wir ihm nach den Erfahrungen unserer Reise wirklich zustimmen. Viele materielle Dinge benötigt man wirklich nicht für ein glückliches Leben. Auf unsere Yangtse und einen bescheidenen Schlaftrunk wollte wir trotzdem nicht verzichten.

So zogen wir schließlich von dannen, um vor den Toren der Stadt einen geeigneten Schlafplatz auszumachen. Mit seinem Gedankengut noch beschäftigt, bogen wir in einen Feldweg ein, um neben unserer Yangtse zu schlafen. Morgens um fünf Uhr wurde jedoch plötzlich das Feld zur Bewässerung unter Wasser gesetzt.

Es dauerte nicht lange, bis unsere Schlafsäcke durchnäßt und die Nacht deshalb »gelaufen« war. Während unsere nassen Sachen trockneten, nutzten wir die Gelegenheit, den Tachometer zu reparieren. Seit zwei Tagen pendelte er unschlüssig zwischen der 60 und 80 schwankend hin und her und gab dabei seltsam surrende Geräusche von sich. Die primitive Feinmechanik war trotzdem so kompliziert, daß es fünf Stunden dauerte, bis wir mit Fingerspitzengefühl die richtige Position wieder gefunden hatten. Dabei flog ein Schwarm Störche majestätisch der aufgehenden Sonne entgegen – Schönheit der Natur, die heutzutage von vielen Menschen kaum mehr richtig wahrgenommen wird. Dies war sozusagen die Entschädigung für die schlecht geschlafene Nacht. Der Bauer, der uns unter Wasser gesetzt hatte, sollte auch nicht ganz ungestraft davonkommen. Als morgens ein anderer Bauer mit seinem Traktor sich den Weg zu seinem daneben liegenden Feld bahnte, mußte er mitten durch dieses bewässerte abgemähte Weizenfeld und versank unweigerlich. Er hinterließ tiefe Spurrillen, bis er wieder herauskam. Lautstarkes Gezetere der beiden Bauern war die Folge.

Beeindruckender wirkten allerdings die frühchristlichen Höhlenwohnungen in Göreme. Komplette Dörfer und zahlreiche Kapellen wurden dort in die bizarr anmutenden Berge, die an eine Mondlandschaft erinnern, hineingemeißelt. Andererseits waren bis zu fünf Etagen tiefe Behausungen in den Boden hineingearbeitet worden. Sie dienten den Christen als ideales Versteck vor den damaligen Verfolgungen. Dies war auf jeden Fall ein kulturelles Muß für jeden Türkeitouristen, der in dieser Gegend vorbeikommt. Deshalb wimmelte es hier von vielen Touristen und Frauen in Miniröcken und engen T-Shirts, die nicht mit ihren Reizen geizten. Nachdem wir zwei Monate ausschließlich in moslemischen Ländern mit streng verhüllten Frauen verbracht hatten, wirkte dies entsprechend eindrucksvoll. Im türkischen Reich der streng glaubigen Moslems wäre es bis vor wenigen Jahren noch zu großen religiösen Verwicklungen und Problemen gekommen, wenn Ausländerinnen im Minirock oder Bikini öffentlich aufgetreten wären.

Kurz vor Ankara sahen wir dann vor einer kleinen Schreinerei ein BMW Gespann des Baujahres 1964. Der Besitzer war so begeistert, uns zu sehen, daß er gleich zum Tee einlud und seine Werkstatt dichtmachte, um uns nach Ankara zu begleiten. Dort staunten wir wiederum nicht schlecht, als wir bei einem BMW-Händler 50 bis 100 restaurierte und angeblich voll funktionsfähige alte Motorräder vorfanden, die für zwischen 2000 und 12000 DM zum Verkauf angeboten wurden. Triumph, NSU, Puch, Ardi und Zündapp waren neben einer Reihe von BMWs, die bis in die frühen 30er Jahre zurückreichten, im Programm. Für unser Originalgespann, eine BMW R71 von 1939, wollte er 10000 DM beziehungsweise 6000 DM als Solomaschine abverlangen. Es muß jedoch unter Umständen mit größeren Zollproblemen bei der Ausfuhr gerechnet werden.

***BMW-Gespann-Fahrer bei Ankara***

Wir hatten jedenfalls seit Peking inzwischen unsere 10000 Straßenkilometer geschafft. Laut Tagebuch waren wir außerdem seit 81 Tagen unterwegs und hatten heute 280 Tageskilometer in sechs Stunden geschafft, was in etwa unserer Durchschnittsleistung entsprach. Auffallend war allerdings, daß ich keine Reparaturen oder technische Probleme vermerken mußte.

Dies waren für uns Gründe genug, zur Abwechslung einmal in einem guten Hotel mit türkischem Bad zu nächtigen.

# Zurück nach Europa über die Bosporusbrücke

Am nächsten Morgen fuhren wir in Istanbul über den Bosporus nach Europa zurück. Hier besuchten wir die berühmte blaue Moschee, die Kathedrale St. Sophia, den Sultan Ahmet Palast und den in der Nähe liegenden orientalischen Basar. Wir hatten bereits beide vor zehn Jahren einmal Istanbul besucht und konnten uns deshalb ohne touristische Besichtigungszwänge an den Pool des Campingplatzes legen und ein paar Tage ausruhen. Wir wollten hier auch die letzte Gelegenheit nutzen, unser Motorrad für den restlichen Heimweg zu überholen. Der beste Motorradmechaniker der Stadt war gleich in der Nähe unseres Campingplatzes zu finden.

Er richtete die vier in alle Richtungen deformierten Felgen fachmännisch nahezu hundertprozentig wieder aus. Diese Kunst beherrscht heute kaum noch jemand. Die Speichen wurden mit Benzin und anschließend Öl wieder gängig gemacht und teilweise ersetzt. Systematisch wurde an der einen Speiche mehr gespannt und dann an der anderen eher gelockert. Er spannte die Steckachse in den Schraubstock und

*Hagia Sophia Moschee in Istanbul*

OTO
NiKELAJ
AKSESUARI VE ELEKTRiK
34-UC 628
34 H 8569
34 H 8569
DISIKL
BISAN
BISAN

ließ die aufgesteckte Felge an seinem auf die Werkbank abgestützten Daumen entlangrotieren. So konnte er schnell erkennen, wo sich noch Unwuchten versteckt hielten.

Die fünf radial verlaufenden Risse der Radnabe unseres alten Hinterrades verschweißte er perfekt. Nachdem er den Schlag des Lenklagers beseitigt, die Vergaser neu eingestellt und das Nummernschild wieder angeschraubt hatte, beendete er die Arbeit zu unserer vollsten Zufriedenheit.

Nur mit der Umwelt wird hier anscheinend genauso fahrlässig umgegangen wie überall auf unserer bisherigen Fahrt. Der zwölfjähriger Gehilfe Ali leerte die Wanne mit dem Altöl einfach in den Straßengully. Nach dieser achtstündigen Arbeit ließen wir uns gemeinsam noch einige türkische Pizzen schmecken.

Abends feierten wir mit Guillaume Abschied, da sich unsere Wege trennten. Er erzählte nochmals von seinen in Afrika erlebten Heuschreckenplagen und davon, wie man seine persönlichen Dinge am besten vor Insektenfraß schützt, sowie von falschen und echten Ebenholzfiguren.

Mitten im Gespräch kam dann noch eine Österreicherin zu uns und fragte, ob sie in unserer Nähe diese Nacht verbringen dürfe. Sie hatte sich auf ihrem einwöchigen Urlaub bereits am zweiten Tag derart mit ihrer alten Freundin zerstritten, daß sie alleine nach Hause fahren wollte. Sie redete wie ein Wasserfall auf uns ein und verdeutlichte uns die Welten, die zwischen uns und der heimischen Kultur doch noch bestanden. So sagten wir der Türkei am nächsten Tag ade und fuhren zur Grenze nach Griechenland.

Unsere Hauptsorge an der griechischen Grenzabfertigung war, daß wir keine grüne Versicherungskarte oder andere international gültige Versicherungen hatten und wieder alte Probleme einkalkulieren mußten. Zu unserer Überraschung wurde dieses Papier bei uns offensichtlich nicht vermißt, obwohl alle Leute vor uns dem Beamten den Paß mit der grünen Karte vor die Nase setzten. Dafür schien sich der Beamte allerdings mehr für unser Nummernschild zu interessieren. Als wir ihm richtigerweise Peking 01–00205 in mündlicher und schriftlicher Form vorlegten, wollte er uns nicht glauben. Er fragte schon energischer, wo denn unsere amtliche deutsche Zulassung wäre. So ging es eine Weile hin und her, bis er uns schließlich weiterschickte, um seine Ruhe zu haben.

In einer nahen Taverne feierten wir gebührend, weil wieder eine Hürde geschafft war. Der Wirt empfing uns sehr herzlich und gab gleich eine Flasche Wein aus, als wir unsere Geschichte erzählten, obwohl die Konversation sehr schwierig war und er bestimmt nur die Hälfte verstanden hatte. Es soll damit allerdings nicht der Eindruck erweckt werden, daß wir täglich nur noch am Trinken gewesen wären. Außer einem notwendigen Schlaftrunk nahmen wir lediglich nicht ausschlagbare Einladungen an und feierten ansonsten nur wichtige Ereignisse, die sich zufälligerweise häuften, je näher die Heimat kam.

Amüsiert hörten wir uns wieder an, was die Einheimischen so über ihre Nachbar-

***Linke Seite: Istanbuler Motorradwerkstatt***

länder dachten. Auf unserer ganzen Fahrt konnten wir feststellen, daß oftmals die östlichen Nachbarn in scherzhafter Weise als eine Art »Barbaren« charakterisiert wurden. Wir sollten dann immer eine Art Schiedsrichterrolle übernehmen und beurteilen, wo es wohl besser wäre. Uns hatte es aber überall gut gefallen. So erwähnten wir meist von allen Seiten nur die guten Dinge.

Nachts schliefen wir wieder in einem Zypressenhain, wo uns am Morgen eine vorbeimarschierende Schildkröte begrüßte – eine jener typischen kleinen Begegnungen und Freuden, die uns immer wieder aufmunterten. Auf dem Weiterweg nach Saloniki erlebten wir einen Kulturschock nach dem anderen. Seit sehr langer Zeit erlebten wir den ersten großen Supermarkt nach deutschem Vorbild, das erste Fastfoodrestaurant amerikanischen Stils und neueste Discomusik überall. Der Verkehr mit den schicksten Automodellen nahm zudem stetig zu.

Bei der Ausschau nach einem geeigneten schönen Badestrand haben wir leider nichts Passendes gesehen, was dann André ziemlich verärgerte. Er wollte nämlich als alter Griechenlandfan noch ein paar Tage hierbleiben und ich jeden Tag wenigstens ein kurzes Stück weiterfahren. Dies bot dann Anlaß genug für unsere zweite und zum Glück letzte größere Unstimmigkeit. Da half auch alles Nachdenken nicht viel, ob Wünsche und Gedanken vielleicht hätten früher erkannt oder ausgesprochen werden können. Wahrscheinlich hätte sich das aufgestaute Frustgefühl früher oder später doch Luft gemacht. Über den langen Zeitraum gesehen, hatten wir uns relativ gut im Griff. Trotz all der zahlreichen Schwächen. Mit unserem Gespann waren wir leider zu sehr aneinander gefesselt, um auch mal getrennt nach persönlichen Wünschen eine Etappe zu fahren.

Als wir kurz vor der jugoslawischen Grenze noch einen steilen längeren Anstieg zu bewältigen hatten, streikte plötzlich der Motor: Wir hatten plötzlich einen Kolbenklemmer. Instinktiv zog ich sofort die Kupplung und stellte den Motor ab, um Schlimmeres zu vermeiden. Ich hatte noch allzugut das Klingeln im Gedächtnis, das auftrat, bevor die Kolben vor einem halben Jahr in Peking zerbrachen. Damals fuhr ich mit zu wenig Öl, so daß der schonende und kühlende Ölfilm zwischen Kolben und Zylinder aufriß und die reibenden Metallteile sich zerstörten.

Deshalb war es für uns eine Selbstverständlichkeit, täglich den Ölstand zu überprüfen und genügend nachzufüllen. Zuviel eingefülltes Motoröl hatte andererseits wegen des Drucks auf die Dichtungen auch keinen Sinn. So mußten wir stets einem Kompromiß suchen. Erst nach einer Stunde kühlte der Boxer wieder genügend ab, um weiterzufahren. Glücklicherweise stieg der Ölverbrauch anschließend kaum spürbar an.

Beim Grenzübertritt nach Jugoslawien fiel zum ersten Mal keine einzige Bemerkung über unsere Yangtse. Wir bekamen einen Stempel und wurden einfach weitergewunken. Im Süden Jugoslawiens wurde unser Bike insgesamt nicht besonders beachtet. Erst ab Belgrad stieg wieder zunehmend das Interesse.

Als wir in einem kleinen Geschäft für etwas Wurst, Käse und Brot 24 000 Dinar, rund 2 Mark, hinblätterten, wurden uns einige Probleme dieses Vielvölkerstaates klar. Wirtschaftskrise, Arbeitslosigkeit, Streiks und Konsumsucht trieben die Inflation in die Höhe. Ein arbeitsloser Biertrinker vor dem Geschäft beschrieb die Lage ganz kurz und treffend: »Geld kaputt.« Umgerechnet waren die Preise trotzdem vergleichbar hoch wie in Deutschland.

Als wir den salzigen Schafskäse mit einer Flasche Bier hinunterspülten, kam der Sohn des Bürgermeisters mit seinem Mofa daher und bearbeitete uns so amüsant mit »change money«, daß wir schließlich 20 DM wechselten. Wir bekamen hierfür 200 000 Dinar. Die für Ausländer überteuerten Autobahngebühren fraßen allerdings diesen Betrag schnell wieder auf, und wir zogen später vor, möglichst Landstraßen zu benutzen.

Am Campingplatz in Niš trafen wir abends Peter. Er arbeitete in einer Werkstatt in Kassel und repariert dort Lastwagenmotoren. Er erzählte uns, daß wir unbedingt verbleites Benzin tanken müßten, da unsere Ventilsitze nicht aus gehärtetem Stahl bestünden. Als er von uns hörte, daß wir in Amman einen Händler kennengelernt hatten, der mit gebrauchten Lastwagenmotoren seine Geschäfte machte, wußte er lustige Geschichten über diese Leute zu erzählen. Sie waren nämlich sehr scharf auf deutsche ausrangierte Lastwagenmotoren. Laut deutscher Benzinvorschrift dürfen die Ventilsitze nur zweimal nachgeschliffen werden, sechsmal ist es aber möglich. Darin besteht die gute Rendite für den Handel mit diesen Motoren.

Als sein Chef 500 solcher Mercedesmotoren aufkaufte, kamen bald scharenweise diese arabischen Händler, um mit dicken Geldbündeln in der Tasche möglichst große Anteile zu erkämpfen. Da diese 10-Liter-Maschinen in Deutschland eigentlich nur Schrottwert haben, konnte sein Chef damit gute Gewinne erzielen. Genauso werden die in Deutschland nach sechs Jahren abgeschriebenen Laster weiterverkauft. Mercedes baut daher nach wie vor neue Lastwagen nach dieser alten einfachen Konstruktion, die von den Wüstensöhnen des Orients wenigstens noch problemlos repariert werden können. Die Ersatzteilbeschaffung ist dafür natürlich entsprechend einfach und somit von Vorteil.

Auf Landstraßen entdeckten wir einige hübsche Dörfer, deren Kneipen freundlich zu einem Bier einluden. Viele wollten sich mit uns unterhalten und redeten einfach darauf los und bestellten eine Runde Bier nach der anderen. Wir standen schon beinahe in Gefahr, Alkoholiker zu werden. Zumindest abends hatten wir immer genug, um neben unserem Bike mit einer Matte auf den Ackerschollen zu schlafen.

Kurz vor Belgrad war dann wieder einmal die Batterie leer, und wir fanden nicht heraus, warum. Wir hatten alle Kabelverbindungen und den Zündkondensator abgecheckt, den Generator ausgebaut und das Relais überprüft, aber trotzdem nichts gefunden. Unglaublich, daß trotz unserer inzwischen über zweihundertstündigen Reparaturpraxis seit der Abfahrt in Peking immer noch so lange auf Fehlersuche gegangen werden mußte. Nachdem wir die Batterie wieder eingebaut hatten, konnten wir weiterfahren, als ob nichts gewesen wäre. Alles funktionierte wieder einwandfrei; und die Lampe hatte genug Licht. Wahrscheinlich lag es nur daran, daß die Batterie nicht mehr genug Strom lieferte und nachgeladen werden mußte. Bei der Durchquerung verschiedener Tunnels hatten wir am Vortag bereits größere Probleme. Es war so dunkel, daß ich vorne überhaupt nichts sehen konnte. Trotzdem mußte ich schnell fahren, um wenigstens das Rücklicht für den nachfolgenden Verkehr aufrechtzuerhalten. Der Verlauf der leichten Kurven konnte im Dunkel nur vage geahnt werden. Die beste Orientierung bot immer noch der Gegenverkehr. Dann wußten wir wenigstens, daß wir rechts vorbeizusteuern hatten. So richtig erlöst fühlten wir uns erst, wenn der Lichtkegel des Tunnelendes nahte.

Hier erlebten wir auch unsere gefährlichste Nacht. Als wir wie üblich in einen Feldweg einbogen und neben einem Maisfeld unseren Schlafsack ausrollten, tauchte über uns eine Schwadron Jagdflieger auf. Zuerst flogen sie nur wild umher, bis sie um 23 Uhr anfingen, ihre Raketen abzuschießen. Eine davon detonierte mit einem drei Meter langen Feuerstrahl direkt hinter unserem Maisfeld. Zwei Stunden später erst beendeten sie dieses Spektakel. Es war zu spät, um noch einen anderen Schlafplatz zu suchen. Den Absperrzaun des Militärgebietes und den Wachturm haben wir dann am nächsten Morgen hinter dem Maisfeld entdeckt. Erstaunlicherweise hatten wir nur ein etwas mulmiges Gefühl, aber keine richtige Angst dabei gehabt.

Abends wurden wir in einem Naticer Pup dann zu jeder Menge Bier eingeladen. Der Wirt zog früher selbst viel herum und hatte deshalb ein besonderes Feeling für unsere Tour. Eine Band spielte Volksweisen und moderne Hits, so daß die Stimmung richtig aufgeheizt wurde. Wir versuchten dennoch, nicht zu spät weiterzukommen, um noch einen geeigneten Schlafplatz zu finden. Diese Nacht schliefen wir besonders tief.

So langsam aber sicher wurde diese ununterbrochene Einladerei lästig. An vielen Straßencafe wurde gerätselt, wo wir herkämen und hinfuhren, welchen Motorradtyp wir besaßen oder welches Nummernschild wir angeschraubt hatten. Der Tisch, den wir beehrten, übernahm oft genug die Rechnung. So hatten wir schon fast Probleme, die letzten Dinar loszuschlagen. Als wir einen geschenkten Benzingutschein an der lokalen Tankstelle einlösten, machte der Tankwart schon deutliche Handschellenbewegungen, da dieser Schein nur für Einheimische gültig zu sein schien. Uns berührten solche relativ harmlose Drohungen allerdings zunehmend weniger.

In Maribor bot uns der ortsansässige Mercedeshändler sogar eine Gratisüberholung für unser Motorrad an und prophezeite uns, daß wir in Österreich trotz all unserer bisherigen Erfahrungen ohne die grüne Versicherungskarte bestimmt keine Chance hätten, ohne Bezahlung durchzukommen. Leider hatte er nicht ganz unrecht.

# Überquerung der Alpen

Beim österreichischen Zoll standen zwei Fahrspuren zur Verfügung. Wir wählten gefühlsmäßig den jüngeren Beamten, der die Fahrzeuge zügig durchwinkte.

Als er unsere Pässe sah, bekamen wir sogleich freie Fahrt. Wir hatten aber seinen auf der anderen Spur kontrollierenden Kollegen unterschätzt. Er stoppte uns noch einmal mißtrauisch und wollte wissen, wo wir denn herkämen. Wir konnten nur wahrheitsmäßig sagen »Jugoslawien«, und als sein Blick am Nummernschild hängenblieb, auch noch »China!«.

»Haben Sie dann auch eine international gültige Versicherung?«, war gleich seine zweite Frage.

Daraufhin mußten wir natürlich erst einmal rechts parken und eine Versicherung für 200 Schilling abschließen, deren Gültigkeit einen Monat betrug. Für die Transitzeit von einem Tag war es zwar relativ teuer, aber es gab keine Alternative.

In Bruck machten wir erst einmal Halt, um am Stadtbrunnen zu frühstücken. Kurz später kam ein Mann um die Ecke und umkreiste ein paar Mal unser Motorrad, bis er schließlich näherkam und neugierig fragte, ob er denn ein paar Fragen stellen dürfte.

»Natürlich!« antworteten wir inzwischen routiniert und erfuhren diesmal einiges über die Original-BMW, die Wehrmachtsmaschine. Er war inzwischen pensionierter Interpol-Polizist und früher Mitglied der österreichischen und später der deutschen Wehrmacht. 1940 fuhr er unseren Motorradtyp an der Westfront und in Jugoslawien. Probleme mit der Maschine selbst gab es angeblich kaum. Nur der Seitenwagen soll relativ schnell verschlissen sein, da er mit schwerem Gerät beladen wurde und beim Fahren oft in Schlaglöchern oder an eine Felswand anschlug beziehungsweise streifte. Er wurde dann einfach abmontiert und liegengelassen. An der nächsten Servicestation wurde kurzerhand ein neuer besorgt. Die Verarbeitungsqualitat war damals wohl schon besser als bei unserem chinesischen Produkt.

Anschließend hat er uns noch zum sonntäglichen Frühschoppen eingeladen und einiges über die internationale Polizeivereinigung erzählt, dessen Mitglied er noch ist.

Das Interesse an unserer Maschine stieg hier noch ziemlich an. Autos fuhren langsamer und gaben oftmals wie die meisten Motorradfahrer anerkennende Handzeichen.

Beim Mittagessen teilten sich dann wieder einmal verschiedene Leute mit dem Wirt unsere Rechnung. Zum Glück gab es genug Geschichten, um immer andere Versionen zu erzählen. An unseren Erzählungen mit den Behörden waren die Leute am meisten interessiert, da in unseren Breitengraden alles durchorganisiert ist und für sämtliche Eventualitäten normalerweise Vorschriften vorhanden sind.

Gerade deshalb schafften wir es immer wieder, die Leute mit unseren Geschichten zu verblüffen und bei den Behörden für Abwechslung zu sorgen. Manche wurde dabei sogar richtig einfallsreich. Beim Gedanken an einen vermutlich überschwenglichen Einfallsreichtum an der österreichisch-deutschen Grenze war uns allerdings eher bange. Mit dem normalerweise entgegengebrachten Ausländerbonus konnte in Deutschland schließlich nicht mehr gerechnet werden.

# Zurück in der alten Heimat

Mitten im regen Wochenendverkehr überquerten wir am Sonntagabend die Salzburger Grenzstation. Als wir nach einer halben Stunde »Stop and Go-Verkehrs« endlich an der Reihe waren und die letzten Autos vor uns die beiden Grenzbeamten passierten, mußte ich erst einmal fünf Minuten meinen Paß suchen. In 20 Meter Entfernung warteten die Grenzbeamten nach original bayerischer Art geduldig auf unser Erscheinen. Bis ich den Paß endlich fand und dann zu den Beamten vorfuhr, stieg meine innere Anspannung. Wir hofften insgeheim, nicht wieder große Schwierigkeiten mit Formalitäten zu bekommen. In meinem Hinterkopf geisterte wirres Zeug über Zoll und Versicherung herum.

Am Kontrollhäuschen angekommen, begrüßten wir mit einem kurzen »Grüß Gott« die beiden Beamten und übergaben dem in einer Kabine sitzenden deutschen Beamten die Pässe, während der österreichische Zöllner einen Schritt zurück trat und unser Gespann skeptisch begutachtete. Wir versuchten einen ganz normalen und unschuldigen Eindruck zu machen.

»Wos isn des für a Maschin«, fragte er mit dunkler Stimme. »A chinesische«, antwortete ich kurz und knapp, um keine weitere Gespräche erst aufkommen zu lassen. Zum Glück gab uns der deutsche Beamte in diesem Moment die Pässe zurück und winkte weiter.

Im Rückspiegel konnte ich noch erkennen, wie der österreichische Beamte unserer Peking 01–00205 mit großen Augen nachschaute. Sein Händefuchteln wollte ich allerdings besser nicht mehr gesehen haben und fuhr lieber so schnell wie möglich weiter. Es war mir nämlich wesentlich lieber, die für eine deutsche Zulassung sowieso noch notwendige Zollerklärung später zu besorgen. An die Versicherungsfragen wollten wir erst gar nicht denken. Es schien uns jedenfalls wichtiger, wegen Formalitäten nicht zu viel Zeit vergeudet zu haben.

Mit unserer maximalen Motorkraft beschleunigten wir auf 50 Stundenkilometer und suchten im Verkehrsgewühl der Autobahn das Weite. An der nächsten Ausfahrt bogen wir dann erleichtert ab, um eventuell ausgegebene Fahndungsmeldungen der Grenzer zu umgehen und um im nächsten Dorf erst einmal ein paar Bierchen in allen Ehren zu genießen. Auf einem naheliegenden Sportplatz schlugen wir später ein letztes Mal draußen das Nachtlager auf. Als wir um vier Uhr bei Regen eine nahe Scheune aufsuchten, die als Pferdestall diente, begann plötzlich der Gaul ein Stück unserer Kunststoffmatte aufzufressen. Solche Erlebnisse und Verluste waren inzwischen eher normal und wirkten daher nicht mehr sonderlich aufregend.

Die Beschleunigung bei unserer Flucht schien etwas zu hoch gewesen zu sein. Das Zahnradgestänge unseres Kilometerzählers brach dabei ab. Dies war eines der ersten Ersatzteile, das wir nicht dabeihatten. Ein Wink, daß es Zeit wurde, langsam unser Endziel zu erreichen. Auch das Blinkerrelais konnte nicht wieder eingebaut werden.

*Einzug nach München*

Der Kurzschluß vom Kabelbrand bei Lanzhou war noch immer nicht beseitigt, und es hätte zu lange gedauert, den Fehler zu suchen. Wiederum ein Grund mehr, der Polizei besser aus dem Weg zu gehen.

Im Stau fuhren wir schließlich nach München hinein, und wie der Zufall so spielt, funktionierte bereits an der ersten großen Kreuzung die Ampelanlage nicht. Der Verkehr wurde deshalb von mehreren Polizisten geregelt. Der in unsere Richtung blickende Schutzmann schien von unserem Anblick derart irritiert, daß er völlig seine Regeln durcheinanderbrachte. Erst gab er den Seitenverkehr frei und unmittelbar danach uns. Sekunden später war die Kreuzung völlig blockiert. Glücklicherweise boten die quer stehenden Autos einen genügend großen Spalt, durch den wir uns noch durchzwängen konnten. Unser Nummerschild konnten sie sowieso nicht lesen. So fuhren wir direkt zum Hofbräuhaus und tranken eine Maß Bier zur Feier unserer Rückkehr nach Germany. Unser roter Schriftzug »CHINA – GERMANY« war am Motorrad inzwischen nur noch zur Hälfte lesbar, aber das Ziel erreicht.

Im Motorradmuseum von BMW begutachteten wir dann noch unsere Originalmaschine, von der aber nur die Geländeausführung ausgestellt war. Wir hatten dieses Modell nach 50 Jahren wieder hierher ins Stammhaus zurückgebracht. So fühlten wir uns zumindest.

Auf dem Weiterweg nach Stuttgart zur MOTORRAD-Redaktion mußten wir auf der Autobahn sehr vorsichtig fahren. Wir zählten nämlich inzwischen zu den

Langsamsten, und die Autos schienen darauf nicht sehr eingestellt zu sein. Dort wurden wir dann herzlich empfangen, obwohl wir etwas überrascht und unvorbereitet auftauchten. Anschließend im Chinarestaurant hatten wir einiges zu erzählen.

Zwei Tage später fuhren wir dann zu mir nach Hause nach Wallerstein, das ich lange nicht mehr gesehen hatte. Vor allem die zahlreichen Erlebnisse dieser Tour standen, größtenteils noch unverarbeitet, in den verschiedenen Winkeln meines Kopfes. Ich konnte noch gar nicht begreifen, daß die tägliche Bewegung und Bewährung auf einmal vorbei sein sollte.

Jeder meiner Freunde und Bekannten wollte mehr oder weniger stark interessiert in wenigen Sätzen gleich erfahren, wie es war und was wir erlebt hatten. Wie soll man eine solch lange Reise in der Kürze erzählen? Wie kann man seine Gefühle, seine Probleme und seine innere Bewegtheit den Leuten verständlich machen? Will ich überhaupt den Leuten meine Erlebnisse alle preisgeben? Können und wollen die Zuhörer es überhaupt verstehen? So bewegten mich sehr viele Dinge, von denen ich selbst nicht wußte, wie und ob ich sie weitergeben sollte. Nachdem alles noch spannender als ein Abenteuerspielfilm des Fernsehens klingen sollte und viele Leute es entsprechend aufnehmen und weitererzählen wollten, entstand irgendwie innerer Widerstand in mir.

Um die zahlreichen Erlebnisse selbst besser zu verarbeiten und das ganze etwas rationeller zu verbreiten, wollte ich anfangs nur einen kurzen Reisebericht schreiben und als Kopie an die wirklich interessierten Leute verteilen. Daraus entstand schließlich dieses Buch, das ich anhand meiner Tagebuchaufzeichnungen niederschrieb. Es soll zumindest einen vagen Eindruck darüber vermitteln, was ich mit André bis zur letzten Tagebucheintragung alles erlebte.

Die letzte Tagesetappe endete nach 99 Tagen in Wallerstein. Wir fuhren die 120 Kilometer in zweieinhalb Stunden und hatten keine technischen Probleme, lautete die letzte Eintragung in meinem Tagebuch. 13 000 Straßenkilometer Gefühle, Begegnungen und fürs weitere Leben prägende Erfahrungen waren hinter uns.

Ähnliche Gedanken beschäftigten wohl André, der grundsätzlich eine ähnliche Einstellung zum Reisen besitzt wie ich. Das Erfolgsrezept bei unserem Unternehmen, das mit all seinen Problemen um die halbe Welt führte, war, daß wir uns aufeinander verlassen konnten, wenn es darauf ankam, und daß wir uns aber auch jeweils uns selbst überließen, wenn sich Frust oder Aggression aufstaute, die wir selbst verarbeiten mußten. Der gegenseitig respektierte größtmögliche Freiraum ist hierbei sehr wichtig. Diese Harmonie ist mit das Entscheidendste für den Erfolg bei einer solchen Reise.

Immerhin waren wir fast ununterbrochen über 2000 Stunden lang eng zusammen. Darin steckt das Hauptproblem eines solchen Unternehmens. Viele Dinge laufen mit der Zeit eingespielt automatisch ab, und es bedarf keiner vielen Worte mehr. An Verhaltensnuancen erkennt man mehr und mehr frühzeitig, was der andere denkt oder wie er darauf reagieren wird. Es entstand eine enge Kameradschaft zweier Individualisten, die sich schwer in Worte fassen läßt.

Wenige Tage später begleitete ich André zum Frankfurter Hauptbahnhof. Er

***Zuhause in Nördlingen und Wallerstein***

wollte von dort mit der Bahn in seine Heimatstadt Den Haag fahren, die er über zweieinhalb Jahre nicht mehr gesehen hatte. In Frankfurt begrüßte uns auch Jutta, mit der ich ursprünglich diese Reise hatte unternehmen wollen. So überkamen mich die unterschiedlichsten Gefühle zwischen Begrüßung und Abschied. Mehr als einen Händedruck mit einem kurzen »take care« brachte ich beim Abschied von André nicht über die Lippen. Wir waren inzwischen ein zu eingespieltes Team und wußten, daß sich unsere Wege zu gegebener Zeit wieder kreuzen würden.

Erst Wochen später konnte ich diese vielfachen Reiseeindrücke verarbeiten, indem ich anhand meiner Tagebuchaufzeichnungen die Erlebnise des »Langen Marsches auf drei Rädern« zwischen Peking und München beziehungsweise Wallerstein niederschrieb. Die Geschichte eines Traums, der vieles unmöglich Erscheinende auf abenteuerlichen Wegen letztendlich doch möglich gemacht hat.

# Die Yangtse

## Motorraddaten der Yangtse

### Allgemeine Zahlen

| | |
|---|---|
| Fabrikat, Modell: | Yangtse 750 |
| Art: | 3 Räder Hinterradantrieb |
| Leergewicht: | 350 kg |
| Zulässige Zuladung: | 280 kg |
| Länge x Breite x Höhe: | 2400 x 1590 x 1000 mm |
| Radstand: | 1420 mm |
| Spurbreite: | 1100 mm |
| Tankinhalt, Benzintank: | 24 l |
| Benzinverbrauch auf 100 km: | 7 l |
| Motorölverbrauch auf 100 km: | 0,15 l |
| Höchstgeschwindigkeit: | 90 km/h |

### Motor

| | |
|---|---|
| Art: | 2-Zylinder-Viertakt-Boxer, luftgekühlt, seitengesteuert |
| Bohrung: | 78 mm |
| Hub: | 78 mm |
| Hubraum: | 746 $cm^3$ |
| Verdichtung: | 5,7 : 1 |
| Maximale Leistung: | 22PS bei 4500/min |
| Maximales Drehmoment: | 4 kgm von 2750–3500/min |
| Brennstoff: | Normal-Benzin, verbleit |
| Schmierstoff: | 20 W 50 (2 l) |
| Zündung: | Batteriespulenzündung |
| Starter: | Kick |

### Antriebsystem

| | |
|---|---|
| Kupplungstyp: | 2-Scheiben-Trockenkupplung |
| Getriebe: | 4-Gang-Getriebe, fußgeschaltet zusätzlich Handschaltung |
| Übersetzung: | 1. Gang: 36/10 = 3,6 |
| | 2. Gang: 32/14 = 2,28 |
| | 3. Gang: 29/17 = 1,7 |
| | 4. Gang: 26/20 = 1,3 |
| Art des Hinterradantriebes: | Kardanantrieb |
| Alternative: | Einbau eines Rückwärtsganggetriebes möglich |

### Fahrwerk

| | |
|---|---|
| Fahrgestell: | Doppelschleifen-Rohrrahmen |
| Federung Vorderrad: | Teleskopgabel mit hydraulischer Dämpfung |
| Federung Hinterrad: | Geradewegfederung |
| Sitze: | 2 Schwingsättel, verstellbar |
| Beiwagen: | Drehstab mit Blattfedern |
| Reifengröße: | 3,75–19 |

### Elektrische Anlage

| | |
|---|---|
| Spannung: | 6 V |
| Lichtmaschine: | 65 W–6.5 V/10 A |
| Batterie: | 6 V/14 A |

### Preis (Stand 1989)

| | |
|---|---|
| Händler in China: | 9000 RMB |
| Donghai, China Fahrzeugvertriebs GmbH, Rüsselsheim: | ab 8700 DM, inklusiv Fracht, Importzoll, MwSt, TÜV-Abnahme und Brief; Neuzulassungen sind in Deutschland wegen der verschärften Abgasvorschriften normalerweise nicht mehr zu bekommen. Deshalb empfiehlt es sich, ein bereits schon einmal zugelassenes Gespann mit chinesischen Ersatzteilen nachzurüsten. |

## Motorraddaten der »R71« von BMW, des Yangtse-Vorbildes

### Motortyp

| | |
|---|---|
| Zylinderzahl: | Zweizylinder-Boxer-Viertaktmotor |
| Bohrung und Hub: | 78 x 78 mm |
| Hubraum: | 745 $cm^3$ |
| Verdichtung: | 5,5 : 1 |
| Dauerleistung: | 22 PS bei 4600/min |
| Ventilanordnung: | stehend |
| Ventilbetätigung: | durch Stößel |
| Zündanlage: | Bosch Lichtbatteriezündung |
| Lichtanlage: | Bosch Lichtmaschine RD 45/6 2800 RS |
| Zündverstellung: | durch Handhebel |
| Zündkerzen: | Bosch W 175 T1 |
| Motorschmierung: | Druckumlaufschmierung |

| | |
|---|---|
| Ölpumpe: | Zahnradpumpe |
| Vergaser: | Zwei Graetzin-Einschieber G 24 |
| Kupplung: | Einscheibenkupplung, trocken |

## Getriebetyp

| | |
|---|---|
| Zahl der Vorwärtsgänge: | 4 |
| Übersetzung: | I: 1:3.6<br>II: 1:2.28<br>III: 1 : 1.7<br>IV: 1 : 1.3 |
| Schaltung: | Fuß- und Handschalthebel |
| Kraftübertragung von: | Kardanwelle mit spiralverzahnten Kegelrädern |
| Getriebe auf Radantrieb: | elastische Hardyscheibe und Kreuzgelenk |
| Übersetzung im Radantrieb: | 1:3,6 solo<br>1:3,89 Seitenwagen |

## Rahmentyp

| | |
|---|---|
| Rahmen: | Geschlossener Dreieck-Doppelrohrrahmen aus konischen Stahlrohren, verschweißt |
| Federung vorne: | Teleskopgabel mit Ölstoßdämpfer und Druckschraubenfedern |
| Federung hinten: | Teleskop mit Schraubendruckfedern |
| Bremsen vorne: | Innenbackenbremse |
| Bremsen hinten: | Innenbackenbremse |
| Felgen: | 3 x 19″ Tiefbett |
| Reifenß | 3,5 x 19 |

## Abmessungen

| | |
|---|---|
| Länge/Breite/Höhe: | 2130/815 (solo)/960 |
| Eigengewicht: | 187 kg (solo), 358 kg (Gespann) |
| Tankinhalt: | 14 l (Straßenausführung), sonst 24 l |
| Motoröl: | 2 l |
| Kraftstoffverbrauch: | 4,5 l auf 100 km solo, 5,4 l auf 100 km Seitenwagen |
| Höchstgeschwindigkeit: | 125 km/h solo, 100 km/h Seitenwagen |
| Verkaufspreis: | 1595.-RM |

# Entwicklungsgeschichte

Der Yangtse ist relativ leicht anzusehen, daß ihr Ursprung bis in die grauen Zeiten der deutschen Wehrmacht zurückreicht. Sie ist zweifellos ein Nachbau der BMW »R71«, die von 1938–1941 in Deutschland entwickelt und gebaut wurde. Manche vermuten allerdings ihren Ursprung bei der ähnlich gebauten Zündapp »KS750«. Beide sind unter dem Begriff »Wehrmachtsmaschine« bekannt geworden und im Zweiten Weltkrieg vor allem in flachen Gebieten der West- und Ostfront zum Einsatz gekommen. Ihre Bewährungsprobe bestanden diese Motorräder beim harten Einsatz im Rußlandfeldzug. Dies erforderte natürlich einen hohen konstruktiven Aufwand, der schließlich 1942 zu teuer wurde. Die Produktion wurde daraufhin stillgelegt und durch den kostengünstigeren VW-Kübelwagen Typ 82 ersetzt. Von der BMW »R71« wurden insgesamt 16510 Stück und von der Zündapp »KS750« 18635 Stück gebaut.

Im Gegensatz zur damals im Krieg eingesetzten Geländeausführung, die dann noch zusätzlich mit drei Geländegängen und Seitenwagenantrieb sowie zwei Rückwärtsgängen ausgerüstet war, ähnelt die Yangtse der damaligen Straßenausführung. Nur der größere 24 Liter Tank ist optisch von der Geländeversion übernommen worden.

Nach dem Ende des Zweiten Weltkrieges wurden die Motorenfertigungsstätten von BMW in Eisenach in Sachsen demontiert und als Reparationszahlung in die Sowjetunion verlagert. In der Fachpresse kursierten seither verschiedenste Versionen darüber, wie das Wehrmachtsgespann in die Sowjetunion und von dort aus weiter nach China gelangt ist. Es wurde angenommen, daß das russische Modell »M-72« nach den Konstruktionsplänen von Eisenach oder einer im Zweiten Weltkrieg erbeuteten BMW »R71« nachgebaut wurde. Andere Autoren, wie Roy Bacon, wollen hingegen wissen, daß die »M-72« seit 1939 als deutsche Lizenz in den Iskrawerken in Moskau gebaut wurde.

Wilfried Kopenhagen sieht jedoch nach neueren Informationen aus der Sowjetunion die geschichtliche Entwicklung dieser Wehrmachtsmaschine in einem anderen Licht. Nach seinen Ausführungen, die mich sehr angeregt haben, informierte die sowjetische Presse in den letzten Jahren ausführlich über den geschichtlichen Hintergrund dieses Motorrades: Bis 1944 spielten Motorräder in der Sowjetunion keine wesentliche Rolle. Erst danach wurden größere Schützeneinheiten mit dem in der Sowjetunion als »M-72« bezeichneten Modelles ausgerüstet.

Der erste russische Kontakt zu BMW entstand zu Beginn der 30er Jahre, als der sowjetische Motorradkonstrukteur Mosharow bei der Entwicklung des Typs BMW »R16« mitarbeitete. In der Sowjetunion hatte Mosharow bereits bei der Gestaltung von kardanwellengetriebenen Gespannen mitgewirkt. Seine Erfahrungen brachte er bei BMW ein. Er machte diverse Vorschläge zum Rahmen und dem Aufbau der Karosse sowie den von ihm verwendeten halbelliptischen Federn. Als Belohnung für seine Anregungen erhielt er eine werksneue »R16« zum Geschenk.

Von 1935 bis 1940 absolvierte dann der sowjetische Flugzeugingenieur Serdjukow ein Praktikum im Flugzeugmotorenwerk von BMW und lernte die modernsten Technologien kennen, bevor er in seine Heimat zurückkehrte. Zu dieser Zeit hatte die Rote Armee bereits einige Erkennntnisse über den Einsatz der zahlreichen Motorräder bei der Wehrmacht, darunter die BMW »R 71«, ein Nachfolgemodell der »R 16«, gewinnen können.

Die schwierige Aufgabe der Massenprodukion der »R 71« wurde Serdjukow übertragen, obwohl er als Flugzeugspezialist weniger qualifiziert schien als der erfahrene Motorradingenieur Mosharow. Es darf vermutet werden, daß er wegen seines längeren Deutschlandaufenthaltes den stalinistischen Repressalien gegen Ende der 30er Jahre zum Opfer fiel. Von Mosharow wurde zumindest nichts mehr gehört.

Von Deutschland wurden problemlos mehrere Modelle des Typs »R 71« erworben, um als Vorlage für die Konstruktion der »M-72« zu dienen. Ein Moskauer Fahrradwerk wurde hierzu zum Motorradwerk MMZ umfunktioniert. Während eine Maschine im Originalzustand verblieb, wurde eine andere in alle Einzelteile zerlegt und genau untersucht. Die chemische Zusammensetzung, die Art der Oberflächenbehandlung und die Sauberkeit sowie die Genauigkeit der Fertigung waren von besonderem Interesse.

Größere Probleme bereitete die komplizierte Konstruktion des Rahmens. Seine Rohre hatten unterschiedliche Stärken und gingen mit kreisrunden und elliptischen Querschnitten ineinander über. Außerdem waren die Wandstärken unterschiedlich dimensioniert. Hieraus resultierte die hohe Belastbarkeit des Gespannes. Die Russen zogen deshalb vor, alles originalgetreu nachzubauen. Man veränderte nur die Elektrik.

Die Fertigung wurde in mehrere Betriebe aufgeteilt. Im Automobilwerk ZIS wurde beispielsweise die Dokumentation des Motors untergebracht, und für die Massenfertigung entstanden neue Produktionsstätten. 1941 ging man nach befriedigenden Versuchen mit den Prototypen in die Serienfertigung und baute schon bald weitere Produktionsstätten in Charkow und Leningrad auf. Der Ausbruch des Krieges bewirkte allerdings eine baldige Verlegung der Fertigung ins ferne Irbit. Von dort aus gingen am 25. Februar 1942 die ersten fünfzig »M-72« an die Front. Im Beiwagen brachte man eine MG und sieben Panzerhandgranaten unter. Auf dem Gepäckträger befestigte man noch einen Kasten mit vier MG-Trommeln. In einer Segeltuchtasche brachte man die persönlichen Dinge der Besatzung unter. Erst gegen Ende des Krieges baute man die »M-72« in größerer Stückzahl. Sie kam verstärkt an der Ostfront gegen die Japaner zum Einsatz und zeigte besonders auf flachem Gelände ihre große Leistungsstärke.

Mit den gewonnenen Erfahrungen bauten die Sowjets bis 1961 die verbesserte Ausführung »M-72 M« und übergaben den Armeen ihrer Verbündeten das technische Know-How dieser robusten Maschine. So kam die BMW-Technologie der 30er Jahre bis nach China und ist vor allem bei Militär und Polizei bis heute im Einsatz. Je nach Herstellungsort wird sie in unterschiedlichen Fertigungsqualitäten und Handelsnamen noch heutzutage produziert und vertrieben. Dnepr, Guiyang und Chang-

***Original BMW-Gespann R71 im BMW-Museum München***

jiang oder Yangtse sind nur einige davon. Im BMW-Museum und im Deutschen Museum in München kann eine originale BMW »R71« sowie eine Zündapp »KS750« noch in Augenschein genommen werden. Im Militärhistorischen Museum in Dresden ist hingegen eine russische »M-72« original zu sehen, die im russischen Volksmund auch als »Molot-Hammer« bezeichnet wurde. [1, 10, 12]

Wie erwähnt, gelangte das Know-How, im Rahmen der sowjetisch-chinesischen Freundschaft und technischen Kooperation, in die Volksrepublik China. Dort wird dieser Motorradtyp in fünf Werken und in kaum veränderter Version heute noch nachgebaut. Zwei dieser Werke stellten jedoch kürzlich die Produktion ein, und die anderen werden wohl bald folgen. Abgesehen von der Yangtse werden heute in China Gespanne gebaut, die den BMW-Modellen der 60er Jahre entsprechen. Sie sind unter anderem mit langer Sitzbank, besserer Federung und Elektrostarter ausgeführt. Der Motor ist jedoch noch der gleiche wie bei der Yangtse. Er wird lediglich für die Polizei und das Militär mit ungefähr 30 PS angeboten. Eine vergleichbar leistungsstarke Alternative bietet nur die auch nach Deutschland exportierte Donghai – ein Triumphnachbau.

# Erfahrungen und Probleme mit der Yangtse

Um die zwiespältigen Erfahrungen mit der Technik der Yangtse besser verstehen und einordnen zu können, sollte man sich erst einmal die komplizierte Konstruktion und Dynamik eines Gespannes vor Augen führen. Die rundum schiefe und unsymmetrische Gestaltung bietet zwar ästhetisch einen eindrucksvollen Anblick, aber technisch repräsentiert es so ziemlich die schlechteste Lösung. Trotzdem ist es von den Kosten und dem Fahrverhalten her gesehen ein idealer Kompromiß.

Alles Schiefe läßt sich nämlich beim Fahren mit der Armmuskulatur unter wenig Kraftaufwand ausgleichen. Eine nicht zu vernachlässigende Ausnahme stellen nur die Kurven dar. Vor allem in Rechtskurven erschwert ein Schiefziehen, ein im Fachjargon genanntes »Gieren«, das Fahrverhalten. Im Gegensatz zum »normalen« Motorrad, mit dem man eine Kurve langsam angeht und sich dann schieflegt, um aus der Kurve heraus zu beschleunigen, muß beim Gespannfahren eine Rechtskurve beschleunigt angegangen werden. Es ist nämlich sehr wichtig, daß das Motorrad schneller als der Beiwagen wird, um die Kurve wesentlich sicherer meistern zu können. Der größte Fehler wäre sogar, wenn man zur Vermeidung eines Abdriftens auf die linke Fahrbahn anstatt zu beschleunigen bremst. Der Beiwagen würde unweigerlich nach links schieben. Beim Bremsen kommt es ebenfalls zu solchen Giermomenten, und es besteht bei mitgebremsten Seitenrädern sogar die Gefahr eines Überbremsens.

Deshalb haben sich die Gespannkonstrukteure verschiedene Verbesserungen einfallen lassen. Die Beiwagenräder werden teils mit angetrieben oder sind mit einem geringen Vorlauf ausgeführt. Eine weitere sinnvolle Abhilfemaßnahme ist der variable Schrägstellwinkel des Motorrades zum Beiwagen. Um das komplizierte dynamische Fahrverhalten besser in den Griff zu bekommen, mußten vor allem die Wechselkräfte zwischen Motorrad und Beiwagen minimiert werden. Wegen auftretender Spannungen bot sich deshalb eine Dreipunkteaufhängung an.

Dies spielte bestimmt bei der Entscheidung der Sowjets und später der Chinesen mit eine wesentliche Rolle, daß die BMW »R71«-Technik fast direkt übernommen wurde. Die bei unserer Heimreise aufgetretenen zahlreichen Probleme rührten aber zweifellos auch daher, daß bewährte BMW-Technik einerseits mit schlechten Materialien und schlampiger Verarbeitung andererseits gepaart wurde. Typisch vor allem für Maschinen, die für den einheimischen Markt bestimmt sind.

Mit technischen Problemen hatten wir vor allem während der ersten 5000 Kilometern innerhalb Chinas zu kämpfen. Relativ schlechte Straßen führten fast ausschließlich durch Wüsten und über Berge, wobei Fahrten durch unwegsames Gelände keine Seltenheit waren. Die knapp einjährigen Erfahrungen vom Stadtverkehr Pekings nützten leider recht wenig, da die vollgepackte Yangtse auf den relativ langen Etappen und schlechteren Straßen ganz anderen Belastungen ausgesetzt war. Die abnehmende Benzin- und Ölqualität stellte einen weiteren nicht zu unterschätzenden Einfluß dar. Die Reparaturarten und die infolge Verschleiß erforderlichen Ersatzteile setzten sich deshalb ganz unterschiedlich zusammen.

Das Tanken selbst beinhaltete sowieso immer seine eigenen Kuriositäten. Das relativ gut erhältliche »Normalbenzin« entsprach beispielsweise nur einer Oktanzahl von 70, dessen Qualität damit eher Salatöl entsprach. Besseres 90er Benzin konnte hingegen nur auf Bezugsschein an bis zu 500 Kilometer auseinanderliegenden Zapfsäulen erkämpft werden. Um überhaupt welches zu bekommen, empfahl es sich sowieso, mit genügend Gedankenschmalz in die meist zähen Verhandlungen zu gehen. Wir kamen nie dahinter, ob sie wirklich kein 90er Benzin hatten oder nur wieder einmal nichts herausrücken wollten. Glücklicherweise hatten wir diese Kämpfe nur in China auszufechten.

Den Unterschied zwischen den beiden Qualitätsstufen konnten wir schon bald erfahren. Als das von Peking mitgebrachte 90er Benzin verbraucht war, ließen wir uns notgedrungen einmal 70er aufschwatzen. Die Motorleistung ließ daraufhin aber so sehr nach, daß wir schließlich nur noch im ersten und zweiten Gang einen schwach ansteigenden Paß hochfahren konnten. Der sich dabei rasch erwärmende Motor keuchte und klopfte in hellen Klängen. Aufgrund des rapiden Leistungseinbruches und der Zwangsabkühlpausen kamen wir kaum noch vorwärts. Wir konnten erst mit einer Füllung des schwer erkämpften 90er Benzines wieder mit vernünftiger Leistung weiterfahren. Die Qualität des Motoröls war außerdem von bemerkenswertem Einfluß auf die Motorleistung. Das chinesische 30er Öl verlangte einen höheren Benzin- und Ölverbrauch und reduzierte spürbar die Leistung des Motors.

***Entfernung der Kohleablagerungen am Kolben***

Die beeinträchtigte Kühl- und Schmierwirkung auf die Kolben kam deutlich zum Vorschein.

Trotzdem hatte das zunehmend schlechter aufeinander abstimmbare alte Vergaserpaar mit den größten Einfluß auf die in immer kürzer werdenden Zeitabständen auftretenden Motorüberhitzungen. Die Nachjustierintervalle der Vergaser schrumpften von anfangs mehr als 2000 Kilometern schließlich auf 400, 200 und letztendlich tatsächlich nur noch 30 Kilometer Fahrleistung. Die Düsennadeln des ersten Vergaserpaares und die Gasschieberfedern verschlissen schließlich so sehr, daß eine brauchbare Einstellung kaum mehr möglich war. Wir wollten aber das Ersatzpaar so lange aufsparen, bis wir in einem Ersatzteilladen Nachschub besorgen konnten. Während der ungefähr 6000 Kilometer langen Tour durch China tauchten allerdings tatsächlich nur drei solcher Läden auf, wobei nur einer davon diese Vergaser auf Lager hatte. Deshalb blieb nichts anderes übrig, als so weiterzufahren. Die infolge schlechter Verbrennung entstehende Kohle lagerte sich in den Abstreifnuten der Kolben ab und mußte zweimal mit einer Feile entfernt werden. Als positiven Nebeneffekt konnte man allerdings feststellen, daß die Kolben dadurch besser abdichteten und somit die Kompression und Leistung geringfügig erhöhten. Die Zylinderwände zeigten glücklicherweise keinerlei Riefen auf und wurden auch nicht zu glatt, um die Ölfilmbildung zu gefährten. So ließ sich wenigstens der Benzinverbrauch stetig vermindern.

Größere Sorgen bereiteten die nur umständlich einstellbaren Ventile. Nach einer harten Strecke mußten alle vier Stück neu eingeschliffen werden. Bei einer Tagesetappe, die durch ein 50 Kilometer langes trockenes Flußbett und über einen mittelmäßig ansteigenden Paß führte, überhitzte der Motor in immer kürzeren Zeitintervallen. An dem ziemlich verbrannten linken Einlaßventil und den angekohlten anderen Ventilen waren das schlechte 30er Öl und 70er Benzin bestimmt nicht ganz unschuldig. Der Rest ging auf das Konto der zu ungenauen Ventileinstellung.

Um dieser Gefahr in Zukunft vorzubeugen, hatten wir das Ventilspiel von 0,1 auf 0,15 und später sogar auf 0,2 Millimeter erhöht. Wir verwendeten danach nur noch besseres Benzin und schraubten öfters die Zylinderkopfdeckel ab, um den Zustand der Ventile vorbeugend zu kontrollieren oder nachzustellen: »Vertrauen ist gut, Kontrolle ist besser«. Wir hatten vor allem dann Bedenken, wenn harte Tagesetappen mit spürbarem Leistungsverlust oder Ventilschnattern verbunden waren. Die Dauervibrationen wurden nämlich kaum gedämpft auf das Fahrwerk und somit den Motorblock übertragen. Es lockerte sich während solcher Etappen mit der Zeit wirklich alles, was nicht niet- und nagelfest war. Das läßt sich gut mit fabrikneuen chinesischen Fahrrädern vergleichen: Auf der Jungfernfahrt zwischen Laden und Wohnung fallen nämlich erfahrungsgemäß bereits die ersten angeschraubten Teile wie Pedale oder Bremshebel ab. Deshalb ist man gut beraten, lieber einen älteren Kübel mit angerosteten Schrauben zu kaufen.

Im Auspuff machten sich besonders bei Abfahrten donnernde Nachzündungen bemerkbar. Dieses Feuerwerk bot sich zwar ideal an, um mehr oder weniger gezielt Leute zu erschrecken, aber in Wirklichkeit fühlte ich mich meist nicht ganz wohl dabei, wenn mein schwalbenschwanzförmiger Auspufftopf donnernd Feuer hinauspustete. Es versprach lediglich ein permanent leicht betätigter Gasgriff etwas Linderung. Auf abschüssigen Fahrbahnen bereitete dies dann immer besonderes Vergnügen. Mit dem Vergaserpaar ließ sich die Gemischeinstellung leider nicht mehr sinnvoll weiter vermindern. Es erschien uns außerdem wichtiger, die beiden Vergaser möglichst synchron eingestellt laufen zu lassen. Dies entsprach wieder einmal einem der zwangsläufigen Kompromisse. Zudem mußten wir täglich auch ein Stück weiterkommen.

Die zusätzliche Beschleunigung mit dem Gasgriff wirkte vor allem auf die sowieso zu schnell heißlaufenden Simplex-Trommelbremsen fatal, die unter normalen Bedingungen im bergigen Gelände bereits nach 40 Kilometern ihre zuverlässige Verzögerungswirkung stark verminderten. Die Belastung mit einem Gesamtgewicht von über 700 Kilogramm trug ihren Teil hierzu bei. Glücklicherweise erwärmte sich der Motor bergauf ähnlich stark wie die Bremsen bergab. So ließen sich Abkühlpausen gut auf einander abstimmen, und für uns Fahrer wurde es auch nicht zu viel Streß.

Die klassische chinesische Fertigungsqualität zeigte sich mit ihren größeren Mängeln am beeindruckendsten an den Bremsen. Einmal fehlte am aluminiumgegossenen Bremsbacken ein Fertigungsgang völlig, den ich dann mühsam mit einer Handfeile nachholen durfte, ein weiteres Mal bröckelte beispielsweise ein zwei Zentimeter langes Stück Bremsbelag in die Bremstrommel. Ein stetig mitgeführter mittelschwerer Hammer half allerdings auch hier weiter, um die hervorstehenden Aluminiumnieten dem restlichen Bremsbelag entsprechend abzurunden. Die Krönung unserer Bremsengeschichten erlebten wir bei einer abschüssigen Strecke am »Toten Meer« in Jordanien. Die Hinterradbremse zeigte plötzlich keinerlei Wirkung mehr. Das Pedal ließ sich widerstandslos ins Leere treten. Glücklicherweise funktionierte wenigstens noch die Bremswirkung des Motors, um im Zusammenwirken mit der bescheiden Wirkung der Handbremse langsam herunterzuschalten und zum sicheren Stillstand kommen zu können. Dabei zeigten sich wieder einmal die Vorzüge der geringen Spitzengeschwindigkeit unseres Motorrades. Überraschend mußten wir feststellen, daß schlicht der aluminiumgegossene Bremsschuh gebrochen war. Mit einer Yangtse läßt sich viel erleben...

Selbst der deutschen Kriminalpolizei kam später in Deutschland meine Yangtse verdächtig vor. Obwohl einerseits zwischen Peking und München kein einziger Zöllner unser Gepäck näher in Augenschein nahm, winkte mich auf der Autobahn zwischen Frankfurt und Stuttgart eine Zivilstreife der Kriminalpolizei auf freier Fahrbahn an den Seitenstreifen. Zuerst dachte ich, daß mich ein Zivilist freundlicherweise auf einen flatternden Hinterreifen oder ein zufällig abgebrochenes Teil aufmerksam machen wollte, aber nachdem ein junger Beamter mir seine ovale Messingmarke vor die Nase hielt, fühlte ich mich schon etwas eigenartig. Er bestand darauf, einmal unter mein Verdeck sehen zu dürfen. Ich konnte mir zwar beim besten Willen nicht vorstellen, was da so interessant sein sollte, aber er vermutete tatsächlich eine menschliche Leiche darunter. Mein Rucksack und ein etwas herausragender Helm schienen seine Fantasie wirklich derart zu beflügeln, dieser Angelegenheit fachmän-

***Ausrichten der deformierten Felgen***

nisch nachgehen zu müssen.

Sichtlich peinlich berührt entschuldigte er sich höflich und zog mit der Begründung »daß man es ja schließlich nie wissen kann« schnell von dannen. Etwas verärgert hatte ich danach einige Zeit zu kämpfen, den heißen Motor wieder anzuwerfen. Die Dichtung zwischen Motor und Vergaser hatte nämlich eine derart schlechte Wärmedämmung, daß das Benzin bereits vor der Brennkammer teilweise verdampfte. Als Abhilfe bietet sich lediglich an, den Vergaserflansch abzudrehen, um die Verbindung zum Motor mit einem passenden Kunststoffteil einer serienmäßigen Kawasaki zu ersetzen.

Die Gestaltung und Abstimmung der Federung ist bei einem Gespann eines der größten Schwierigkeiten. Zu der unsymmetrischen Bauform kommt noch die ungleiche Verteilung der Massen. Es kann nur das Zentrum verhältnismäßig ruhig bleiben und damit eine kleinste Beschleunigung erfahren. Während für den Fahrer ein großer Federweg überhaupt nicht praktisch ist, bevorzugt der Passagier im Beiwagen eine weiche Federung. Als Kompromiß wird deshalb das Hinterrad hart gefedert und der Beiwagen etwas weniger hart. Beide sind vorne mit einer angelenkten Schwinge verbunden. Die Federung und Dämpfung muß zudem gut aufeinander abgestimmt werden, um ein Aufschaukeln zu verhindern. Meine Yangtse hatte natürlich händlerspezifisch eine besonders harte Hinterradfederung, wie sich auf der Tour noch zeigen sollte.

Nachdem die Maschine über ein Jahr auf dessen Hof herumgestanden hatte, war die Geradwegfederung des Hinterrades völlig festgerostet und lockerte sich erst auf dieser Fahrt. Die schwere Beladung und mehrfach kräftig eingepreßtes Fett erweckten die Federung schließlich aus dem Dornröschenschlaf. Nicht nur zu unserer ungeteilten Freude allerdings. Schmutz, Schlamm und bei Wärme auslaufendes Schmierfett setzten den einen oder anderen Dämpfer dann und wann außer Funktion. Das resultierende quietschende Geräusch konnte aber erst wieder mit einem Hammer und Fett beseitigt werden. Geeignete Fettpressen waren dann aber immer schwer aufzutreiben. Deshalb mußten oftmals lange Strecken mit bis zu 20 Grad schräg laufendem Hinterrad bewältigt werden.

Die zahlreichen Schlaglöcher deformierten dadurch vor allem das Hinterrad. Die zweifelhafte Materialqualität der Speichen tat ihr übriges. Daher war es kein Wunder, daß allein in China bereits 25 Speichen brachen. Im Gegensatz zu den etwas stabileren langen Speichen traf dieses Schicksal die kurzen Hinterradspeichen ungefähr 50 Mal. Dies paßte gut zum Gesamtbild. An der Hinterradnabe mußten nämlich außerdem noch fünf radial verlaufende Risse und zwei gebrochene Nieten hingenommen werden. Zum Glück fanden wir in Istanbul einen Motorradspezialisten, der es noch verstand, mit handwerklichem Geschick die Felgen wieder rund zu formen und die Risse zu verschweißen. Eine Kunst, die heute kaum noch jemand beherrscht.

Die vorderen Stoßdämpfer arbeiteten etwas besser. Es schlugen lediglich relativ schnell die Dichtringe durch, so daß das eingefüllte Öl langsam herausrann. Im Gegensatz zum Ölverlust machte uns viel größere Sorgen, daß diese Leckage dazu neigte, in die Radnabe und auf die Bremsbeläge zu laufen. Wir konnten uns allerdings erst dann zur kompletten Demontage der Vordergabel entschließen, als sie in Jordanien bei ungefähr 20 Stundenkilometern regelmäßig zu flattern begann und das Lampengehäuse sich dadurch lockerte. Die Demontage der kompletten Gabel brachte eine der inzwischen gewohnten Überraschungen an das Tageslicht. Die Sicherungsdrähte der Befestigungsschrauben waren gebrochen und das Lenkkopflager ausgeschlagen.

Die Auspuffanlage bot hingegen ein relativ harmloses Schadensbild. Links beschädigten die Schotterpisten und ähnlich unwegsames Gelände die zu tief liegenden Töpfe derart, daß zweimal die Halterungen abbrachen und die schöne Schwalbenschwanzform von Beulen übersät wurde. Zum Ausgleich lagen rechts die Probleme mehr bei Nachzündungsexplosionen, die nie völlig weggeregelt werden konnten. Das Benzin-Luft-Gemisch entsprach schließlich zweimal gerade der richtigen Zusammensetzung und Temperatur, um zur Explosion zu gelangen. Die Intensität der Sprengkraft reichte tatsächlich aus, die Schweißnähte des inneren und äußeren

Auspufftopfes der Länge nach vollständig aufzureißen. Somit hatten wir insgesamt zwei Paar Auspufftöpfe verbraten. Der Umstand, daß die Töpfe nur paarweise gekauft werden konnten, bereitete somit keinen finanziellen Schaden. Es bleibt uns allerdings bis heute unerklärlich, wie es passieren konnte, daß eines Morgens ein zehn Zentimeter langes Stück des linken Auspuffrohres abgebrochen neben dem Bike lag. Dieses Teil konnten wir im hintersten Winkel Chinas besonders schwer ersetzen, da dieser Schaden eigentlich nie vorkommt. Als wir schließlich doch Ersatz auftreiben konnten, waren die Fertigungstoleranzen des Rohres und Topfes derart großzügig ausgelegt, daß noch eine fünf Zentimeter lange Verlängerung angeschweißt werden mußte, um die Gase überhaupt in den Topf weiterzuleiten. Mit der Zeit entsprach dies jedoch voll unseren Erwartungen.

Es hat uns aber doch ein wenig überrascht, daß beim Getriebe die Gänge nicht so häufig heraussprangen, wie ich es vom Pekinger Stadtverkehr her gewohnt war. Eine komplette Demontage des Getriebes blieb uns trotzdem nicht erspart. Ich erinnerte mich noch gut an Rons Getriebe, das wir in stundenlangem Aufwand bis zum letzten Zahnrad zerlegen mußten, um an den verschlissenen Halter der Kickstarterwelle heranzukommen. Glücklicherweise lies sich unser Bike wenigstens noch anschieben.

In Pakistan half dann allerdings alles Anschieben nichts mehr. Der Kollektor des 70 Watt Gleichstromgenerators war endgültig am Ende. In Kashgar hatten wir ihn zwar nochmals aufwendig revidiert und jede Rille des Kollektors neu ausgefeilt, aber 1500 Kilometer später war dann endgültig nichts mehr zu machen. Wir mußten den Ersatzgenerator einbauen. Für die vorangegangene 6000 Kilometer lange Strecke hatten wir drei Paare Kollektorkohlenbürsten verbraucht, die normalerweise eine sechsmal so lange Lebensdauer aufweisen. Wir konnten in der abgelegenen Nordprovinz Pakistans und Westprovinz Chinas leider keine Dreherei auftreiben, um den Kollektor wieder abdrehen zu lassen. Die Kohlenbürsten sprangen deshalb über die Kollektorrillen wild hinweg und nützten sich dadurch entsprechend schnell ab.

Das komplette elektrische System war mit 6 Volt ohnehin nicht ausreichend ausgelegt. Von den 70 Watt des Generators verbrauchte bereits die Vorderlampe 35 Watt, so daß wir keine Zusatzscheinwerfer einbauen beziehungsweise überhaupt genügend Licht produzieren konnten. Der Regler mußte sowieso öfters nachgestellt werden, um die allmählich schwächer werdende Batterie nachzuladen. Dies wirkte sich auf die Lichtmaschine natürlich nicht gerade verschleißmindernd aus. Da die Originalbatterie von vornherein schon zu schwach ausgelegt war, empfahl mir mein chinesischer Motorradlehrmeister Zhang sowieso, im Beiwagen eine 6 Volt-Autobatterie mit höherer Kapazität ersatzweise einzubauen. Dies führte dann natürlich immer wieder zum Kollaps des Reglers. Mit der elektrischen Anlage, bei der die Funkionsweise der einzelnen Bauteile gut aufeinander abgestimmt sein sollte, gab es sowieso laufend irgendwelche Probleme. Der Zündkondensator, die Zündkerzen, der Zündverteilerläufer und der Unterbrecher mußten öfters ersetzt oder nachjustiert werden, eine Folge der schlechten Straßenverhältnisse, der mangelnden Materialqualität und der technischen Auslegung. Oftmals lag es allerdings schlicht an einem schlechten Kontakt im Zündkabel, Zündkabelstecker oder der Zündspule.

Improvisationskünste waren neben einer Elendsgeduld zweifellos am meisten gefragt. Verlängerung zu kurzer Kabel, Löten des Zündschlosses, Zurechtbiegen der Taktzeit im Blinkerrelais und Löschen eines kurzschlußbdingten Kabelbrandes gehörten neben der feinmechanischen Reparatur des Tachometers beispielsweise zum alltäglichen Reparaturjob. Es versteht sich von selbst, daß nie alles gleichzeitig optimal funktionieren konnte. Wir mußten schließlich unser durchschnittliches Tagespensum an Fahrtkilometern auch hinter uns bringen. Deshalb beschränkten wir uns täglich auf durchschnittlich zwei bis drei Reparaturstunden.

Das Chassis des Beiwagens litt vor allem unter der anfänglich schlechten Gewichtsverteilung. Wir hatten dummerweise die Hauptlast über die Hinterachse verlagert. Auf schlechter Straße und in den Bergen begann es natürlich um die Hinterachse zu schwingen, bis dem Bolzen des vorderen Quergestänges zum Motorrad die Belasung zu groß wurde und er schließlich brach. Glücklicherweise konnte dieser Bolzen in der nächsten Stadt neu besorgt werden.

Mit zwei flacheisengeflickten Rissen am Stauraum des Beiwagens, die noch von der Durchquerung der Wüste Gobi herrührten, erreichten wir trotz allem schließlich Salzburg und das heimische Deutschland. Kurz hinter der Grenze brach dann als letzter Streich noch ein Zahnrad des Kilometerzählers. Dieses Teil hatten wir weder auf Lager noch provisorisch reparieren können beziehungsweise wollen. Wir waren hingegen richtig froh, daß dieses Teil nicht in den weiten Landschaften der Wüste Gobi zu Bruch gegangen ist. Denn wir hätten ohne Kilometeranzeige weder den Benzinverbrauch ermitteln noch die notwendigen Entfernungen der Tagesetappen abschätzen können. Es wäre damit noch viel mehr eine Fahrt ins Ungewisse gewesen.

Insgesamt gesehen taten wir gut daran, für fast alle Eventualitäten gerüstet zu sein. Nur so ließ sich die Yangtse mit ihren Stärken, Schwächen und Launen auf der ganzen Reise geduldig ertragen und mit den Problemen fertigwerden. Erfreulicherweise hat uns auch nicht die erforderliche Portion Glück im Stich gelassen. Nach 13000 Kilometern und 99 Tagen hatten wir trotz dieser umfangreichen Schadensbilanz die Yangtse gut im Griff und den Benzinverbrauch von anfänglich 8–10 Litern je 100 Kilometer auf 6–7 Liter reduzieren können. Parallel hierzu stieg unsere Reisegeschwindigkeit von 40–50 auf 60–70 Stundenkilometer Fahrleistung.

Die besseren europäischen Straßenverhältnisse und die zunehmende Benzin- sowie Ölqualität trugen wohl genauso dazu bei wie unsere steigenden Mechanikererfahrungen.

Wir konnten allerdings generell feststellen, daß bei langsameren und wechselnden Geschwindigkeiten auf schlechten Straßen die Reparaturhäufigkeit wesentlich geringer war als bei guter asphaltierter Straße und höherer Geschwindigkeit. Außerdem waren die Übersetzungsverhältnisse des Getriebes eindeutig schlechteren Straßenverhältnissen angepaßt. Die Handschrift von BMW, die diesen Motorradtyp speziell für die harten Einsatzbedingungen vor 50 Jahren gebaut und entwickelt hatte, ließ sich unschwer erkennen.

# Verschleißteil-Statistik

| | |
|---|---|
| Hinterradspeichen: | kurz: 49 Stück; lang: 6 Stück |
| Felgen ausrichten: | je Rad einmal |
| Risse in der Hinterradnabe: | 4 Stück |
| Gebrochene Nieten der Hinterradnabe: | 3 Stück |
| Bremsschuh und Bremsbelag des Hinterrades: | je einmal gebrochen |
| Reifenverbrauch: Hinterrad: | zwei ganze Profile |
| Reifenverbrauch: Vorderrad: | halbes Profil |
| Reifenverbrauch: Seitenrad: | ein ganzes Profil |
| Risse im Chassis: | zwei |
| Gebrochener Bolzen des Gestänges zum Beiwagen: | einmal |
| Auspuffrohr: | einmal |
| Auspufftopf: | drei Paare |
| Vergaser komplett: | ein Paar ausgewechselt |
| Kupplungsbowdenzug: | zweimal |
| Gaszug: | ein Paar |
| Unterbrecher: | einmal komplett |
| Ventile: | ein neuer Satz eingeschliffen |
| Zündkerzen: | 4 Stück |
| Zündkerzenstecker: | einmal |
| Zündkondensator: | zweimal |
| Zylinderkopfdichtung: | einmal |
| Lichtmaschine: | einmal komplett |
| Generatorkohlenbürsten: | drei Paare |
| Birnen: | fünfmal; später nicht mehr gewechselt |
| Blinkrelais: | einmal; danach wegen Kurzschluß nicht mehr gewechselt |
| Tachometer: | einmal |
| Halter der Kickstarterwelle: | einmal |
| Lenklager: | einmal |
| Sicherungsdraht in Vordergabel: | zweimal gebrochen |
| Simmerring vorderer Teleskopgabel: | dreimal |
| Schmiernippel hintere Geradewegfederung: | einmal |

# Reisestatistik

| Land: | km-Leistung: (Straße) | B.-verbrauch: | B.-kosten: | Zeit: |
|---|---|---|---|---|
| China | 5 500 km | 450 l | 100 DM | 39 Tage |
| Pakistan | 2 300 km | 165 l | 120 DM | 26 Tage |
| Jordanien/Syrien | 1 200 km | 105 l | 80 DM | 10 Tage |
| Türkei | 1 600 km | 160 l | 150 DM | 12 Tage |
| Griechenl.-BRD | 2 400 km | 165 l | 180 DM | 12 Tage |
| **SUMME:** | **13 000 km** | **1045 l** | **630 DM** | **99 Tage** |

# Literaturverzeichnis


1 BMW – Motorräder, Ariel Verlag, 1984
2 CHINA – Schettler Travel Publications 4, 1987
3 CHINA – Stefan Loose Travel Publications, 1987
4 CHINA – ABC, New World Press, Peking, 1985
5 GESCHICHTE – China Buchreihe, Verlag für fremdsprachige Literatur, Peking, 1984
6 GEOGRAPHIE – China Buchreihe, Verlag für fremdsprachige Literatur, Peking, 1984
7 PAKISTAN – Reiseführer und Landeskunde, Mai Verlag, 1988
8 PAKISTAN – Reiseführer und Landeskunde, J. R. Santiago, 1986
9 WEST ASIA – on a shoestring, Lonely Planet Publications, 1986
10 Wie die Sowjetarmee zu ihrem Beiwagenkrad M-72 gekommen ist, Zeitschriftenartikel, Wilfried Kopenhagen, 1990
11 Yangtse 750 – Ersatzteilkatalog, Donghai GmbH, Stand 1/90
12 Ein Jahrhundert Motorradgeschichte, Christian Bartsch, VDI Verlag, 1987